列島の戦国史 5

東日本の動乱と戦国大名の発展

丸島和洋

吉川弘文館

刊行のことば

関東の享徳の乱（一四五四年〜）、京都を中心とする応仁・文明の乱（一四六七年〜）に始まり、大坂夏の陣（一六一五年）をもって終結するとされる戦国時代は、日本史上最も躍動感にみなぎる時代であり、多くの人々の関心を集めている。NHK大河ドラマの舞台の圧倒的多数がこの時代であるのは、その証左といえよう。そこでは、さまざまな英雄が登場し、戦乱を乗り越え時代を切り開いていった姿が描かれている。

甲斐の武田信玄が定めた「甲州法度之次第」で、「天下」は「戦国」なのだから、すべてに優先して武道に励み武具を用意することが肝要だとされているように、戦国時代はまさに戦乱がうち続く世の中だった。それでは、なぜそのような世の中になったのだろうか？　ふつう思い浮かぶのは、足利幕府が弱体化し権威が失墜したため、実力がものを言う分裂抗争が広まったということだろう。その勝者が戦国大名となって群雄割拠の時代を迎え、「天下」をめぐる争いの末、徳川氏が勝利を収め太平の世を生み出したとされるのである。こうした考え方は、新井白石の

『読史余論』や頼山陽の『日本外史』などでも示される、江戸時代以来の通説であり、今日に至るまで強い影響力を有しているといえる。

しかしこれだけなら、単に全国政権が足利幕府から徳川幕府に変わり、社会は平和を回復したということで終わってしまう。実際には、足利幕府と徳川幕府はともに武家政権だが、その支配のやり方は大きく違っていた。たとえば、検地や宗門改を通じて全国の土地や住民を把握することなど、足利幕府も含め中世の国家権力が行ったことはなかった。それだけ、国家による社会や民衆の掌握・管理が強化されたのである。戦国争乱は、そうした新しい政治秩序を生み出すための胎動でもあった。しかもそれは、支配者側の意図によってだけでなく、受け入れる社会の側の変化を基礎としてもたらされたものだった。だから、戦国争乱の意味を理解するためには、英雄たちの動きだけでなく、社会のあり方にまで視野を広げる必要がある。しかもその社会は、民衆が日々の暮らしを営む在地から、海を通じて日本列島と結ばれていた東アジアまでの広がりをもっていたのである。

こうした考えに基づいて、「列島の戦国史」シリーズでは以下に示す編集方針がとられている。まず時間軸として、対象時期を四段階に区分し、それぞれの時期の争乱の特徴を明らかにすることである。第一段階は十五世紀後半で、足利幕府の全国支配は動揺するが、享徳の乱にしても応仁・文明の乱にしても、幕府支配体制の内部抗争という性格をもっている。第二段階は十六世紀前半で、管領細川政元が将軍足利義材（義稙）を廃した明応の政変（一四九三年）を契機に、幕府の全国支配は崩れ、各地で守護の家督騒動や守護代の「下剋上」など、新秩序建設をめぐる覇権争いが展開する。第三段階は十六世紀後半で、東の河越合戦（一五四六年）・西の厳島合戦（一五五五年）における、北条氏・毛利氏という新興勢力の勝利に象徴される地域覇権争いの基本的決着をうけて、その覇者である戦国大名同士の領土紛争（「国郡境目相論」）が展開する。十六世紀末へ向かう時期には、中央で生まれた織田・豊臣権力が各地の戦国大名と敵対・連携し、最終的には小田原合戦の勝利（一五九〇年）により全国制覇（「天下統一」）を達成する。第四段階は十七世紀初頭で、新たな全国政権の主導権をめぐる争いが展開し、徳川氏の勝利で決着する。

また空間軸として、京都や畿内を中心にとらえることなく各地域社会の動向を重視し、一方で周辺の東アジア地域の動向にも目を配ることである。前者については、近年、享徳の乱と応仁・文明の乱の連動性が注目されているように、一方的に中央の政治動向が地方に影響を及ぼすというものではなく、地方には独自の政治状況が存在し、かつそれが中央の状況とも関わって進行していくという、いわば双方向的関係があったことを重視したい。織豊権力による全国制覇の過程も、「惣無事」の強制のような服従の押しつけとして描くのではなく、受け入れる地方の側の対応やその背景にも目を配ることが大切である。したがって、地域社会の政治・経済・文化の状況や、それらを踏まえた戦国大名の領国統治の理解が欠かせず、十分にページを割くこととなった。なお、各巻で同じ事柄について異なる見解・評価が示されていることもあるが、執筆者各自の考えを尊重し、あえて一致させていないことをお断りしておく。

本シリーズを通読されることにより、史上まれに見る社会変動期であった戦国時代を、総合的に理解していただければ幸いである。

二〇二〇年三月十五日

企画編集委員

池　　享

久保健一郎

目　次

戦国大名の戦争と「外交」——プロローグ

戦国大名という地域国家

東日本の十六世紀前半は、各地で戦国大名が確立していった時代である。しかし歴史学の用語のなかで、戦国大名ほど定義が曖昧なものは珍しい。たとえば関東地方における戦国大名は、北条氏《ほうじょうし》・山内上杉氏《やまのうちうえすぎし》・扇谷上杉氏《おうぎがやつうえすぎし》・上総武田氏《かずさたけだし》・里見氏《さとみし》・佐竹氏《さたけし》だけとする研究者もいれば、戦国大名に相当するのは宇都宮氏《うつのみやし》や結城氏《ゆうきし》で、北条氏は「地域的統一権力」と定義すべき、という研究者もいる。なかなか議論が噛み合わないが、戦国期における普遍的・代表的権力を戦国大名とする点は合意しており、どれがその対象かを議論しているに過ぎない。

そこで本論に移る前に、筆者が用いている戦国大名の定義を示しておく。

① 室町幕府・朝廷・鎌倉府・旧守護家をはじめとする伝統的上位権力を「名目的に」奉戴・尊重する以外は、他の権力に従属しない。

② 政治・外交・軍事行動を独自の判断で行う。伝統的上位権力の命令を考慮することはあっても、それに左右されない自己決定権を有する。

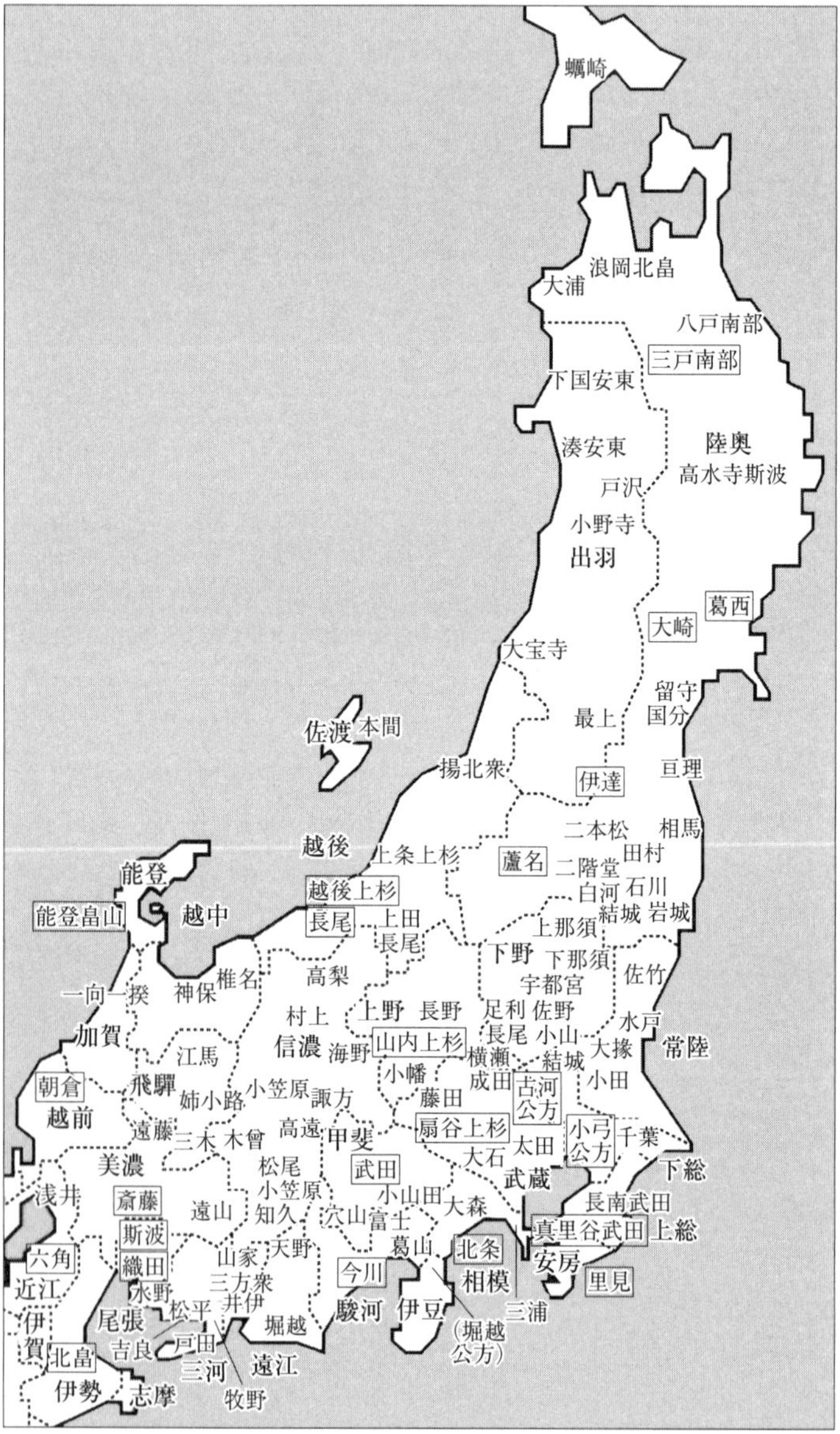

1—東日本主要戦国大名・国衆分布図　© 御奉行／PIXTA

③ 自己の個別領主権を越えた地域を一円支配した「領域権力」を形成する公権力である。これは、周辺諸領主を新たに「家中《かちゅう》」と呼ばれる家臣団組織に組み込むことを意味する。

④ 支配領域は、おおむね一国以上を想定するが、数郡レベルの場合もある。陸奥《むつ》や近江《おうみ》のように、一国支配を定義要件とすることが適当でない地域が存在することによる。

戦国大名の本質は、今川義元《いまがわよしもと》が『かな目録追加』で「只今ハをしなべて、自分の力量をもって国の法度《はっと》を申し付け、静謐《せいひつ》することなれば」と述べている点に象徴される。「大名の実力で法を定め、国内の内乱を鎮定して、「平和」状況を作り出した」権力、それが戦国大名なのである。

こうした戦国大名は、しばしば自家およびその支配領国のことを、「国家」「御国」「公儀《こうぎ》」などと称した。「公権力」という意識を前面に押し出した自己規定といえるだろう。

第三者はどうみたか。イエズス会宣教師アレッサンドロ・ヴァリニャーノは、「彼らは諸国の完全な領主であり、日本の法律と習慣に従い全支配権と命令権を有する」(『日本諸事要録』)として、ポルトガル・スペイン国王同様、「rei(rey)」つまり国王と呼称した。日本布教史たる『日本史』を著したルイス・フロイスも、序文で同様の記述をしている。

そうした観点を総合し、現在、戦国大名を「地域国家」と位置づける研究動向が存在する。筆者もその一端を担っており、本書においてもその姿勢で臨む。

戦国大名誕生の背景

今川義元のいう「自分の力量」とは、単に軍事力を意味するわけではない。軍事力による地域平定、「平和」状況の創出を意味する「静謐」という言葉の前に、「国の法度を申し付け」とある点に注目してほしいのだ。

中世は気候変動が激しく、不安定な収穫のもと、飢饉が深刻・慢性化した時代である。戦国初期に寒冷化がひとつのピークを迎え、その後温暖化していく。温暖化とはいえ急激な気候変動は作物の収穫に大きな影響を与えたし、戦争による流通途絶で作物が消費地に届かないことも多い。そのため用水相論などの権益争いや下人《げにん》（隷属身分）の逃亡などが相次いだ。こうした争いは、容易に武力衝突に発展する。中世は「自力救済《じりききゅうさい》社会」と呼ばれるように、武力で物事を解決するのが当たり前の時代だからである。百姓や町人も武装し、隣村による権益侵害には武力で対抗したのだ。村落間の衝突には、領主層も支援を求められ、疲弊する。このため、領主間で話し合いがもたれたが、数多の紛争が深刻化し、広域化した戦国期においては、個々の領主の話し合いでの解決は困難になった。そこで、広域を面的に支配する上位権力＝戦国大名に、裁判・調停権を委ねる動きが生まれていく。

つまり戦国大名とは、軍事力という「暴力」を背景とする権力体ではあるが、戦乱の世における軍事的保護（「軍事的安全保障体制」、第五章で詳述）と、実効性を期待できる裁判と紛争調停を期待され、社会的要請で生み出された存在でもあった。戦国大名が、自家とその領国を「国家」「御国」などと呼ぶようになることには、こうした背景がある。一部の大名が分国法を制定し、「喧嘩両成敗法」というおよそ法とはいいがたい強引な法度で、領国内の武力紛争を抑止しようと動いたのは、その一環である。戦国時代は戦争の時代だが、大名領国内の軍事紛争を禁止していく時代でもあったといえる。戦争や裁判における協力・調停依頼を、日本では古来「憑《たのむ》」「頼む」と呼んだ。古代から形成されてきたもので、戦国期に特有の現象ではない。しかし、たとえば戦争時に援軍を出さないことは、戦国大名の信頼失墜に直結するから、政策に大きな影響を及ぼした。

家中の形成と外様国衆

戦国大名の領国内には、「国衆《くにしゅう》」というミニチュア戦国大名が散在した。この用語も研究者間で一致をみておらず、議論を本格化させた黒田基樹氏の用例に倣っている感が強い。室町期と同様に国人《こくじん》領主と呼んだり、初期の議論提唱者である矢田俊文氏同様「戦国領主」と呼称する研究者も存在する。筆者は「領主」よりも「領域権力」化した側面を重視しているから、国衆を用いる。

かつての研究においては、戦国大名は国衆（当時は国人領主と呼ばれた）領を直轄領に組み込もうとして失敗したという理解が主流であった。しかし現在の国衆論においては、もともと戦国大名には国衆領すべてを直轄化する意図などなく、国衆は自治権を認められたまま大名に従ったと理解されるようになった。戦乱の世において、国衆の抵抗を排除して直轄化を行う余裕はないし、「占領地行政」はそうたやすいものではない。ありていにいえば、面倒なのである。

詳しくは第五章で述べるが、内政自治権を保持する国衆を家臣と呼ぶのは正確ではない。戦国大名は、譜代家臣からなる家中と、大名に軍事的に従属する国衆とによって、構成された権力である点に特徴がある。国衆は全国を統一した豊臣政権下で淘汰され、結果として大名の家臣に組み込まれていく。戦国大名も同様で、秀吉に服属することは、筆者の定義のうち少なくとも①の喪失を意味する。筆者が戦国大名と国衆というふたつの領域権力を、戦国期を理解するためのカギと評価するのはこのためである。

本巻のねらい

本書では、便宜的に越中《えっちゅう》（富山県）、飛驒《ひだ》・美濃《みの》（岐阜県）、尾張《おわり》（愛知県）以東を指して東日本という言葉を用いる。

東北は、陸奥・出羽《でわ》の二ヶ国からなる。現在の岩手県・秋田県以北に北海道南端の蝦夷地渡島《えぞちおしま》を含めた地域と、宮城県・山形県・福島県域で北と南に分ける。前者は「北方世界」、南部のうち福島県域を「南奥」と呼ぶことがある。

関東は、現在とは区分が異なる。室町幕府体制下において、鎌倉府（戦国期では古河公方府《こがくぼうふ》）が統治を委ねられていたのは、いわゆる関八州（現在の関東地方）に、甲斐《かい》（山梨県）・伊豆《いず》を加えた十ヶ国である。ただし行論の都合上、甲斐は中部東海地方で扱う。

従来、上野《こうずけ》・下野《しもつけ》・常陸《ひたち》で北関東とされることが多かったが、この時期の実情にそぐわない。このため近年では東関東・西関東という区分が提唱されている。東西の境界となるのは利根川で、江戸時代に流路が付け替えられる前は、江戸湾（東京湾）へ注いでいた。西関東が上野・武蔵《むさし》・相模《さがみ》・伊豆、東関東が下野・常陸・下総《しもうさ》・上総・安房《あわ》となる。

中部東海地方は、甲斐・信濃《しなの》・飛騨・駿河《するが》・遠江《とおとうみ》・三河《みかわ》・尾張・美濃の八ヶ国である。越後《えちご》・佐《さ》渡《ど》・越中は、北陸として別途論ずる。ただ佐渡の情勢は詳らかではない。

本書の対象は十六世紀前半だが、少し前後して明応《めいおう》年間（一四九二～一五〇一）、永禄《えいろく》年間（一五五八～七〇）初頭も対象とする。ただ越後についてのみ、少しさかのぼって起筆したい。

その際の視点として、戦国大名間の「外交」と国衆の動向を掲げる。近年の戦国大名論の進展は、家臣・従属国衆・村落および他大名との外交関係の検討によるものが大きい。先に戦国大名は「政治・外交・軍事行動を独自の判断で行う」存在と述べたが、当然同盟国や敵対国の動向にも左右される。不測の事態への対応が、領国拡大をもたらすことも少なくない。将軍や古河公方の意向に配慮する場合も当然ある。

東日本の十六世紀前半は、幕府および古河公方や関東管領上杉氏《かんとうかんれいうえすぎし》との関係が中心であった時代から、地方を統一していった戦国大名が独自の行動を展開する時代への移行期にあたる。なお鎌倉公方の古河・堀越《ほりごえ》両公方への分裂は、本シリーズ第1巻に譲る。

戦国大名間外交や国衆の動向を考えるうえでは、「軍事的安全保障体制」と「中人《ちゅうにん》制」が重要である。中人（仲人）は、同じ共同体内の人物や同格の近隣勢力が和解を調停する紛争解決方法で、中世には広く行われた。外交のなかでも、停戦や和睦の調停・仲介者が誰かに注目してほしい。

第一〜四章および第七章で、上記視点から各地の情勢を詳述する。しかし大名の動向は、家臣団の動向や領国支配・社会情勢といった内的要因にも当然左右される。権力としての特徴を掘り下げねば、意味を持たない。第五章・第六章でその点を扱う。

一　東日本戦国時代の転回

1　越後における戦国大名の成立

越後守護上杉氏の戦国大名化

越後《えちご》は「室町殿御分国」（幕府管轄領域）の東端に位置し、室町幕府との関わりが強い。守護職は一貫して上杉《うえすぎ》氏が保持し、関東管領《かんとうかんれい》をつとめた山内《やまのうち》上杉氏とは、相互に養子入りを繰り返す歴史を持った（三一二頁系図参照）。幕府も、越後守護上杉氏に、山内上杉氏を支援し、叛服常ない鎌倉公方《かまくらくぼう》を監視する役割を期待していたといえる。

関東戦国時代が享徳《きょうとく》の乱に始まることは、第1巻に詳しい。享徳三年（一四五四）十二月、足利成氏《あしかがしげうじ》が関東管領上杉憲忠《のりただ》を謀殺したことを起点とする。以後、成氏は下総古河《しもうさこが》に本拠を移して古河公方と呼ばれ、室町幕府八代将軍足利義政《よしまさ》が新たな鎌倉公方に任じた庶兄足利政知《まさとも》は、鎌倉入部を制止され、伊豆堀越《いずほりごえ》を拠点として堀越公方となる。文明《ぶんめい》十四年（一四八二）の「都鄙《とひ》和睦」まで続く、関東の三十年戦争である。関東管領山内上杉氏は、堀越公方を支持し、関東は東西に二分された。

越後守護上杉房定《ふささだ》は、前哨戦たる江の島合戦（神奈川県藤沢市）が起きた宝徳《ほうとく》二年（一四五〇）十二月に越後へ下向し、守護代長尾邦景《ながおくにかげ》を滅ぼして実権を掌握した。房定は堀越公方―山内上杉氏方として参戦し、寛正《かんしょう》七年（文正《ぶんしょう》元年、一四六六）の関東管領上杉房顕《ふさあき》病死後、次男顕定《あきさだ》を山内上杉氏に入嗣させた。享徳の乱が、房定の仲介で決着したのはこうした経緯による。

享徳の乱において、房定が率いた軍勢は越後衆だけではない。北信濃衆《しなのしゅう》も指揮下においていた。房定は軍事支援を通じて北信濃に影響力を確保し、文明年間までに信濃半国守護《はんごくしゅご》と誤解されるほどの基盤を確立した（『大乗院寺社雑事記《だいじょういんじしゃぞうじき》』）。守護代長尾能景《よしかげ》（邦景の弟の曽孫）も、北信濃高井《たかい》郡の高梨氏《たかなしし》と姻戚関係を結び、北信濃との関係を深めていく。

この過程で、房定の権力は大きな変質を遂げた。従来、越後の国人《こくじん》は幕府から直接文書をもらう立場にあり、戦功認定書たる感状《かんじょう》も同様であった。しかし享徳の乱においては、①守護上杉房定が越後国人に感状を発給したうえで、②幕府に国人の戦功を注進し、③幕府が「上杉民部大輔（房定）注進到来」と記した感状を越後国人に与えるという手順が踏まれるようになった。幕府の感状を得るためには、上杉房定の推挙が必要になったのである。

戦功認定を房定が推薦する仕組みになった以上、所領安堵《しょりょうあんど》のあり方も変化した。文明二年以後、房定は越後国人に対し、所領の相続安堵を行うようになる。当時、国人の惣領家が庶流家の被官化を目論み、庶流家がそれに抵抗するという事態が各地で生じていた。このせめぎ合いが、房定のもとに持ち込まれるのである。国人間相論の裁決も、房定に持ち込まれるようになっていく。もっとも国人の家内部の問題には、うまく手を出せなかったとされる。

つまりおよそ文明年間（一四六九～八七）までに、上杉房定は国人層への感状授与・所領安堵・裁判権を確立したといえる。『文明越後検地帳』作成も、同時期である。また文明年間から明応《めいおう》年間

（一四九二〜一五〇一）にかけて、発給文書の様式にも変化がみられる。文明年間が画期であることは間違いない。

文明年間の東日本は、すでに戦国時代に突入している。近年、守護領国形成そのものに疑問が投げかけられていることを踏まえれば、これは上杉房定の戦国大名化を示すものと位置づけられる。房定は早くに越後に下向して、長期間領国支配に取り組み、享徳の乱に対処するため、越後国人の結集に力を注いだ。結果的に、戦国大名領国が成立したのである。

そう捉えれば、国人層による庶流家被官化の動きも、国衆《くにしゅう》への移行過程と評価できる。同時に上杉房定が、国人内部の問題に容易に手を出せなかったという指摘も、戦国大名と国衆の関係で説明がつく。国衆は内政自治権を保持したまま戦国大名に服属し、その保護を受けるもので、大名は国衆領に干渉しないことが基本だからだ。

守護代長尾氏の台頭

明応三年（一四九四）十月十七日、上杉房定は六十四歳の生涯を閉じた。越後における治世は、四十五年に及ぶ。関東で長享《ちょうきょう》の乱が再発するなかでの死去であり、北から睨みを利かせていた房定死去の影響は少なくない。越後上杉氏の家督は、晩年に生まれた三男房能《ふさよし》が継いだ。時に二十一歳であり、守護代長尾能景との年齢差はちょうど十歳である。両者の間に目立った対立はなく、協調関係にあった。房能も父の路線を踏襲し、明応七年に越後衆の「郡司不入」特権を剝奪し、領国支配強化に乗り出した。

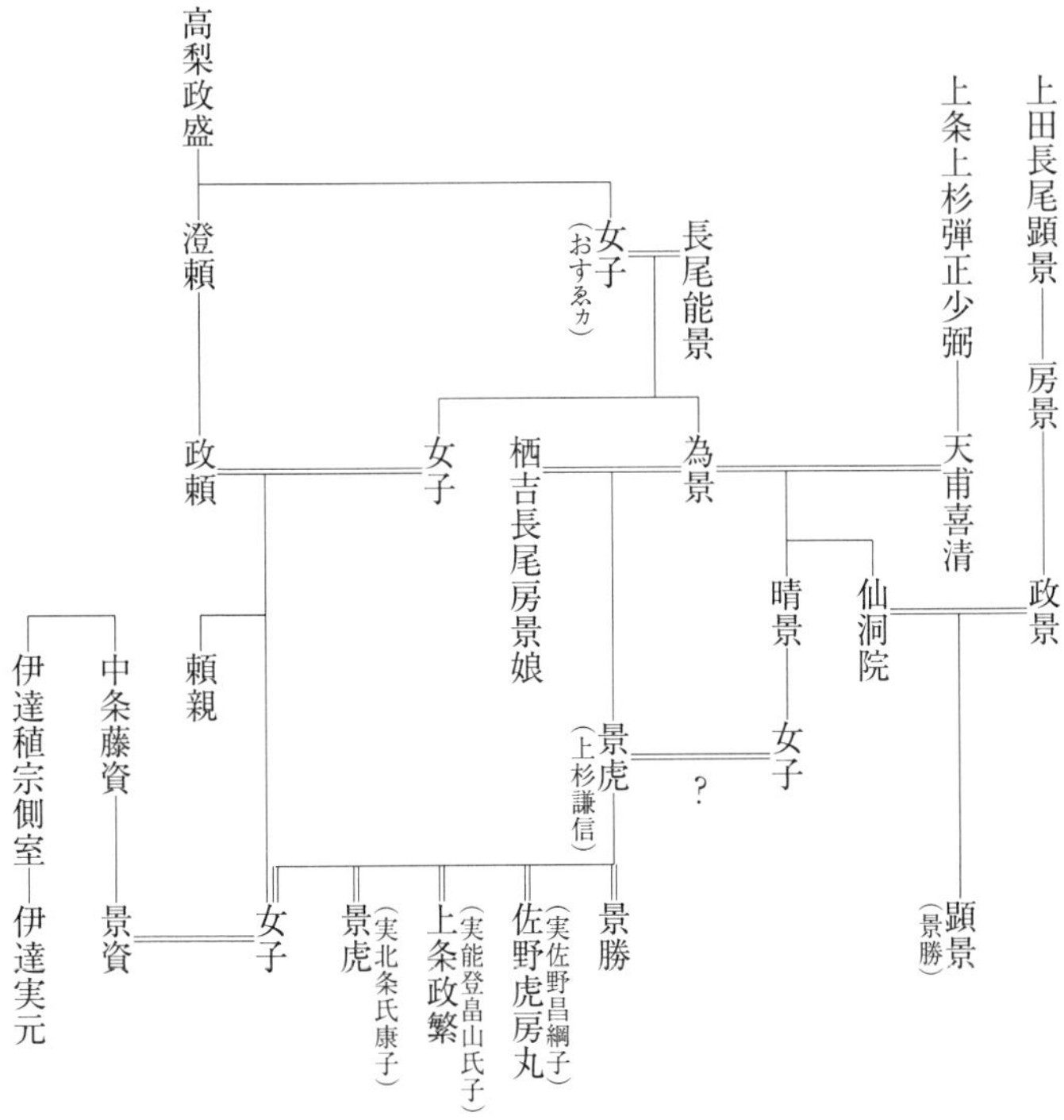

2—長尾氏（上杉氏）略系図

この頃京都の八条《はちじょう》上杉氏（上杉氏の本家）は、荘園年貢の滞納に苦しんでいた。そこで一門が領国支配を進展させている越後に下向し、同国内の荘園年貢確保を試みた。房能も、八条上杉氏から養子龍松《たつまつ》を迎えた。越後上杉氏の家格を高めようとしたのである。

永正《えいしょう》三年（一五〇六）八月、長尾能景は、能登《のと》畠山《はたけやま》氏の要請で越中《えっちゅう》に出陣した。守護畠山尚順《ひさのぶ》（三管領家）が、加賀《かが》「一向《いっこう》一揆《いっき》」の攻撃に悩まされていたからだ。ところが、畠山氏宿《しゅく》老《ろう》神保《じんぼ》・遊佐《ゆさ》氏らが敵対するという思わぬ事態が勃発する。同年九月十九日、能景は盤若野《ほんにゃの》の戦い（富山県砺波市）で敗死した。家督は、嫡男為景《ためかげ》が継承する。

この突然の家督継承が、越後に大きな戦乱をもたらす。同年十一月、長尾為景が八条上杉氏排除に動き出したのだ。越後永正の乱の幕開けである。八条上杉氏から養子を迎えていた上杉房能は、為景と対立せざるをえない。一方、長尾為景は、妻の実家である上条《じょうじょう》上杉氏の支持を取り付けたうえで、同氏出身の上杉定実《さだざね》を奉戴した。永正四年八月二日、長尾勢は越後府中（越府、新潟県上越市）を攻撃し、主君上杉房能を敗走させた。同月七日未刻（午後二時頃）、上杉房能は天水越《あまみずこし》（同十日町市）で自害するに至る。わずか五歳の養子龍松、その実父八条上杉房孝《ふさたか》も命運をともにした。ここに長尾為景は、下剋上、すなわち主家の当主すげ替えを成し遂げたのである。

翌九月、八条上杉氏が反撃に出て、長尾一門が多数討ち取られた。戦国期は下剋上の時代とされるが、主君弑逆《しいぎゃく》は反感を呼ぶことが多い。八条上杉氏は、越後北部、阿賀野川《あがのがわ》以北の国衆（揚北衆《あがきたしゅう》）と結び、本庄《ほんじょう》・色部《いろべ》・竹俣《たけのまたし》氏が挙兵した。揚北衆では、中条《なかじょうし》氏と安田氏が為景に味方し、陸奥《むつ》の伊達稙宗《だてたねむね》・蘆名盛高《あしなもりたか》に援軍を求めた。

関東管領山内上杉顕定も、実弟房能の弔い合戦に動いた。ところが、旧臣長尾景春《ながおかげはる》が不死鳥のように再起して白井城《しろいじょう》（群馬県渋川市）を占拠し、越後への道を封鎖した。恐れていた山内上杉勢の介入回避により、戦局は長尾為景優位に動く。永正五年八月九日、八条上杉成定《しげさだ》が自害し、揚北衆も為景に恭順の意を示した。越後永正の乱は、いったん為景勝利で幕を閉じたといえる。

長尾為景は、ただちに幕府に対し、上杉定実の越後守護職補任《ぶにん》を求めた。同年十一月、管領細川高国《ほそかわたかくに》の判断で、定実は無事越後守護に任じられ、越後上杉氏当主として公認された。つまり上杉房能殺害は、上杉氏内部の家督争いの結果と処理されたことになる。為景の主君弑逆は、不問に処された。

長森原の戦いと上杉定実幽閉

上野では永正六年（一五〇九）六月に、上杉顕定の養子憲房《のりふさ》が、白井城を奪回した。長尾景春は行方をくらまし、七月二十八日、顕定・憲房父子は上杉房能の弔い合戦と称し越後に侵攻した。越後の入り口たる上田荘は山内上杉氏の所領であり、上田長尾顕景《あきかげ》・房長《ふさなが》父子は顕定に従った。ここに越後永正の乱第二幕が始まる。越府を攻略された定実・為景は越中に敗走し、北信濃国衆や伊達・蘆名氏に支援を求める。

永正七年四月二十日、上杉定実・長尾為景は越中から海路佐渡《さど》を経て蒲原津《かんばらのつ》に上陸した。外祖父高梨政盛《たかなしまさもり》をはじめとする北信濃国衆も為景を支援したが、顕定は猛烈に反撃し、為景の主要拠点はわずか二ヶ城にまで追い詰められた。絶体絶命の危機といえる。

しかし同年六月十二日に、長尾為景は海上交通の要衝寺泊《てらどまり》（新潟県長岡市）の奪還に成功した。同地を重視する顕定は、養子憲房の実弟長茂《ながしげ》を配置していたうえ、上条上杉定憲《さだのり》を急行させたが、間に合わなかったのである。さらに関東からは、続々と凶報がもたらされた。①伊勢《いせ》宗瑞《そうずい》の武蔵《むさし》侵攻、②長尾景春の再挙兵、③以前に和睦調停した古河公方足利政氏《あしかがまさうじ》・高基《たかもと》父子の対立再燃（第三次永正の乱）である。決着を焦る上杉顕定は、憲房に為景の本陣椎谷《しいや》（同柏崎市）を攻撃させるが、六月十二日中に敗走した。以後、為景が勝利を重ね、永正七年六月二十日に越府を奪回した。顕定は戦闘継続を断念し、上野帰国を決断する。

その途上、越後長森原《ながもりはら》（同南魚沼市）で長尾・高梨勢の追撃を受け、顕定は討死してしまった。養父と別れ、所領である越後妻有《つまり》で再起を図っていた上杉憲房は、顕定討死を聞き、上野に撤兵した。上野に帰国した憲房は、幕府に為景討伐令を願い出るが、却下されてしまう。逆に管領細川高国は、為景の要求に応じて、顕定残党討伐を命じている。永正七年八月、上杉定実は越後平定を幕府に報告し、長尾為景は関東管領弑逆の正当化にも成功した。越後永正の乱は、こうして終幕した。

一連の戦いで、越後政界は激変した。守護として認められたのは上杉定実だが、内乱を勝ち抜いたのは長尾為景にほかならない。房定・房能と二代にわたり戦国大名として君臨した越後上杉氏であったが、パワーバランスは明らかに崩れていた。上杉定実と、定実に帰順した上条上杉定憲は、心中穏やかではなかっただろう。永正十年、上杉定実は、上条上杉定憲および房能以来の重臣である宇佐美《うさみ》氏《し》を動かした。為景も不穏な情勢を察知し、揚北衆との連携を強めた。同年九月、宇佐美房忠《ふさただ》が反為景方として挙兵し、十月十三日には、上杉定実が春日山城《かすがやまじょう》（同上越市）に入って守りを固めた。

しかし十月二十二日、為景は上杉定実の身柄を拘束し、城下の越府にある長尾屋敷に幽閉した。翌年五月、宇佐美房忠を滅ぼしたことで、上条上杉定憲も抵抗を断念した。

越後が安定したと考えたのが、越中守護職を持つ畠山尚順である。亡父能景と同様、為景は越中における敵対勢力駆逐を求められた。永正十二年から大永《だいえい》三年（一五二三）にかけ、為景は因縁の地越中に侵攻して椎名氏を服属させ、神保《じんぼ》慶宗《よしむね》を討ち取った。為景は越中東部を占める新川《にいかわ》郡の守護代に補任され、椎名氏に支配を委ねたという。大永四年には北条氏綱《ほうじょううじつな》から同盟を求められた一方、北条氏の攻撃に晒されていた扇谷上杉朝興《おうぎがやつうえすぎともおき》も接近してくるなど、為景の実力は越後国外に知れ渡っていた。

越後享禄・天文の乱

長尾為景は上杉定実に代わる越後の支配者に上り詰めたかにみえた。定実幽閉後の越後は、「守護不在」でも動く状況になっている。しかし為景はあくまで越後守護代にすぎず、割拠する国衆からすれば、主君と仰ぐ存在ではない。それを示すのが、永正十二年（一五一五）に為景が出した知行宛行状《ちぎょうあてがいじょう》である。そこには「御屋形《やかた》様が定まり次第、改めて御判を出し直す」と記されており、①為景は定実を守護家当主とみなしていないが、②為景の文書は仮証文に留めざるを得ないという実情が読み取れる。

そこで為景は室町幕府に働きかけ、享禄《きょうろく》元年（一五二八）に毛氈鞍覆《もうせんくらおおい》・白傘袋《しろかさぶくろ》使用の許可を得た。この栄典は、本来守護に与えられるものであり、守護並の家格を認められたのである。しかし栄典獲得で国内情勢が安定すれば苦労はない。長尾氏の家格上昇を示したに留まる。

この間、長尾為景と同様に、近隣諸国から影響力を評価された人物が存在した。上条上杉定憲である。定憲は、佐渡や出羽《でわ》国衆の要請で、紛争の中人《ちゅうにん》を務めていた。越後永正の乱に際し、為景は大義名分を得るために、上杉定実を擁立した。定実も、当主上杉房能に弓を引くことを受け入れた。彼は上条上杉氏でも庶流の出身であったからだ。為景は、庶流家の定実のほうが御しやすいと考えたのだろう。しかし定実を軟禁しても、有力な守護候補として上条上杉定憲が存在していた（顕定の養子になった時期もあったらしい）。越後国衆を糾合すれば、為景に対抗できる軍事力も有する。為景は定実擁立で正統性を得たが、その人選のマイナス面が露呈した。

享禄三年十月、長尾為景と上条上杉定憲の間で、戦争が勃発した（享禄・天文《てんぶん》の乱）。最初の衝突は短期間に終わり、翌四年正月には為景と上杉一門（山浦・山本寺《さんぼうじ》・上条十郎家）との間で和睦が成立した。しかし天文二年（一五三三）六月に戦争は再発し、上田長尾房長も上条定憲に味方した。為景は窮地を脱するため、天文四年六月に後奈良天皇《ごならてんのう》から錦の御旗、同五年二月に越後平定を命じる「治罰綸旨《ちばつりんじ》」を拝領したほどである。対する上条上杉定憲は、揚北衆や会津《あいづ》蘆名氏、出羽庄内の砂越《さごし》氏まで味方につけ、勢力を拡大していく。越後北部が彼の拠点であり、越後上杉氏当主を自称した。

一般に享禄・天文の乱は、上条上杉定憲が勝利し、為景は隠居に追い込まれたとされてきた。しかし実際には、為景は「治罰綸旨」獲得以前の天文四年頃には勢力を盛り返し、天文五年四月十日の三分一原《さんぶいちはら》合戦（新潟県上越市頸城《くびき》区）で大勝している。対する定憲は、同月二十三日に死去した（高野山清浄心院『越後過去名簿』）。おそらく戦傷死であろう。つまり為景は朝廷権威を活用できる（敵が屈服を自己正当化しやすくなる）状況を作り上げていたのであり、翌天文六年には上田長尾房長とも和睦した。

為景は天文五年八月に出家して張恕《ちょうじょ》と号したがすぐに還俗《げんぞく》しており、隠棲した事実もない。通説とは逆に、享禄・天文の乱は長尾為景の大勝で終わったのである。

しかしその後まもなく、長尾為景は完全な隠退に追い込まれた。いったい誰が、為景の政治生命に終止符を打ったのだろうか。

時宗丸入嗣問題と長尾晴景

享禄・天文の乱の勝利で、越後長尾氏は戦国大名に成長したといえる。内乱で中立を守ったことで、上杉定実は守護として復帰したが、高齢であったうえ、男子がおらず後継者問題が生じた。定実が選んだのは、陸奥伊達稙宗の次男時宗丸で、定実から偏諱《へんき》を受けて実元《さねもと》と名乗る。本来、守護家である越後上杉氏と、国人身分である伊達氏の家格は釣り合わない。しかし伊達稙宗の生母は上杉房定の娘であり、伊達氏もまた戦国大名へと成長していた。時宗丸の生母は、揚北衆中条《なかじょう》藤資《ふじすけ》の姉妹であったようで、中条氏の仲介で、縁談が進められた。

長尾為景も守護家を断絶させるつもりはなく、養子縁組交渉を進めた。ただ揚北衆のうち、本庄氏と鮎川《あゆかわ》氏が反対に回り、中条氏が孤立しつつあったのが懸念材料であった。伊達領との境目に位置する揚北衆の反対は放置できない。為景の圧力で本庄・鮎川両氏は天文八年（一五三九）に一時出羽に退去し、伊達稙宗も翌年六月に反対派の色部《いろべ》勝長《かつなが》討伐を宣言した。

しかし、意外な人物が色部氏を支援した。為景の嫡男長尾《ながお》晴景《はるかげ》である。天文九年九月、晴景は色部勝長に対し、中条城攻めを讃える感状を発給した。つまり晴景は、時宗丸養子入りに反対していたばかりか、反対派を積極支援していたのである。直前の七月、長尾為景が突如春日山城に帰還した。困惑する定実をよそに、八月三日、長尾為景は晴景に対し「今日より（伝来の）旗と文書、重代相続してきた所領を譲り渡す」という文面の譲状《ゆずりじょう》を与え、隠居を表明した。譲状は相続の取り決めを定める文書で、子女に所領を分割相続していた鎌倉期に多くみられる。しかし嫡子単独相続が当たり前になっていた戦国期の作成例は少ない。父子の路線対立を踏まえ、晴景が為景に強要したという説が提唱されている。

つまり長尾晴景は、実父為景を春日山城に呼び戻し、実力で家督を奪い取ったのである。これはクーデターといってよいだろう。同月、晴景は朝廷から「治罰綸旨」を与えられ、対外的にも長尾氏当主と認知される。この時、為景は五十五歳、晴景は三十歳になっていた。戦国大名では、嫡男が二十歳前後になると家督を譲り、隠居の身で二頭政治体制を作ることが多い。しかし為景は、晴景に家督を譲るそぶりを見せなかった。外交方針の齟齬だけでなく、この点も晴景には不満であったのだろう。足下を掬われた為景は、天文十一年十二月二十四日、失意の内に死去した。

上杉定実も天文十一年四月五日、長尾晴景へ「連々世の中が嫌になり、安閑無事に残る余生を過ごしたい」といった内容の起請文《きしょうもん》を送った。従来、これは時宗丸養子入りの督促状と位置づけられてきた。しかし養子縁組反対派の晴景がクーデターを起こし、破談となった経緯を踏まえれば、素直に定実の隠退宣言と受け止めるべきとみられている。この文書も、長尾晴景の要求で書かされたのだろう。

晴景は戦国大名長尾氏確立のために、すでに戦国大名化していた守護上杉氏断絶の道を選んだのだ。天文十二年、色部勝長の仲介で揚北衆は長尾晴景に帰順した。翌十三年、揚北衆の安田長秀《やすだながひで》に対し、守護定実・守護代晴景が所領宛行状を出すなど、越後の混乱は終息するかにみえた。

2 伊達氏の台頭と南奥の大乱

奥州探題大崎氏と葛西氏

陸奥中部では三管領家斯波《しば》氏の一門大崎《おおさき》氏が奥州探題《おうしゅうたんだい》を世襲し、陸奥国人を統括してきた。その勢力は本拠志田《しだ》郡古川《ふるかわ》（宮城県大崎市）から、加美《かみ》・玉造《たまつくり》郡、および栗《くり》原《はら》・遠田《とおだ》郡の一部に拡大し、大崎御所と呼ばれた。しかし長享二年（一四八八）の内乱で大崎義兼《よしかね》が伊達領に亡命するなど、奥州探題としての実質は失われていた。義兼が永正八年（一五一一）に伊達氏に敗れ、享禄二年（一五二九）に死去したことで、衰退は明確になった。

十六世紀初頭、兄高兼《たかかね》の早逝で家督を継いだ名生《みょう》城主（同大崎市）大崎義直《よしなお》は、栗原郡小野《この》（同前）から加美郡中新田《なかにいだ》（宮城県加美町）に本拠を移す。天文三年（一五三四）六月、義直は出仕を拒んだ重臣新田氏《にいだし》の拠点玉造郡泉沢（同大崎市）を攻撃した。大崎氏天文の乱である。ところが家宰氏家氏《かさいうじいえし》（同郡岩出沢《いわでさわ》城主、のちの岩出山城）をはじめ、古川氏など多くの重臣が新田氏に味方し、攻撃は失敗に終わる。この年の南東北は大雨と干魃《かんばつ》に襲われ、前後の年も自然災害や疫病・飢饉が多発していた。両陣営の構成員を比較すると、義直に従ったのは水量が豊富な鳴瀬《なるせ》川《がわ》周囲の家臣、新田氏に味方したのは日照りによる渇水が生じやすい江《え》合川《あいがわ》流域の家臣が中心であるといい、自然災害が一因とも指摘される。内乱の最中、氏家氏や古川氏内部も、義直派と新田派に分裂した。義直は自派についた古川氏の重臣への援軍としても出陣している。義直には大崎領国を安定させ、自分に味方してくれる家臣を保護する義務があったためで、ここに大崎氏の戦国大名としての側面を看取できる。ただしそれは独力ではなしえず、天文五年六月に伊達稙宗の援軍を得て領国の再統合に成功する。この結果、大崎義直は伊達稙宗の子息小僧丸（義宣《よしのぶ》）を養子に迎え、家中《かちゅう》の安定を図った。しかし反発した氏家氏が再挙兵し、再度伊達氏や葛西《かさい》氏の援軍で平定することになる。

大崎領の東部では、源頼朝から「奥州総奉行」に任じられた名家葛西氏が勢力を拡大していた。小《お》鹿《しか》郡石巻《いしのまき》の日和山城《ひよりやまじょう》（同石巻市）を本拠とし、北は胆沢《いさわ》・江刺《えさし》・気仙《けせん》・磐井《いわい》・本吉《もとよし》郡に広がる。明応～大永年間の当主宗清《むねきよ》は、伊達成宗《しげむね》の子息で、養子として入嗣していた。宗清は永正十二年、桃生《ものう》郡の山内首藤《やまのうちすどう》氏の本拠七尾城《ななおじょう》（同前）を攻略した。その過程で登米《とめ》郡を平定し、同郡寺池城《てらいけじょう》（同登米市）に本拠を移していく。これは、北上川流域を押さえたことを意味する。

宗清の子息晴重《はるしげ》は、伊達稙宗の依頼を受け、伊達氏の従属国衆である宮城郡国分義宗《こくぶんよしむね》と留守《るす》景宗《かげむね》の紛争を調停した。西の遠田郡支配をめぐっては、大崎氏と抗争を繰り返す。

大永八年に「葛西殿」が病死し、伊達・蘆名連合軍が一時日和山城を攻略した。この人物は従来葛西晴重に比定されているが、それでは当主不在期間が長すぎるから、隠居した宗清ではなかろうか。天文十年、晴重の後継者として伊達稙宗の子息牛猿丸（晴胤《はるたね》）が入嗣した。家中の反発もあり難航したが、葛西氏も伊達氏との関係強化で領国の安定を目指したのである。

伊達稙宗の入嗣政策と陸奥守護職

大崎・葛西領の南に位置する黒川《くろかわ》郡の黒川景氏《かげうじ》・稙国《たねくに》父子は大崎・伊達氏に両属しており、ここが伊達領国の北限となる。伊達氏では、永正八年（一五一一）から、伊達稙宗（初名は高宗《たかむね》）の発給文書を確認でき、すでに家督を相続していたとみられる。ただ、対外的活動は父尚宗《ひさむね》が主導しており、隠居が当主を補佐・指導する二頭政治体制であったのだろう。永正十一年五月五日に尚宗が死去し、稙宗は実権を掌握した。

稙宗の対外政策の特徴は、婚姻と養子縁組による姻戚関係構築と（三一五頁系図参照）、頻繁な出陣にあった。永正十年には越後、天文十年（一五四一）までに出羽最《も》上《がみ》、陸奥大崎・葛西・田《た》村《むら》・岩《いわ》城《き》・白河結城《しらかわゆうき》領に侵攻している。天文元年、本拠を陸奥梁川城《やながわじょう》（福島県伊達市）から桑《こ》折《おり》西山城（同桑折町）に移した。一連の外征を支えたのは、会津蘆名氏である。同盟関係は、明応三年（一四九四）に伊達尚宗が弟の反乱で敗北し、蘆名盛高のもとに亡命したことに端を発する。尚宗は嫡男稙宗の正室に盛高の娘泰心院《たいしんいん》を迎え、その間の娘が、盛高の孫盛氏《もりうじ》に嫁いで重縁関係が成立する。

永正十一年、最上義定《よしさだ》に勝利した稙宗は、翌年に妹を正室として送り込む。嫡男晴宗《はるむね》の正室には、合戦で打ち破った岩城重隆《しげたか》の娘久保姫を迎えた。大崎氏に義宣、葛西氏に晴胤を入嗣させたことは先述した通りである。伊達氏の従属国衆亘理《わたり》氏《し》には、子息綱宗《つなむね》が養子入りし、綱宗の死後はその実弟元《もと》宗《むね》に継がせた。娘についても、南奥の国衆相馬《そうま》顕胤《あきたね》・二階堂《にかいどう》輝行《てるゆき》・田村隆顕《たかあき》および従属国衆懸田《かけだ》俊宗《としむね》らに嫁がせている。つまり次男時宗丸（実元）の上杉定実養子縁組は、こうした政策の一環であったわけだ。しかし入嗣により大崎氏や葛西氏が服属したわけではなく、頻繁に行われた外征で領国が拡大したこともほとんどない。

稙宗の意図は室町幕府との外交から透けてみえる。永正十四年、伊達稙宗（高宗）は幕府に使者を送り、将軍に復帰した十代将軍足利義稙《あしかがよしたね》から偏諱をもらい直した（初名の高宗は、義稙と対立した十一代将軍足利義高《よしたか》＝義澄《よしずみ》からの偏諱）。稙宗は義稙政権を支える管領細川高国に働きかけ、左京大夫《さきょうのだいぶ》任官を果たす。左京大夫は、奥州探題大崎氏歴代の官途である。稙宗は、大崎氏に代わる南東北の盟主を目指していたのだろう。

大永二年（一五二二）、稙宗は奥州探題補任を幕府に求めた。対応に苦慮した幕府は、陸奥守護職補任でこれに応じた。陸奥守護職は、鎌倉幕府・室町幕府を通じて先例がなく、大崎氏に配慮した窮余の策である。稙宗は不満であったようで、将軍を含めた関係者への礼銭献上を行わず、大永五年に督促を受けている。いずれにせよ奥羽の秩序において、伊達氏は大崎氏に準ずる家格を公認された。

白河永正の変と南奥諸氏

いったん、南奥の情勢に転じたい。十五世紀後半に隆盛を誇った白河結城氏では、政朝《まさとも》の代に家中統制が乱れ、有力庶家小峯《こみね》氏の台頭が著しくなった。永正五年（一五〇八）、小峯朝脩《とものぶ》は古河公方足利政氏・高基父子から、「裏書御免《うらがきごめん》」（書状の封の裏側に書く苗字・通称の省略許可）という守護待遇の特権を付され、古河公方直臣となった。永正七年九月九日、小峯朝脩は岩城常隆《いわきつねたか》・由隆《よしたか》父子の支援のもと政朝・顕朝《あきとも》父子を追放し、白河結城氏当主の座につく。政朝は、次男上那須《かみなす》資永《すけなが》を頼って下野《しもつけ》那須へと落ちのびた。白河永正の変の原因は家中の混乱だ

3―白河結城氏略系図

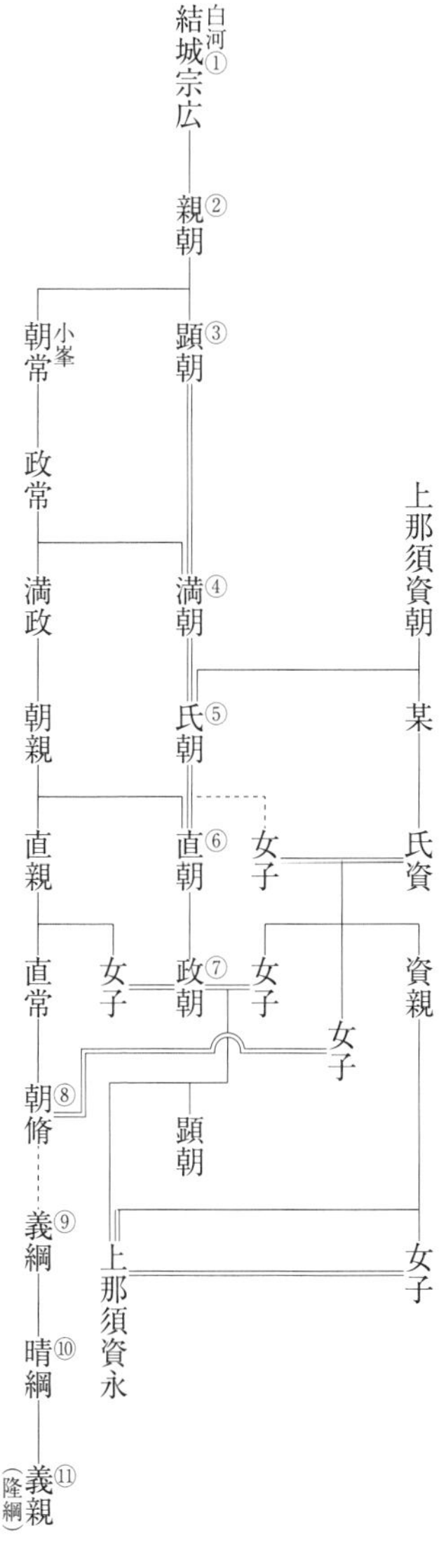

破線は推定。①、②…は白河結城氏の家督継承順。

が、第二章第1節で述べる足利政氏・高基父子の「永正の乱」と連動したことで顕在化した。政朝が実子上那須資永とともに高基派であったのに対し、岩城・小峯両氏が政氏派という構図である。

白河永正の変は、白河結城氏の没落を促す結果となった。岩城氏に所領を割譲したほか、永正七年中に佐竹《さたけ》氏に陸奥依上保《よりかみほ》を奪取されるなど、その領国は白河郡・高野《たかの》郡（南郷《なんごう》）と石川荘《いしかわのしょう》の一部に縮小した。南奥の主導権は伊達・蘆名両氏に移り、岩城・石川・田村・二階堂諸氏の台頭を招いた。田村義顕《よしあき》が永正年間の子年（十三年カ）に三春城《みはるじょう》（福島県三春町）に拠点を移したのも、これと関係していよう。その嫡男田村隆顕は、伊達稙宗の娘を妻に迎え、天文元年（一五三二）に伊達氏の支援で白河・岩城両氏を攻撃した。和睦成立後の天文三年、岩城重隆は娘の久保姫の嫁ぎ先として、勢力下に組み込みつつあった白河義綱《よしつな》の子晴綱《はるつな》を選んだ。しかしこれは、伊達晴宗との縁談を破棄したものであったため、天文三年に伊達・蘆名・二階堂・石川氏の侵攻を招き、岩城・白河両氏は新城《しんじょう》で迎撃した。白河結城氏は岩城氏の影響下に置かれるなど、蘆名・佐竹といった周辺諸氏に翻弄されていく。また台頭するかにみえた岩城氏も、伊達氏との縁談をとりまとめた相馬顕胤の面目を潰す形となった。岩城氏は相馬氏からも攻撃を受け、結局久保姫は伊達晴宗に輿入れした。

大永元年（一五二一）に家督を相続した相馬顕胤は、伊達稙宗の娘を正室に迎え、良好な関係を築いた。相馬氏は本拠行方《なめかた》郡小高城《おだかじょう》（同南相馬市）を中心に南北に勢力を拡大し、伊達領宇多《うだ》郡にも影響を及ぼすとともに、岩城重隆の違約を非難して、天文三年に楢葉《ならは》郡北部に勢力を拡大した。嫡男盛胤《もりたね》の正室には、伊達稙宗の娘婿懸田俊宗の孫娘（あるいは娘）を迎え、伊達氏との紐帯を深めた。

伊達氏天文洞の乱

伊達稙宗は、天文十年（一五四一）四月までに、家督を嫡男晴宗に譲り渡した。晴宗は二十三歳となっており、家督継承の適齢期といえる。当初は、稙宗が晴宗を後見する二頭政治体制が展開されていた。この時期の動きで注目されるのは、天文十年の田村義顕・隆顕父子による安積《あさか》郡伊東氏《いとうし》攻撃である。伊達晴宗は伊東氏の救援要請に応じて軍勢を派遣し、田村父子は降伏して伊達氏に従属を誓った。稙宗期にはほとんどみられなかった、領国の拡大である。

天文十一年六月、晴宗は突如クーデターを起こし、本拠桑折西山城に稙宗を幽閉した。稙宗が進めた時宗丸（実元）の越後守護上杉氏入嗣問題に、宿老桑折景長《こおりかげなが》・中野宗時《なかのむねとき》が「精兵を越後に取られる」と反対し、稙宗失脚を謀ったとされる。しかし越後守護上杉氏への入嗣は、伊達氏の家格上昇（守護待遇）と勢力の拡大を意味する。そもそも時宗丸入嗣は、稙宗家督期の天文七年に決定し、家督を継いだ晴宗も継承した外交政策の一環であった。最終的に破談となったのも、天文九年に長尾晴景がクーデターを起こした結果である。

注目すべきは、家督譲渡までに稙宗が推し進めていた内政改革である。天文二年に質入れ紛争対策法「蔵方之掟《くらかたのおきて》」十三ヶ条を制定し、同四年には棟別銭《むなべつせん》賦課台帳『棟役日記（御むねやくの御日記）』を整備した。天文五年に分国法『塵芥集《じんかいしゅう》』百七十一ヶ条、天文七年には段銭《たんせん》賦課台帳『伊達氏段銭帳（御段銭古帳）』を作成している。

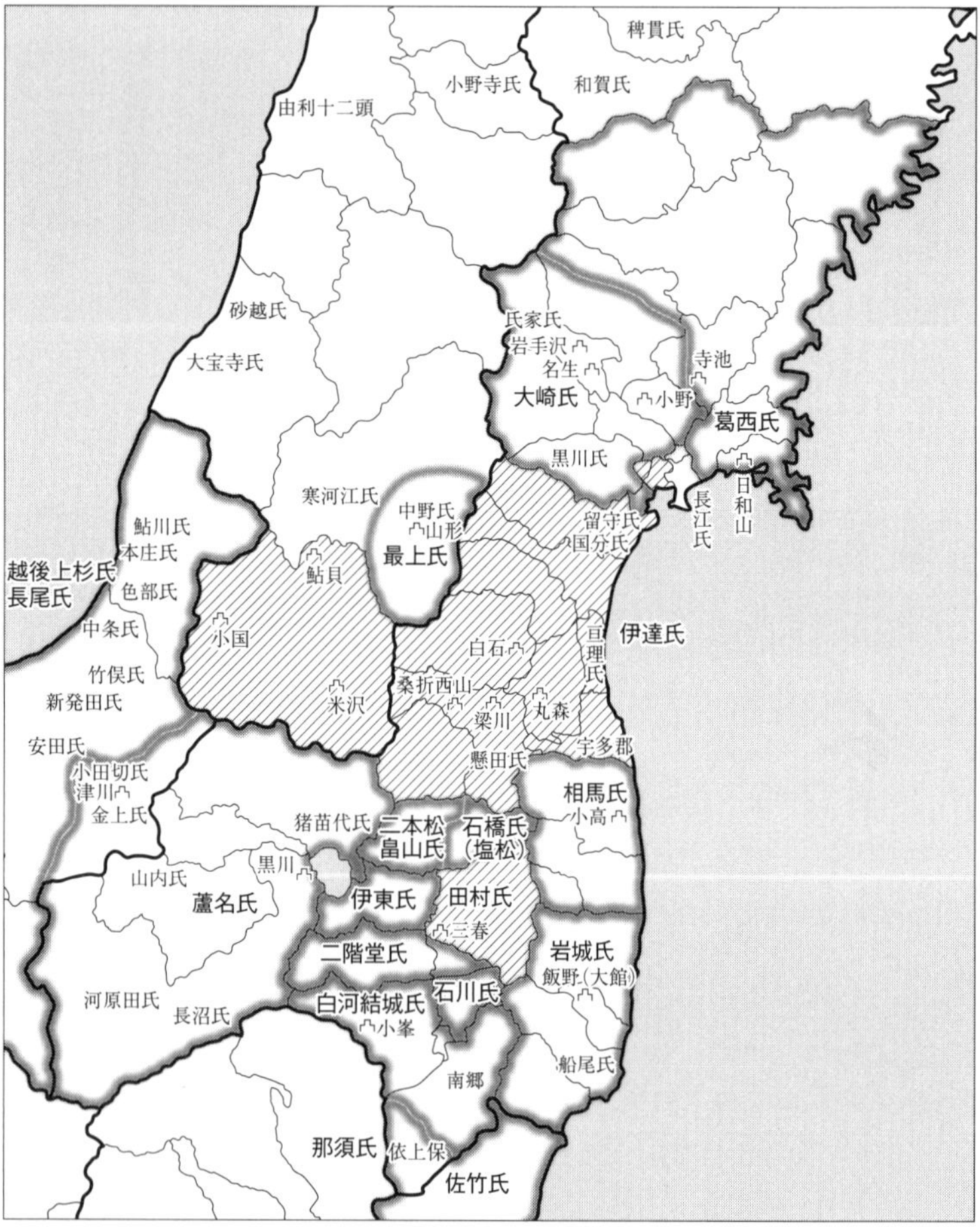
稗貫氏
小野寺氏
和賀氏
由利十二頭
砂越氏
大宝寺氏
氏家氏
岩手沢
名生
大崎氏
寺池
小野
葛西氏
黒川氏
日和山
長江氏
寒河江氏
中野氏
山形
最上氏
留守氏
国分氏
鮎川氏
本庄氏
越後上杉氏
長尾氏
色部氏
鮎貝
小国
伊達氏
中条氏
白石
亘理氏
竹俣氏
新発田氏
桑折西山
米沢
梁川
丸森
宇多郡
安田氏
懸田氏
小田切氏
津川
相馬氏
金上氏
小高
猪苗代氏
二本松
畠山氏
石橋氏
(塩松)
黒川
山内氏
蘆名氏
伊東氏
田村氏
三春
二階堂氏
岩城氏
飯野(大館)
河原田氏
長沼氏
白河結城氏
石川氏
小峯
南郷
船尾氏
那須氏
依上保
佐竹氏

4—南東北情勢図

稙宗は、課税台帳整備や分国法『塵芥集』制定による家臣の私成敗権抑止（裁判権の伊達氏への集中）といった、大名権力強化策を推進していた。併行して外征を繰り返したが、領国拡大はほとんどみられず、家臣団は十分な恩賞を得ることができない状態で、課税強化を受けたのだ。それに対して晴宗は、最初の外征で田村氏服属という成果を挙げている。稙宗の政策に、不満が高まった結果の政変といえる。

桑折西山城に幽閉されていた稙宗は、庶流家の小梁川宗朝《こやながわむねとも》によって救出された。稙宗は権力奪回を目指し、晴宗との間で内乱を展開していく。伊達氏天文洞《うつろ》の乱と呼ばれる大乱である。「洞」「洞中」とは、主として東北や東関東で用いられた言葉で、多くの場合「家」「家中」つまり家臣団と同じ意味で用いられる。伊達家中の内乱、という意味だ。

伊達氏譜代家臣の多くが晴宗を支持した一方、蘆名・最上・大崎・葛西・相馬・田村といった陸奥・出羽の大名・国衆の多くは、姻戚関係から稙宗を支持した。稙宗の婚姻・養子縁組政策の結果、内乱は南東北全体を巻き込む形で拡大したのである。初期の戦局は、周辺大名・国衆の援軍を得た稙宗優位に推移した。領国北部（宮城県南部）では、稙宗の実子大崎義宣・葛西晴胤兄弟が圧倒しており、晴宗に味方したのは従属国衆留守景宗（叔父）程度に留まった。南部では相馬顕胤が懸田に入り、懸田俊宗とともに稙宗方の主力となる。出羽においても、最上義守《よしもり》が稙宗に与《くみ》して晴宗の拠点米沢《よねざわ》（山形県米沢市）のある置賜《おきたま》郡（長井荘《ながいのしょう》）に侵攻した。

晴宗は天文十六年五月に本拠桑折西山城を放棄し、稙宗が帰城に成功した。しかしこれが形成逆転につながる。晴宗が北の白石城《しろいしじょう》（宮城県白石市）に移り、大崎氏に圧迫を加えたからだ。伊達氏の混乱を看取した大崎義直は晴宗に呼応し、大崎義宣は稙宗支援が困難となる。六月に稙宗が相馬領に亡命したと噂されているのは、この時だろうか。しかし稙宗は閏七月に形勢挽回に成功し、晴宗は相馬・懸田両氏を寝返らせようと必死であった。

晴宗の勝利と稙宗の抵抗

事態を決定づけたのは蘆名・相馬氏の動静である。天文十六年（一五四七）、三春の田村隆顕との対立が深刻化した蘆名盛氏が、晴宗方に転じた。逆に相馬顕胤は、晴宗方の岩城重隆の侵攻で撤兵を余儀なくされる。大崎義宣は落命して義直が家督に復帰し、奥州探題に任じられた。亘理綱宗も討死して実弟元宗が跡を継ぐ。葛西晴胤は天文十七年に晴宗方に転じ、以後大崎氏を包囲する形で同盟を結ぶ。天文十七年六月、南奥諸氏の調停で和睦が成立し、晴宗が出羽米沢に移り、稙宗は伊具《いぐ》郡丸森（宮城県丸森町）で隠棲と決まった。

しかし稙宗は、実権回復を諦めなかった。天文二十年八月に将軍足利義輝《あしかがよしてる》は、廻国を行う母方の叔父聖護院門跡道増《しょうごいんもんぜきどうぞう》に託す形で、父子の和睦調停を蘆名盛舜《もりきよ》に命じている。義輝は弘治《こうじ》二年（一五五六）五月にも晴宗に稙宗との和解を命じており、永禄《えいろく》八年（一五六五）の死去まで、稙宗は不安定要因であり続けた。相馬氏の家督を継いだ盛胤は、伊達領侵攻を継続し、宇多郡から稙宗が隠棲する伊具郡を窺う。天文二十二年に晴宗が旧稙宗派の主力で、相馬盛胤の妻の祖父でもある懸田俊宗を滅ぼしたのは、このためである。

天文洞の乱は家臣団の支持を得た晴宗が勝利したが、大きな問題が残された。洞の乱において、稙宗・晴宗はともに知行宛行状を濫発した。いわゆる空手形である。晴宗は稙宗に味方した家臣の所領を削減し、自派の家臣に与える方針をとったであろうが、それでも空手形濫発の影響は拭いきれない。天文二十二年正月、晴宗は家臣に対する知行安堵状《あんどじょう》を一斉発給し、混乱に終止符を打った。その控をまとめたのが『晴宗公采地下賜録《さいちかしろく》（判形の永張）』三冊で（うち一冊は喪失）、近年安堵状の原本もみつかっている。つまり天文洞の乱の結果、晴宗は家臣団の知行台帳を作成し、家臣団支配を強化したのだ。晴宗を奉じた家臣にとっては、皮肉な結果となった。なお実弟伊達実元は、最大級の知行地を与えられている。晴宗方に鞍替えした結果だが、やはり養子入り問題は、洞の乱の原因とはみなせない。

一貫して晴宗に味方した従属国衆留守景宗（稙宗の実弟）も、家臣の知行台帳『留守分限帳《ぶげんちょう》』編纂に着手した。従来、天文年間初頭成立とされてきたが、天文十七年をひとつの基準年とした知行台帳であり、同年以降の成立と確定された。天文十七年は、洞の乱の終結年である。留守景宗も、内乱で錯綜した家臣の知行地の再編に乗り出したといえる。

伊達晴宗も子宝に恵まれており、稙宗同様、子女の縁組み政策を基本とした。一方で、外征はなりを潜めている。稙宗失脚の要因が外征への不満であったことを、晴宗は理解していた。伊達氏の軍事活動休止で、相馬氏以外の大名・国衆も動き出す。田村隆顕が独立したのは、その一例といえる。

戦国大名蘆名氏の確立

伊達氏の最大の同盟国蘆名氏（室町期までは葦名氏）は、十五世紀になると「会津郡守護職」を自称し始める。戦国期に入るまでに、会津・耶麻《やま》・大沼《おおぬま》・河沼《かわぬま》の四郡（古代の会津郡）を支配する領域権力に成長した。ただその勢力拡大は、会津郡守護職とは関係がない。会津北部平定は、河沼郡の北田氏《きただし》・新宮氏《しんぐうし》を滅ぼしたことによる。耶麻郡の猪苗代氏《いなわしろし》（庶流家）、会津郡南山《みなみやま》地方の長沼氏《ながぬまし》、会津郡・大沼郡伊南《いな》・伊北《いほう》地方の河原田氏《かわらだし》・山内氏《やまのうちし》は、蘆名氏に従うことで生き残りを図ったのだ。

越後国東蒲原《ひがしかんばら》郡の小田切氏《おだぎりし》も、蘆名氏と越後上杉・長尾氏に両属する存在となっている。もともと、同郡津川城《つがわじょう》（新潟県阿賀町）には蘆名一門金上氏《かながみし》が本拠を据えて阿賀野川上流を確保しており、中流域の小田切氏が蘆名氏の影響下に置かれたのは、自然の成り行きであった。

黒川城《くろかわじょう》（福島県会津若松市）を居城として順調に勢力を延ばした蘆名氏だが、永正二年（一五〇五）に嫡男盛滋《もりしげ》が宿老松本氏に擁立され、父盛高に背くという内乱を起こした。しかし謀叛は失敗し、盛滋は伊達尚宗のもとに逃れている。伊達氏が仲介に入ったためか、盛滋は帰国を赦され、永正十四年の盛高死去を受けて家督を継いだ。永正十八年に盛滋が死去した際、嫡男盛幸《もりゆき》はまだ七歳であったため、家督は弟盛舜が継いだ。盛幸は蘆名一門針生《はりゅう》氏を興している（三一六頁系図参照）。

盛舜の家督相続は、内紛を招きかねないものであったが、見事にこれを乗り切り、天文二年（一五三三）には嫡男盛氏と連署状を発給している。後継者は十九歳に成長していた兄の子針生盛幸ではなく、自身の嫡男盛氏と明示したのだろう。盛氏はまだ十三歳で、横線を引くだけの略押《りゃくおう》で署判《しょはん》しているから、後継者明示をよほど急いだとみられる。盛氏の正室は伊達稙宗と蘆名盛高娘の間に生まれた女子で、従兄妹同士の結婚である。盛氏後継指名は、伊達氏との協調外交の一環ともいえる。

翌天文三年、盛舜は伊達稙宗・二階堂輝行らとともに白河結城氏・岩城氏と衝突した。両氏との抗争は、戦国期蘆名氏の課題となるが、その芽はすでに生じていた。天文十年、盛舜が隠居し、盛氏が家督を継ぐ。盛舜死去は天文二十二年であり、しばらく二頭政治体制が続いたことになる。家督継承の翌年に勃発したのが伊達氏天文洞の乱である。当初稙宗に与したが、三春田村氏との対立から晴宗方に転じたことは先述した。

天文洞の乱による伊達氏の動揺は、蘆名盛氏にとって勢力拡大の好機であった。目標となったのが、安積郡の伊東氏である。内紛が相次ぐ同氏の領国をめぐって、蘆名盛氏は田村隆顕と抗争を展開していく。天文二十年に二本松畠山義国《にほんまつはたけやまよしくに》が中人となり、安積郡の大半を蘆名領とする有利な条件で、田村隆顕との和睦が成立した。伊東氏は滅亡し、惣領家は伊達氏のもとに亡命する。蘆名氏は、盛氏の代に戦国大名として確立していったのだ。

盛氏の斎号止々斎《ししさい》の初見は、天文二十三年である。盛氏はまだ三十四歳、嫡男盛興《もりおき》も生まれておらず、その後も実名《じつみょう》盛氏を用いている。盛氏は連歌・漢詩・水墨画・医術・鼓に通じた教養人であり、当初は雅号であったと思われる。

最上義定と寒河江氏

最上氏は大崎氏同様、管領家斯波氏の庶流家で、南北朝期に羽州探題《うしゅうたんだい》に任ぜられた家である。屋形号使用を許され、「出羽国之御所」とも尊称された。奥州探題大崎氏・浪岡《なみおか》御所北畠氏《きたばたけし》と並ぶ家格といえる。また山形城《やまがたじょう》（山形県山形市）を本拠としたことから、山形氏とも称した。南方の伊達氏とは早くに姻戚関係を結んでいたようだ。

戦国初期の最上氏は、最上川の対岸寒河江荘《さがえのしょう》を領する寒河江氏と抗争していた。永正元年（一五〇四）九月、父義淳《よしあつ》の死去で家督を継いだ義定《よしさだ》は、ただちに寒河江領へ侵攻する。義定の最初の正室は、寒河江宗広《むねひろ》の外孫で、弟中野《なかの》義建《よしたつ》の妻も宗広の姉妹であるなど、重縁関係にあったが、戦争継続を選んだ。同年七月一日に寒河江宗広が没し、わずか二歳の末子孝広《たかひろ》が家督を継いだ結果の御家騒動を好機とみたのである。

永正十一年二月、最上義定は伊達稙宗に大敗し、長谷堂城《はせどうじょう》（同前）を奪われた。しかし対立していた寒河江氏は最上氏に援軍を出したうえ、和睦成立後に寒河江一門が中人となる形で、稙宗の妹と義定の婚姻を取りまとめた。最上・寒河江両氏は和睦と対立を繰り返していたといえる。

最上義定は、永正十七年二月に男子を儲けることなく死去した。最上氏の混乱をみてとった伊達稙宗・蘆名盛滋は、当主不在の最上領へ侵攻した。この時も、寒河江氏は最上方として参戦している。つまり伊達氏の勢力拡大への懸念が、和睦の一要因とみられる。

大永二年（一五二二）、最上一門中野義清《よしきよ》（義建の子）の次男義守《よしもり》が、わずか二歳で家督を継ぎ、ようやく家督が定まった（三一五頁系図参照）。義守は天文三年（一五三四）頃に、十二代将軍足利義晴《あしかがよしはる》から「義」字偏諱を受け、従五位下修理大夫《しゅりのだいぶ》に任官する。享禄二年（一五二九）三月六日、高野山《こうやさん》観音院《かんのんいん》に、養父義定の追善供養と、実父中野義清の逆修《ぎゃくしゅ》（生前）供養を依頼している。これが義定の命日とされたり、この時義守が高野山に登ったと誤認されているので、ここに記しておく。

義守は、天文十一年の伊達氏天文洞の乱では、養母の兄である伊達稙宗方として参戦し、晴宗方の米沢城がある長井荘に侵攻し、各地を制圧した。しかし洞の乱末期、天文十七年正月までには、晴宗方に転じている。最上氏は、伊達氏の内乱を突く形で、出羽南東部における地位を確立したといえる。

出羽庄内と仙北

出羽南西部の庄内地方では、最上川南岸の大宝寺《だいほうじ》氏《し》と、北岸の砂越氏（大宝寺庶流）が対立した。大宝寺氏は最上川北岸下流域に東禅寺城《とうぜんじじょう》（山形県酒田市）を築いており、同地をめぐる争いである。永正九年（一五一二）から十年の衝突で、大宝寺澄氏《すみうじ》は砂越《さ》氏雄《ごしうじかつ》父子を討ち取った。しかし後継者砂越氏維《うじふさ》の攻勢で、天文元年（一五三二）に大宝寺氏は本拠を大宝寺から尾浦（同前）に移し、天文十八年には羽黒山《はぐろさん》が焼亡した。大宝寺氏は越後守護上杉氏、砂越氏は湊安東氏《みなとあんどうし》にしばしば支援を求めたが、逆に砂越氏が上条上杉定憲、大宝寺家臣土佐林禅棟《とさばやしぜんとう》が湊安東氏に和睦調停を依頼することもあった。天文十年、澄氏の嫡男晴時《はるとき》が早逝したことで御家騒動が勃発するが、土佐林禅棟が擁立した従兄弟義増《よします》が家督を継ぐ。庄内情勢は、越後の混乱とも連動する傾向があり、大宝寺義増は長尾《ながお》景虎《かげとら》（のちの上杉謙信）に従うことで、庄内統一に動き出す。

出羽中部の横手《よこて》盆地に位置する仙北（北浦《きたうら》〈山本〉・平鹿《ひらか》・雄勝《おがち》三郡）では、雄勝郡稲庭《いなにわ》（秋田県湯沢市）を居城としていた小野寺稙道《おのでらたねみち》が、十六世紀初頭に平鹿郡沼館《ぬまだて》（同横手市）に本拠を移し、仙北での勢力拡大を本格化させる。しかし同郡進出の最中、天文十五年に遺児四郎丸（輝道《てるみち》）を残して討死したという。幼君のもと生じた家中の内乱は、輝道元服後の弘治元年（一五五五）段階でも続いている。輝道は大宝寺氏の娘を妻に迎えて支援を受け、横手（同前）に本拠を移していく。

戸沢《とざわし》氏は、天文九年に南部《なんぶ》一門石川高信《いしかわたかのぶ》に陸奥岩手郡雫石城《しずくいしじょう》（岩手県雫石町）を逐われ、北浦郡門《かど》屋《や》を経て角館《かくのだて》（秋田県仙北市）に本拠を移したとされる。ただし長享三年（一四八九）に角館の神宮寺八幡社を戸沢盛政《もりまさ》が再興しているから、本領角館への撤退と理解したほうが正確だろう。盛政死去時、嫡男道盛《みちもり》が幼少であったため、叔父忠盛《ただもり》が謀叛して角館城は焼失した。道盛は天文二十四年に家臣に偏諱を与えたのが確実な初見である。以後、安東・小野寺氏らとの衝突が本格化する。

3　北方世界とアイヌ

謎に包まれた南部一族

十五世紀後半、北方世界では安藤氏《あんどうし》が衰退して蝦夷地《えぞち》に敗走し、糠部《ぬかのぶ》を拠点とする南部氏の勢力が、津軽にまで及び始めていた。この一帯から、近世大名南部氏・津軽《つがる》氏《し》・安東氏（戦国期に「安藤」から「安東」と表記が変遷）および松前氏《まつまえし》が誕生することになる。しかしこれら諸氏の十五世紀後半から十六世紀中期にかけての同時代史料は、火災などにより、ほとんど残されていない。

盛岡藩南部氏として存続するのは、三戸《さんのへ》南部氏である。「戸《へ》」は牧を意味し、南部氏の本拠糠部郡に一戸から九戸までが散在した。糠部郡は青森県東部から岩手県北部に広がり、日本で最大の面積を持つ郡である。未開発地が多く、そのため牧場が多く作られた。

本来の惣領家は根城《ねじょう》（青森県八戸市）を本拠とする八戸《はちのへ》南部氏であったが、十五世紀半ばに当主早逝が続いて勢力を落とし、代わりに「京都扶持衆《ふちしゅう》」であった聖寿寺館《しょうじゅじたて》（同南部町）の三戸南部氏が台頭したらしい。八戸南部氏は室町幕府にしばしば馬を献上したが、「永正五年馬焼印図」（近世後期の百科全書『古今要覧稿《ここんようらんこう》』所収）は三戸南部氏献上となっている。中世の馬には、出自の牧を示す焼き印が捺される。同図には、糠部郡の一戸から九戸、久慈《くじ》郡・閉伊《へい》郡の馬牧を示す焼印が記されており、十六世紀初頭の南部氏の版図《はんと》を考えるうえで参考になる。本拠である糠部郡・久慈郡から隣接する鹿角《かづの》郡（長牛城《なごうしじょう》〈秋田県鹿角市〉）・閉伊郡（千徳《せんとく》城〈岩手県宮古市〉）・岩手郡（不来方《こずかた》城〈同盛岡市〉）にまで領国が拡大し、かつ津軽地方にも勢力を延ばしていた様子がわかる。

しかし三戸南部氏が糠部・久慈郡を直接支配したわけではない。各戸の主は自律性の高い国衆であり、一戸から九戸の諸氏が、すべて南部一門であったわけでもなかった。三戸南部氏は、糠部郡の国衆一揆に奉戴された存在といえるが、これも戦国大名権力の一形態である。

三戸南部氏では、永正四年（一五〇七）に当主政康《まさやす》が死去し、嫡男安信《やすのぶ》が家督を継いだものの、翌年二十歳で早逝したとされる。しかし実際には、南部安信は天文十年（一五四一）まで活動が確認され、近世の系図類には誤りが多い。南部または津軽出身の連歌師卜純《ぼくじゅん》の『卜純句集』に安信が三戸で開いた代始め連歌の記載があり、同じ三戸の南部亀千代邸でも連歌会が開かれている。亀千代は嫡男晴政《はるまさ》の幼名だろう。卜純は永正十七年の宗祇《そうぎ》十三回忌までに帰京しているから、三戸滞在は永正年間となるが、年次のしぼりこみは難しい。また先々代当主である伯父信時《のぶとき》（法名梅仙）の追善連歌が催された一方、実父政康の供養は行われていない。安信の家督相続は、政康隠居によるものであったのかもしれない。

南部安信は、四人の弟を隣接諸郡に配置し、勢力を拡大していった。もっとも活躍したのが長弟の石川高信で、天文三年の閉伊郡の叛乱を久慈氏とともに鎮圧した。その後田子城《たっこじょう》（青森県田子町）から石川城（同弘前市）に拠点を移し、津軽方面を担当する。彼の嫡男が、近世盛岡藩の藩祖南部信直《のぶなお》である。天文八年、安信の居城聖寿寺館が家臣に放火され、家伝文書も焼失したという。聖寿寺館は、交易・交通の要衝で、遺構からはアイヌとの交易品も出土している。南部安信は本拠を三戸城に移すが、聖寿寺そのものは、菩提寺《ぼだいじ》として維持された。

惣領家八戸南部氏では、天文八年に当主義継《よしつぐ》が早逝した。一門評定で弟勝義《かつよし》が当主と定まったが、家督を狙った田中氏に根城を一時占拠される。家督を継いだ勝義も、天文十七年に二十四歳で早逝する。一門筆頭新田行政《にいだゆきまさ》の子息政栄《まさよし》が家督を継ぎ、行政が名代となるが、七戸慶胤《しちのへよしたね》の侵攻を招くなど、勢力衰退は否めない。

三戸南部安信の嫡男晴政も生没年を確定できない。初名を安政《やすまさ》といい、天文八年に十二代将軍足利義晴の偏諱を受けて晴政と名乗る。家督相続は天文十二年頃と思われる。晴政の代の弘治二年（一五五六）、宿老北致愛《きたむねちか》の本拠剣吉城《けんよしじょう》（青森県南部町）を、浅水城《あさみず》主南長義《みなみながよし》（信義《のぶよし》、晴政の叔父）が攻撃した。ことの発端は、剣吉城のすぐ北に位置する南長義の所領斗賀《とが》村の領有権をめぐる堺相論で、北致愛は八戸氏の名代新田行政の加勢で撃退する。八戸・七戸氏の争いをみても、いまだ南部領国では武力による紛争解決が当たり前であった。こうした紛争の調停こそ、戦国大名に求められたものといえる。

南部氏が勢力を拡大していた岩手郡の南には、斯波《しわ》郡が位置する。同地には、高水寺《こうすいじ》斯波氏（斯波御所）という名家が存在し、やはり岩手郡への進出を狙っていた。晴政が家督を継いだ天文年間には、岩手郡領有をめぐって軍事衝突が繰り返されていた。この方面の軍事指揮も石川（田子）高信が執り、天文九年に雫石の戸沢氏を出羽仙北に追いやったという。天文十二年には、南部氏側の不来方の諸領主と斯波氏の間で堺相論が勃発し、不来方城主福士《ふくし》氏の要請で高信が出陣した。この時は、斯波郡南方の稗貫《ひえぬき》郡の国衆稗貫氏が中人となり、斯波方が押領した所領を返還している。このことは斯波氏との戦争も、境目で生じた紛争が発展した結果であることを示唆するものだろう。

この時期もっとも不明確なのが、津軽地方の状況である。南部氏から一門二氏が配置されたというが、異説も多い。

浪岡御所北畠氏

北方地域で、貴種として尊敬を集めていたのが浪岡北畠氏である。南朝の重鎮として活躍した北畠顕家《きたばたけあきいえ》の子孫とされ、浪岡御所と尊称された。浪岡城（青森県青森市）からは、南朝方勢力が使用した甲冑の小札《こざね》が出土しており、伝承は一定の事実を反映しているのだろう。

戦国期の初代具永《ともなが》（初名朝家《ともいえ》）は、天文五年（一五三六）六月に従五位下に叙爵され、同日付で侍従《じじゅう》に任官した。最終的には、従四位下左近衛中将《さこのえちゅうじょう》にまで上っている。任官手続きをみると、具永は公家の山科言継《やましなときつぐ》に依頼して天皇に仕える女房長橋局《ながはしのつぼね》に取り次いでもらい、後奈良天皇から勅許を得ている。武家の任官では将軍を通すことが慣例だから、浪岡具永は公家待遇といえる。叙爵と同時に侍従に任官し、従四位下左近衛中将にまで昇進した点も見逃せない。この家格は羽林家《うりんけ》に相当し、伊勢《いせ》国司北畠氏やその有力分家と同等の家格である。

天文九年、浪岡具永は自身の昇進と嫡男具統《ともむね》の叙爵を申請し、具統もやはり侍従に任ぜられた。相応の年齢に達していたためだろう。逆にいえば、天文五年に叙爵された具永は、壮年期を過ぎていたはずだ。浪岡北畠氏と朝廷の接触は、この時が初めてであったのではないか。

浪岡具永は、天文九年の昇進時までに朝家から具永に改名した。この理由について、興味深い指摘がある。伊勢国司北畠氏は、代々室町幕府将軍から偏諱を受け、幕府への服属姿勢を示した。ところが天文六年に十歳で叙爵・侍従任官をした北畠具教《きたばたけとものり》は、将軍偏諱を受けていない。以後北畠氏とその一門は、実名に通字「具」字を用い、将軍偏諱を受けなくなる。浪岡朝家が具永に改名したのはほぼ同時期であり、嫡男具統、嫡孫具運《ともかず》と「具」が通字化する。北畠一門という由緒主張の一環といえるだろう。

安東氏が出羽檜山《ひやま》に入って南部氏と和睦した際、北津軽と外ヶ浜《そとがはま》が浪岡御所領と定められ、両大名の緩衝地帯となった。外ヶ浜領有により、浪岡御所は漁業生産品の獲得が容易となるとともに、アイヌとの交易に積極的に乗り出していったとみられ、山科言継には海産物をよく送っている。外ヶ浜一帯で、浪岡具永は寺社の修築を進めた。永禄二年（一五六九）には、具永が外ヶ浜油川村の熊野山十二所権現社を再興している。なお天文二十一年の具永昇進に際しては、同時に孫の具運が叙爵しているものの、嫡男具統の名はない。すでに死去していたのだろう。

浪岡御所の栄華は、長くは続かなかったらしい。永禄五年、浪岡御所は一門川原《かわら》御所の襲撃で父子ともども殺害され、反撃で川原御所も滅亡したと伝わる。しかし具永・具運はその後も活動しているから、永禄五年に浪岡御所が滅亡し、具運の五歳の遺児顕村《あきむら》のみが生き延びたという話は事実ではない。ただ、具統落命がこの内紛であった可能性はあり、その場合は天文二十一年以前の出来事となる。したがって浪岡御所の衰微時期も詳らかではない。その後、浪岡御所は南部氏の統制下に置かれたという。ただ、のちに浪岡御所を滅ぼした津軽氏側の編纂史料に記された話だから、鵜呑みにはできない。

安藤氏から安東氏へ

十五世紀前半、安藤氏の惣領である下国《しもぐに》安藤《あんどう》康季《やすすえ》・義季《よしすえ》父子は、南部氏の攻勢で本拠十三湊《とさみなと》を放棄し、渡島《おしま》（北海道南端）で再起を図るが、果たせずに滅んだ。南部氏は義季の又従兄弟潮潟《うしおがた》安藤師季《もろすえ》を擁立し、津軽の安定化を図る。しかし師季も渡島に亡命し、重要拠点に三守護を配置した。師季は八代将軍足利義政の偏諱を受けて政季《まさすえ》に改名し、津軽奪還を試みるが、長享二年（一四八八）に家臣の裏切りで自害したという。

政季（師季）の嫡男忠季《ただすえ》は津軽奪還を断念し、明応四年（一四九五）、秋田の檜山城（秋田県能代市）に入城した。同地で檜山屋形を称し、出羽河北《かほく》郡の支配に乗り出す。以後、同郡は檜山郡と呼ばれる。なお、戦国期になると安藤氏は「安東」と書かれるようになる。ここに檜山安東氏が成立するが、同氏は安藤氏嫡流の家名下国を称し、宗家であると主張するから、以下では下国安東氏と記す。

津軽奪回断念により、安東忠季は南部氏との和睦が可能になった。下北半島と津軽の支配権を放棄し、南部氏の領国と認める代わりに、蝦夷地渡島の支配権を認めさせたのである。両氏の対立の歴史を考慮し、北津軽・外ヶ浜は浪岡北畠氏の支配下に置き、緩衝地帯とした。ただし渡島支配は蠣崎《かきざき》氏からの交易収入上納と戦時の参陣に限られていく。

湊安東氏は、十四世紀末に出羽土崎湊《つちざきみなと》（秋田県秋田市）へ侵攻し成立した分家とされる。天文年間（一五三二～五五）になると、安東定季《さだすえ》（のちの堯季《たかすえ》）が幕府から京都扶持衆に列せられて直臣待遇となり、屋形号を称して全盛期を迎えた。下国安東氏からの独立という実態を幕府に認めさせたのだ。上方への献上・贈答品には蝦夷錦が含まれており、日本海海運を通じて、アイヌとの交易も行っていた様子が窺える。

こうした動向は、下国安東氏を刺激した。そこで湊安東定季は、下国安東舜季《きよすえ》に娘を嫁がせて和解を図った。両者の次男として生まれたのが、安東愛季《ちかすえ》である。天文二十二年八月、下国安東舜季が死去し、愛季が家督を継いだ。永禄元年（一五六八）、愛季は出羽比内《ひない》郡の浅利《あさり》則祐《のりすけ》と同盟し、陸奥鹿角郡の諸氏を服属させた。しかし再燃した南部氏との戦いと、浅利氏の家督争いがリンクし、逆に則祐の弟勝頼《かつより》を支援していく。

湊安東定季には実子がなく、娘婿舜季の嫡男友季《ともすえ》（春季）を養子に迎えた。舜季が湊家との関係を重視していたことがわかる。しかし友季は天文十二年に定季と対立したうえ（『証如上人日記《しょうにょしょうにんにっき》』）、和解後の翌天文十三年に十六歳で夭折してしまう。定季は堯季と改名して家督に復帰し、天文二十年に没した。下国安東氏季《うじすえ》（舜季の叔父）主導のもと、再度下国家から茂季《しげすえ》（舜季の末子）が養子に入ったが、これに湊家中が反発したらしい。混乱を鎮めるため、下国安東愛季は、最終的にみずから両家の家督を兼ねる道を選ぶ。

なお安東氏に関する通説的見解に対し、近年異論が出されている。安藤康季による文安四年（一四四七）の若狭《わかさ》羽賀寺《はがでら》（福井県小浜市）再建伝承の成立が江戸時代という指摘や、師季と政季を対立関係にある別流とする点は、安東氏の系譜に深く関わる。今後掘り下げていく必要があるだろう。

蠣崎氏の成立とアイヌ

中世末期の北海道南部（道南）の歴史は、『新羅之記録《しんら》』に依拠することが多かったが、同記は松前（蠣崎）氏称揚という目的で編纂されており、内容を鵜呑みにはできない。渡島半島の「道南十二館《どうなんじゆうにだて》」も、あくまで『新羅之記録』に書かれたもので、和人の拠点の一部に過ぎず、古代の遺跡まで含まれる。たとえば原口館は、発掘調査の結果、十〜十一世紀の擦文《さつもん》文化の遺跡であることが明らかにされた。

館主は基本的に北方世界出身であったようだが、花沢《はなざわ》館主・上国《かみのくに》守護である蠣崎季繁《かきざきすえしげ》の娘婿となった武田《たけだ》信広《のぶひろ》のみが、若狭出身の名将として描写される。これは民俗学でいうマレビト伝承（異世界からの客人）の一種と思われる。日本海海運で渡島と若狭が結びついていたのは事実だが、若狭武田氏側には信広の存在を記す史料はない。そこで近年注目されているのが、下北半島蠣崎を拠点とした陸奥蠣崎氏の存在である。康正《こうしょう》三年（一四五七）に南部氏に鎮圧された蠣崎蔵人の乱時、一族蠣崎季繁を頼った一人（おそらくは蔵人自身）が信広ではないかという見立てであり、正鵠を射たものと思われる。信広は、武田苗字を称したことすらないだろう。

道南三守護のうち「下国《しものくに》守護」（茂《も》別《べつ》館、五館管轄）安東家政《あんどういえまさ》は師季の実弟とされ、「松前守護」（松前大館《おおだて》、五館管轄）下国定季も安東氏一門である。「上国守護」（花沢館、二館管轄）の蠣崎季繁は、安東氏通字「季」字偏諱を受けており、宿老とみなしうる。「道南十二館」は創作だが、安東一門のほう

5―道南十二館と蠣崎氏　©M・O/PIXTA

が重く扱われたというのは事実だろう。

蠣崎季繁の客将であった信広は、劣勢であったコシャマインとの戦いの戦功により、娘婿になったという。季繁の死後、洲崎館《すざきだて》、次いで勝山館《かつやまだて》（北海道上ノ国町）に本拠を移した。明応三年（一四九四）、蠣崎信広が死去し、嫡男光広《みつひろ》が家督を継ぐ。安東忠季の出羽移転の前年だから、安東氏の渡島への影響力が低下していた時期にあたる。『新羅之記録』は、アイヌの軍勢が永正九年（一五一二）に「下国守護」を、翌十年に「松前守護」を滅ぼしたとする。そして蠣崎光広・義広《よしひろ》父子の渡島統一はアイヌへの戦勝の結果であり、永正十一年三月に松前大館（同松前町）に入城したが、下国安東氏は蠣崎氏の渡島支配を容易には認めず、同年末に光広ではなく義広に統治権を認めたと記す。

しかし松前藩士や近世の学者が編纂した史書によると、実態はまったく異なる。永正九年の「下国守護」滅亡はたしかにアイヌの蜂起によるものだが、蠣崎光広が唆した結果であるという。翌十年の「松前守護」滅亡にいたっては、蠣崎光広自身が軍勢を率い、没落した下国氏に取って代わった旧守護代相馬氏を滅ぼしたとある。これらは諸書に共通し、松前藩成立史を描く『新羅之記録』よりも信頼性が高い。つまり蠣崎氏は、他の守護家を滅ぼして渡島を統一したのだろう。他の守護家は安東一門だから、下国安東氏からすれば謀叛である。光広に統治権を与えるわけがない。

蠣崎光広は永正十五年に死去し、義広が家督を継いだ。その嫡男の季広《すえひろ》になって、初めて安東氏の通字「季」字偏諱を受けている。下国安東氏が、蠣崎氏の渡島支配の実態を認めた結果だろう。一方で蠣崎氏が渡島支配の追認を求めた理由は、切実なものがあったようだ。永正十二年にシャコウジ兄弟が蜂起するなど、アイヌの軍事行動は終わっておらず、蠣崎氏は早急に渡島の和人社会を掌握する必要があった。光広は、シャコウジ兄弟に宝物を見せている最中に騙し討ちをしたと『新羅之記録』は記す。アイヌでは相論で敗北した側が、和睦のために勝者に宝物（「イコロ」）を差し出す「ツクナイ」という習慣があり、それを利用したと理解されている。享禄二年（一五二九）のタナカサシ蜂起も同様で、蠣崎義広は和睦と称して上ノ国にタナカサシを招き、弟基広《もとひろ》が「償《つぐない》之物」を差し出して油断したところを射殺したという。天文五年（一五三六）にもタリコナ（タナカサシの女婿）が蜂起し、蠣崎基広が和睦の酒席上で謀殺をしたとされている。

つまり蠣崎氏はアイヌに勝利できず、騙し討ちで辛うじて勢力を維持していたのが実態であった。蝦夷地渡島の軍事情勢は、アイヌ側が圧倒的優勢だったのだ。そもそも蠣崎氏台頭のきっかけとなったコシャマインの蜂起は康正二～三年のことであり、背後に南部氏がいた可能性が指摘されている。アイヌの動きに、北方世界の政治情勢と連動したものがあったこともまた、軽視できない。

蠣崎氏の本拠勝山館の発掘調査成果も、アイヌに勝利して勢力を延ばしたとする『新羅之記録』とまったく異なる史実を示す。勝山館からは、模様からアイヌ使用とみられる白磁皿や、アイヌの用いた鏃《やじり》が発掘された。そればかりか、和人の墓地に混ざる形で、多数のアイヌが埋葬されていたのである。実際の蠣崎氏は、アイヌと共存・共生関係にあったわけだ。そもそも蠣崎氏にとって、最大の収入源はアイヌとの交易である。軍事的勝利も難しい以上、対立は避けたかったのが実情といえる。

そこで注目されているのが、アイヌとの間に結ばれた「天文の和議」である。天文二十年頃、蠣崎季広はアイヌの首長ハシタイン・チコモタインと和睦し、「夷狄之商船往還之法度《いてきのしょうはくおうかんのはっと》」という取り決めを結んだ。蠣崎氏は、セタナイ（瀬棚）の首長ハシタインを勝山館がある上ノ国天河《あまのかわ》で「西部之尹《いん》」に、シリウチ（知内）の首長チコモタインをシリウチで「東部之尹」に任命し、往来する船舶からの年俸を受け取る権利を与えたという。あわせて西から来るアイヌの船は勝山館のある天河沖で、東から来るアイヌの船はシリウチ沖で、帆を下げて一礼したうえで往還すると定められた。帆を下げて停泊するという取り決めは、瀬戸内海の海賊による海関設置と同じであるという。したがってこれは蠣崎氏がアイヌに下した命令ではない。対等に結んだ盟約で、蠣崎季広は、アイヌの船はアイヌの管理下にあることを認めたといえる。また海関設置場所がアイヌの勢力圏とすると、蠣崎氏の勢力圏は『新羅之記録』の記述よりも大幅に狭いものとなる。

つまりこの時期の蠣崎氏の勢力圏は、上ノ国と知内を結ぶラインに留まっていたとみられる。かつての本拠洲崎館は天河より北だから、本領「上国守護」領も北部をアイヌに制圧されていた可能性すらある。「下国守護」領も確保できたのは西部に留まる。蠣崎氏は渡島中部の松前大館に進出したが、和人の勢力範囲は、安東氏在島期より大幅に縮小していた。道南戦国史は、アイヌの視点から再検討すべきだろう。

二　古河公方の分裂と小田原北条氏

1　古河公方府の内乱

長享の乱終結と下総篠塚陣

長享《ちょうきょう》元年（一四八七）閏十一月に、山内上杉顕定《やまのうちうえすぎあきさだ》と扇谷上杉定正《おうぎがやつうえすぎさだまさ》の間で勃発した長享の乱は、延徳《えんとく》二年（一四九〇）十二月に一度和睦が結ばれた（三一二頁系図参照）。しかし堀越公方足利茶々丸《ほりごえくぼうあしかがちゃちゃまる》を戴く山内上杉顕定と、第二代古河《こが》公方足利政氏《まさうじ》および伊勢宗瑞《いせそうずい》と結んだ扇谷上杉定正は、明応《めいおう》三年（一四九四）に戦争を再開する。

伊勢宗瑞を事実上の指揮下に置いた上杉定正は攻勢を強め、明応三年十月には顕定の居城鉢形《はちがた》（埼玉県寄居町）に迫った。ところが荒川を渡河しようとした際に落馬し、不慮の死を遂げる。扇谷上杉氏は定正の嫡男朝良《ともよし》が継ぐが、求心力は大幅に低下し、古河公方足利政氏との提携も崩壊した。明応七年八月の足利茶々丸自害により、戦争の理由を失った両上杉氏は再び和睦する。

事態に変化を呼び込んだのは、遠江《とおとうみ》情勢であった。文亀《ぶんき》元年（一五〇一）、伊勢宗瑞の主家である今《いま》川氏親《がわうじちか》と尾張《おわり》・遠江守護の斯波義寛《しばよしひろ》が、遠江支配をめぐって衝突した。斯波義寛は上杉顕定に援軍を求め、和睦は三度破られたのである。文亀二年九月、伊勢宗瑞は山内上杉方の武田信縄《たけだのぶつな》を牽制すべく、甲斐《かい》に侵攻する。

一方、山内上杉方に転じていた古河公方足利政氏・高氏《たかうじ》（高基《たかもと》）父子は（三一〇頁系図参照）、文亀二年六月二十日に出陣し、下総《しもうさ》千葉氏《ちばし》を攻撃した。古河・関宿《せきやど》を起点に、常陸川《ひたちがわ》経由で印旛沼《いんばぬま》から鹿島《かしま》川《がわ》に入り、鹿島川中流の小篠塚《こしのづか》（千葉県佐倉市）に陣を築いた。篠塚陣と呼ばれる。同地は千葉氏の本拠本佐倉城《もとさくらじょう》と千葉荘中心部をつなぐ街道上に位置するから、千葉領国を分断したことになる。古河公方が千葉孝胤《たかたね》・勝胤《かつたね》父子を攻撃した理由は明確ではないが、千葉氏が扇谷上杉氏と結んでいたのだろう。膠着状態に陥っていた永正《えいしょう》元年（一五〇四）四月、武蔵《むさし》千葉氏（本来の本宗家）の重臣木内氏が背いたため、それを討伐したうえで古河に帰陣した。

扇谷上杉領に侵攻した山内上杉顕定は、永正元年三月には、今川氏親の本国駿河《するが》にも攻撃を加え（梨木平《なしきのだいら》合戦、静岡県小山町）、さらに今川勢を指揮する宗瑞の留守を狙って、河越城《かわごえじょう》（埼玉県川越市）を攻撃した。しかし氏親と宗瑞が逆に相模《さがみ》に出陣し、扇谷上杉氏を支援したことで、同年九月、武蔵立河原《たちかわのはら》合戦（東京都立川市）で上杉顕定と足利政氏は敗北する。

6―足利政氏画像（甘棠院所蔵）

その後、上杉顕定は実弟である越後《えちご》守護上杉《うえすぎ》房能《ふさよし》・守護代長尾《ながお》能景《よしかげ》の支援を得た。永正二年、顕定と越後勢は河越城を攻撃し、同年三月に扇谷上杉朝良は和睦を申し入れた。顕定は和睦条件を古河公方足利政氏に伝え、朝良の隠居をもって長享の乱は終結する。朝良隠居という決着から明らかなように、扇谷上杉氏の降伏というのが実情であった。

扇谷上杉氏の家督は、甥の朝興《ともおき》が継承した。ここに両上杉氏は対立に終止符を打ち、急速に勢力を拡大してきた伊勢宗瑞への対処を図っていく。

永正の乱勃発と上杉氏

長享の乱末期、古河公方足利政氏は山内上杉顕定と手を組んだ。久方ぶりに、鎌倉公方（古河公方）—関東管領《かんとうかんれい》という政治体制が復活したといえる。しかし今度は、古河公方府で内乱が勃発する。永正三年（一五〇六）四月、古河公方足利政氏・高氏父子の対立が顕在化し、高氏は妻の実家である下野宇都宮城《しもつけうつのみやじょう》（栃木県宇都宮市）に移座した。関東管領山内上杉顕定（可諄）の調停により、高氏は謝罪のうえ、実名《じつみょう》を高基に改めて翌永正四年八月頃に古河城（茨城県古河市）に帰還した（第一次永正の乱）。この功績で顕定は古河公方「御一家」の家格を与えられ、永正四年に政氏の子息（あるいは弟）顕実《あきざね》を養子に迎えた。顕実は山内上杉氏嫡流の仮名《けみょう》四郎を称し、後継者と定められた。蜜月関係の象徴といえる。

しかし父子の対立は、永正六年六月までに再燃した（第二次永正の乱）。今度も顕定の調停で和解が成立したが、越後では実弟上杉房能が守護代長尾為景《ながおためかげ》に殺害されるという政変が生じていた。顕定は翌七月に越後に向けて出陣し、永正七年六月二十日に討死してしまう。顕定の関東管領在任は四十五年に及び、関東管領といえば誰しも顕定の名が浮かぶ時代であった。顕定以後の山内上杉氏当主は、仮名の四郎または五郎を称するだけで敢えて任官せず、「関東管領」が通称となったほどだ。その顕定が、突如関東から消えた。

さかのぼって永正七年六月初頭、足利高基は下総関宿（千葉県野田市）に移座した。同地は河川交通の重要拠点で、城主簗田《やなだ》氏《し》は娘が足利持氏《もちうじ》に嫁いで成氏《しげうじ》を生んで以後、古河公方の妻室を輩出する家柄に上り詰めた宿老《しゅくろう》で、事実上の家《か》宰《さい》の地位にあった。ここに、第三次永正の乱が始まる。

関東管領職と山内上杉氏家督は、事前の取り決め通り養子顕実が継承した。ただ顕定は、系図上の従兄弟にあたる憲房《のりふさ》（養父房顕《ふさあき》の甥）も養子としており、越後には憲房を伴っていた。しかし顕定の敗死は、上杉憲房の敗退が一因である。何とか上野《こうずけ》に帰国した憲房は、失地回復のためにも、後継者の地位を望んで動き出す。上杉顕実は実父政氏と提携し、憲房は高基と手を結んで家督の座を争った。永正九年六月、白井城《しろいじょう》を拠点に上野支配を固めた憲房方の攻撃で、上杉顕実の居城鉢形はわずか三日で落城し、顕実は古河城に退去した。関東管領職は憲房が継承し、顕実は永正十二年に失意の内に死去する。

永正の乱の展開と小弓公方の成立

足利政氏・高基父子の抗争は、古河公方が関東の「将軍」であるが故に、関東全域の大名・国衆《くにしゅう》を巻き込む形で展開した。政氏には、下野の小《お》山成綱《やましげつな》・下那《しもな》須《す》資房《すけふさ》、常陸の佐《さ》竹義舜《たけよしきよ》、陸奥《むつ》の岩城《いわき》由隆《よしたか》、武蔵の山内上杉顕実・成田《なりた》顕泰《あきやす》らが与《くみ》し、高基には、上野の山内上杉憲房、下野の宇《う》都宮成綱《つのみやしげつな》・忠綱《ただつな》父子および上那須資永《すけなが》、常陸の小《お》田《だ》政治《まさはる》、下総の結城《ゆうき》政朝《まさとも》、陸奥の伊達《だて》稙宗《たねむね》・白河《しらかわ》結城政朝らが味方した。

永正九年（一五一二）四月、宇都宮氏において大規模な内乱「宇都宮錯乱」が勃発した（後述）。高基にとって大きな痛手であったが、同年十二月に政氏は古河城防衛を断念し、小山氏の居城祇園城《ぎおんじょう》（栃木県小山市）に移座した。高基が古河城に入り、事実上第三代古河公方の座につく。

政氏は抵抗を続けたが、永正十一年前半までに宇都宮錯乱が終結し、祇園城は再度宇都宮勢の攻撃に晒された。八月、焦った政氏は佐竹義舜・岩城由隆・上那須資房に宇都宮城や古河城を攻撃させたが、宇都宮成綱・結城政朝が撃退に成功する（竹林の戦い、同宇都宮市）。この戦争で高基優位が確立し、政氏が身を寄せていた小山氏でも、成長《しげなが》の嫡男政長《まさなが》が高基支持に転じた。永正十三年、小山成長は隠居に追い込まれ、政氏は祇園城退去を求められた。

政氏は、扇谷上杉朝良の支援を受け、永正十三年十二月に武蔵岩付城《いわつきじょう》（埼玉県さいたま市）に入った。同地で出家し、道長《どうちょう》と号す。その後も高基との抗争を続けたが、永正十五年四月、武蔵における支持基盤扇谷上杉朝良の死去で断念した。政氏は武蔵久喜《くき》に甘棠院《かんとういん》（同久喜市）を開いて隠棲し、高基と和解した。第三次永正の乱は終息し、古河公方府は安定を取り戻したかにみえた。

さて、永正七年の乱勃発時、挙兵したのは足利高基だけではない。弟である空然《こうねん》（足利義明《あしかがよしあき》）は高基方として、基頼《もとより》は政氏方として、挙兵したのである。古河公方は、子弟を鶴岡八幡宮《つるがおかはちまんぐう》若宮別当（雪下殿《ゆきのしたどの》）とし、関東管領上杉氏との戦いを進めるうえで活用した。ただ雪下殿の御座所は鎌倉では

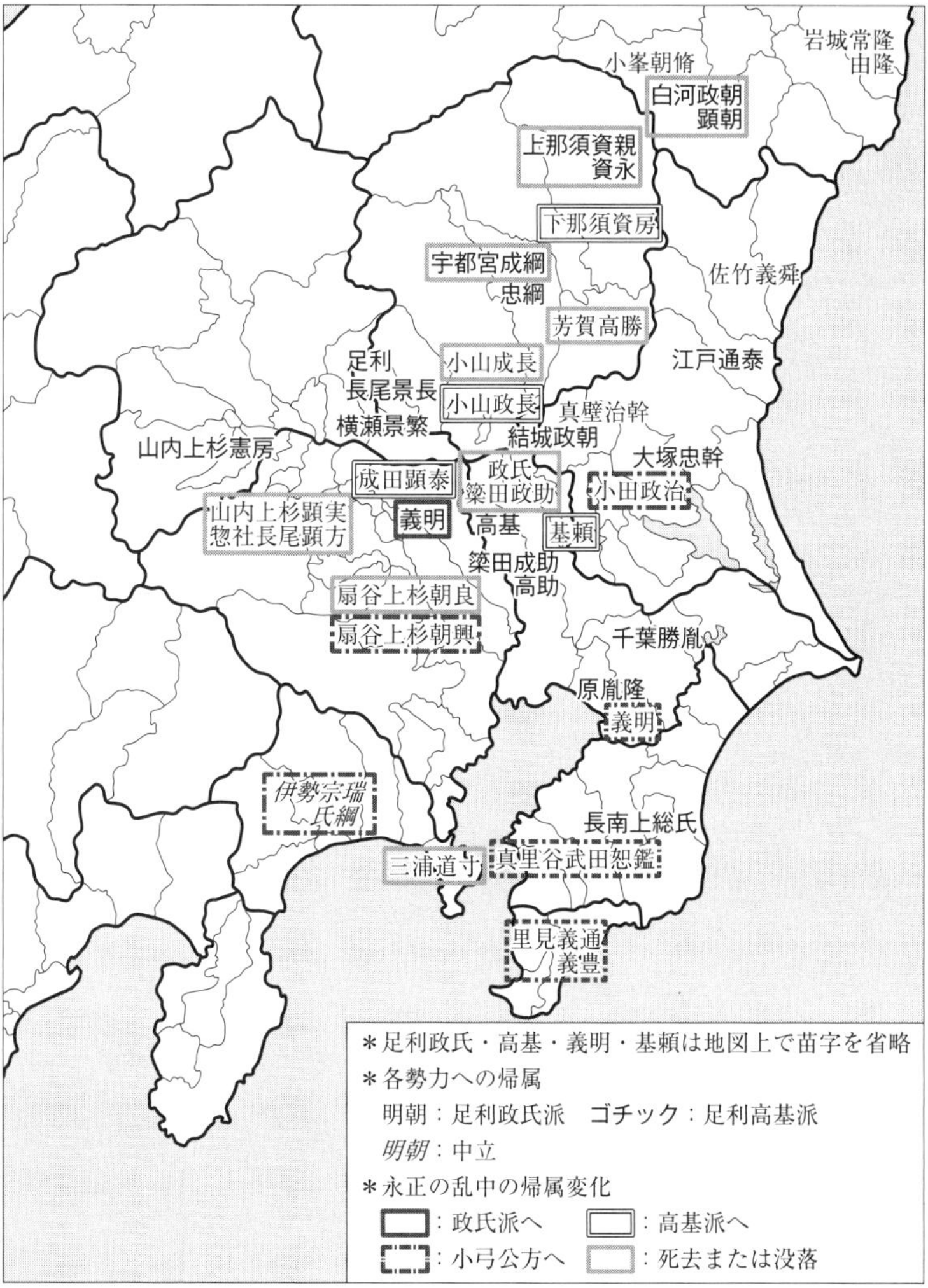
岩城常隆
由隆
小峯朝脩
白河政朝
顕朝
上那須資親
資永
下那須資房
宇都宮成綱
忠綱
佐竹義舜
芳賀高勝
江戸通泰
足利
長尾景長
小山成長
小山政長
真壁治幹
横瀬景繁
結城政朝
山内上杉憲房
大塚忠幹
成田顕泰
政氏
簗田政助
小田政治
山内上杉顕実
惣社長尾顕方
義明
高基
基頼
簗田成助
高助
扇谷上杉朝良
扇谷上杉朝興
千葉勝胤
原胤隆
義明
伊勢宗瑞
氏綱
長南上総氏
三浦道寸
真里谷武田恕鑑
里見義通
義豊
＊足利政氏・高基・義明・基頼は地図上で苗字を省略
＊各勢力への帰属
明朝：足利政氏派　ゴチック：足利高基派
明朝：中立
＊永正の乱中の帰属変化
：政氏派へ
：高基派へ
：小弓公方へ
：死去または没落

7—永正の乱関係地図

なく、古河にほど近い武蔵高柳（同本庄市）であったとされる。足利政氏の次男愛松王も、明応二年（一四九三）に雪下殿の地位を叔父から継承し、空然と号していた。

第三次永正の乱勃発段階では、高基に従っていた空然だが、永正九年十二月の高基古河城入城後、下野小山に拠点を移す。小山は父政氏が移座した先であり、空然は政氏支持に転じたことになる。まもなく還俗《げんぞく》し、足利義明と称した。義明はその後武蔵高柳に帰還し、高基方と戦っている。永正十五年四月の永正の乱終結後も、政氏から事実上の後継者指名を受ける形で、戦争を継続した。逆に基頼は兄高基方に転じている。

この義明に目をつけたのが、上総《かずさ》の真里谷武田恕鑑《まりやつたけだじょかん》（信清《のぶきよ》）であった（三一八頁系図参照）。上総武田氏は、十五世紀に成立した甲斐武田氏の分家である。永正十四年、真里谷武田恕鑑は、長南上総《ちょうなんかずさ》氏と結ぶ下総千葉氏の牽制も兼ね、千葉氏の家宰原胤隆《はらたねたか》の本拠小弓城《おゆみじょう》（千葉県千葉市）を攻略して義明を招いた。扇谷上杉朝良死去と政氏隠退で孤立しつつあった足利義明は、恕鑑の要請を受諾し、永正十五年七月に小弓城に入城して御座所とした。ここに小弓公方足利義明が誕生し、古河公方家は再び分裂する。怒った足利高基は、渡良瀬川《わたらせがわ》・利根川という江戸湾に注ぐ水系（関宿城が拠点）と、霞ヶ浦—香《か》取海《とりのうみ》—鹿島川という水系（現利根川水系、本佐倉城が拠点）を活用し、恕鑑の支城上総椎津城《しいづじょう》（同市原市）を攻撃した。小弓公方の反撃は、古河公方の家宰簗田氏の居城関宿城が目標となる。東日本、特に関東の戦争や流通を考えるうえでは、河川交通を見落とすことはできない。

小弓公方の擁立主体は真里谷武田氏だが、もともと政氏・義明を支援していた武蔵の扇谷上杉氏も小弓公方陣営となる。さらに相模の北条氏綱《ほうじょううじつな》、安房《あわ》の里見義豊《さとみよしとよ》、下総臼井《うすい》氏、常陸小田氏も小弓公方府に加わった。ただし大永《だいえい》四年（一五二四）から扇谷上杉・北条間で戦争が始まり、北条氏綱は古河公方に帰参した。逆に大永三年までは高基に従っていた基頼は、享禄年間《きょうろく》（一五二八〜三二）〜天文《てんぶん》初頭頃までに小弓公方足利義明に与する。扇谷上杉氏の同盟国である甲斐の武田信虎《たけだのぶとら》も、天文五年（一五三六）に小弓公方府に参加し、小弓公方陣営はさらに強化された。

関東享禄の内乱

享禄元年（一五二八）十二月、古河公方足利高基の嫡男が元服した。元服式には祖父足利政氏や、実弟である関東管領上杉憲寛《うえすぎのりひろ》も参列し、室町幕府十二代将軍足《あし》利義晴《かがよしはる》から偏諱《へんき》を得て、足利晴氏《はるうじ》と名乗る。

しかし晴氏は、ただちに家督相続を要求したらしい。祖父政氏と親しかったようだから、それも要因かもしれない。晴氏は享禄二年頃に宇都宮に移座し、父高基の拠る古河城攻撃を開始したのである。隠居政氏も晴氏を支持し、またしても関東に内乱が波及した。享禄四年六月六日、晴氏は古河城に帰還し、八月までに父高基を隠居させて第四代古河公方となった。この間の七月十八日に政氏が病死し、高基も天文四年（一五三五）十月に死去した。

古河公方府の内乱再発は、小弓公方足利義明にとって好機であり、晴氏方として内乱に介入したようだ。晴氏帰座時、政氏は足利基頼と連絡を取っている。政氏がかつて義明を後継者と扱ったことを踏まえれば、基頼の小弓公方府参入は、享禄の内乱勃発が契機かもしれない。

同時期に山内上杉氏で起きた内紛も、連動したものと考えられている。享禄二年正月、長尾《ながお》景春《かげはる》の孫である白井長尾景誠《かげのぶ》が重臣に殺害されるという変事が生じた。しかし家中《かちゅう》の混乱を無視する形で、同年八月に上杉憲寛は西上野の安中《あんなか》氏討伐を強行する。箕輪《みのわ》長野《ながの》方業《かたなり》の要請に基づくものと指摘されているが、一方的な処罰は家中の反発を招いたうえ、扇谷上杉朝興の反対も無視しての出馬だった。傍輩《ほうばい》討伐に不満を抱いた小幡《おばた》氏（顕高《あきたか》カ）らは、先代上杉憲房の実子龍若丸《たつわかまる》（憲政《のりまさ》）を奉じて挙兵し、憲寛は敗北して撤兵する。憲寛が足利高基の次男であったことを考えれば、晴氏挙兵に同調する動きと思われる。

ここに、憲寛・憲政間で家督騒動が勃発した。憲寛は享禄三年まで抗戦を続けるが、享禄四年三月には病気平癒の祈願を行っており、体調の自信をなくしたらしい。六月の実父高基屈服も大きい。九月に家督を憲政に譲り、足利苗字に復して足利晴直《はるなお》と名乗った。上総宮原（千葉県市原市）で隠棲したため、彼とその子孫は宮原御所と呼ばれる。なお、箕輪長野氏は姻戚関係構築で家中での立場を維持し、方業の子業正《なりまさ》は白井長尾氏の内紛を終息させた。

2 関東に波及する内乱

佐竹の乱終結と部垂の乱

古河公方府の内乱は関東に大きな影響を及ぼした。常陸佐竹氏では、応永《おうえい》十四年（一四〇七）に後継者をめぐる大規模な内乱（佐竹の乱）が起きており、鎌倉府・古河公方府の内訌と連動する形で長期化していた。

延徳二年（一四九〇）の佐竹義舜家督継承に際し、山入義藤《やまいりよしふじ》・氏義《うじよし》父子が佐竹氏の本拠太田城《おおたじょう》（茨城県常陸太田市）を占拠した。義舜は大山氏を頼って孫根城《まごねじょう》（同城里町）に逃れ、山入氏は佐竹氏宿老江《え》戸《ど》・山尾小野崎《おのざき》氏らの支持を得る。しかし明応元年（一四九二）の山入義藤死去で情勢が変化し、佐竹義舜の岳父岩城《いわき》常隆《つねたか》・由隆父子の調停で、翌年和睦が成立した。義舜は山入氏の太田城占拠承認という屈辱的条件を飲みつつ、江戸氏・小野崎氏が占領していた佐竹氏直轄領を返還させ、両氏の佐竹陣営復帰を図った。切り崩しに気がついた山入氏義は孫根城を攻めるが敗退、義舜は太田城のすぐ北に位置する金砂城《かなさじょう》（同常陸太田市）へ進軍した。文亀三年（一五〇三）の金砂城攻防戦で義舜の優位が確立し、翌永正元年（一五〇四）に山入氏は滅亡する。百年にも及んだ佐竹の乱の決着である。

佐竹義舜は、十七年ぶりに太田城に復帰するが、乱の傷跡は深かった。和睦を調停した陸奥岩城氏は、江戸氏や小野崎氏と独自に接触し、常陸北部に影響力を及ぼしていた。江戸・小野崎両氏は、居城を中心とした領域の一円支配を進めていく。義舜が佐竹氏再建を進めるなか、両氏は国衆化を遂げ、佐竹氏との主従関係も双務契約的側面が強くなる。

そうした状況下で起きたのが、第三次永正の乱である。岩城氏とともに足利政氏を支持した義舜は、政氏の命で下野や陸奥に侵攻し、高基派の上那須氏や宇都宮氏を攻撃した。特に永正七年の依上保《よりかみほ》（同大子町）進出に注目したい。同地は白河結城領であったが、山入氏が押領していたから、実態は山入氏旧領の接収といえる。その際、江戸氏や小野崎氏は高基方に与している。国衆化した旧重臣層は、佐竹氏と別行動をとるようになっていた。

永正十四年三月十三日、佐竹義舜が死去し、弱冠十一歳の義篤《よしあつ》が家督を継いだ。幼い我が子の行く末を憂慮した義舜は、実弟義信《よしのぶ》・政義《まさよし》兄弟を佐竹氏の「藩屏《はんぺい》」たる分家として取り立てた。佐竹苗字使用を許可された別格の一門佐竹三家のうち、北・東家の成立であり、幼少の義篤を補佐した。

義篤にとって想定外であったのは、母方の実家岩城氏の動きである。大永三年（一五二三）、岩城由隆は佐竹氏が確保しつつあった依上保を攻撃し、両氏は対立抗争を展開する。享禄二年（一五二九）

8—佐竹氏略系図

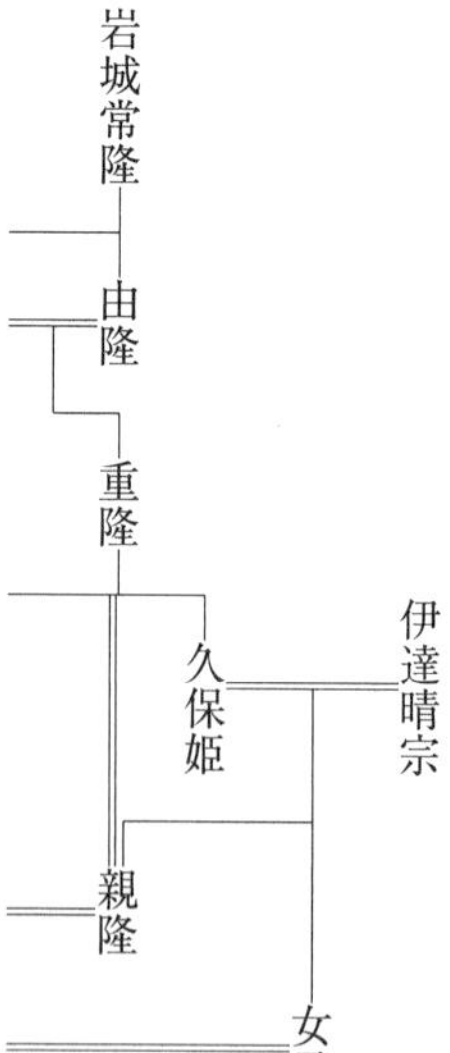

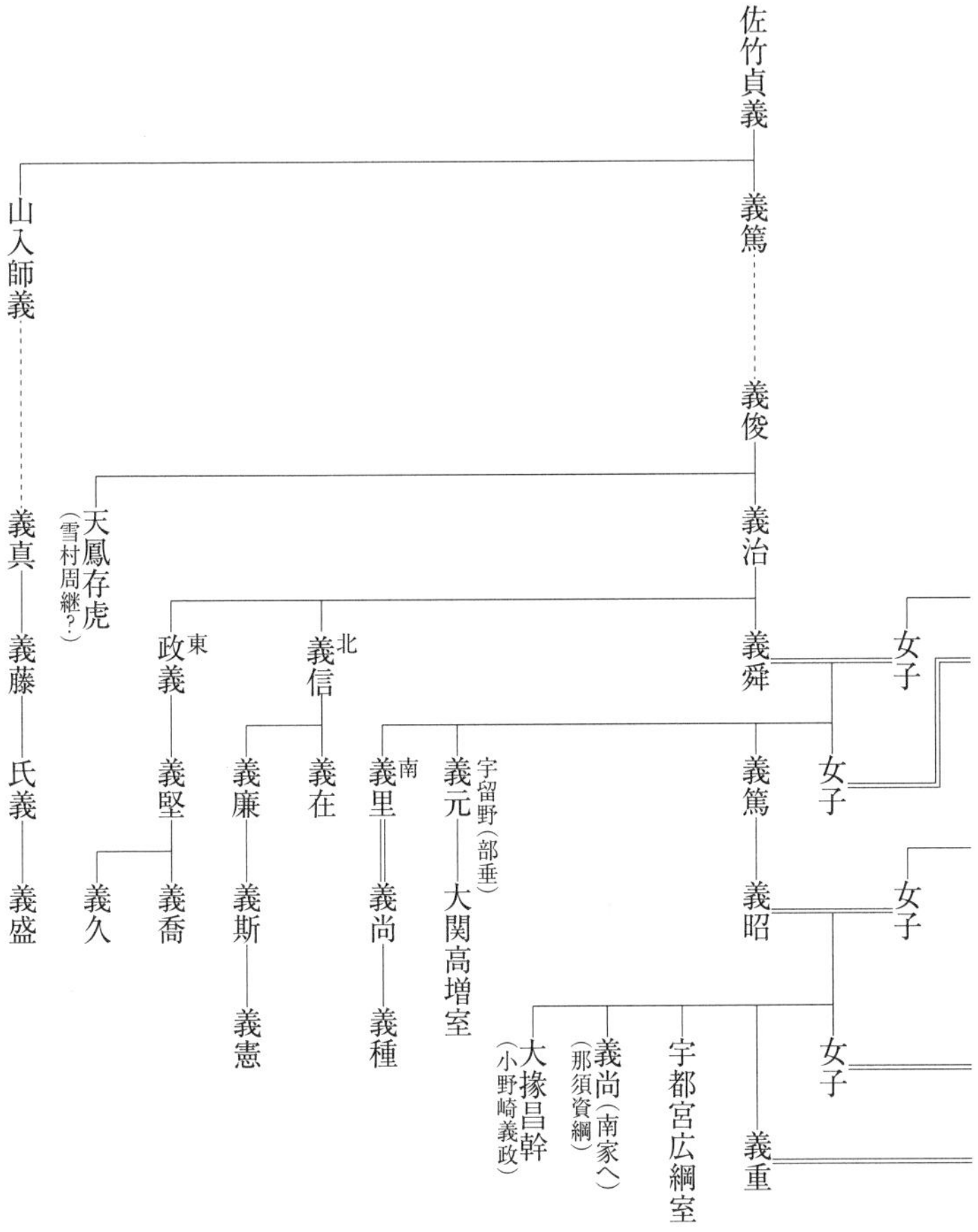
佐竹貞義
義篤
義俊
義治
義舜
女子
女子
義篤
義昭
女子
女子
義重
宇都宮広綱室
義尚（南家へ）（那須資綱）
大掾昌幹（小野崎義政）
義里 南
義尚
義種
義元 宇留野（部垂）
大関高増室
義信 北
義在
義廉
義斯
義憲
政義 東
義堅
義喬
義久
天鳳存虎（雪村周継？）
山入師義
義真
義藤
氏義
義盛

には、義篤の実弟宇留野義元《うるのよしもと》が佐竹氏庶家と結び、謀叛した。義元は小貫氏《おぬきし》の居城部垂城《へたれじょう》（同常陸大宮市）を攻略して部垂苗字を名乗ったうえで、常陸北部最大の国衆と化した水戸氏《みとし》と結んだ（部垂の乱）。天文四年（一五三五）には、有力一門高久氏《たかくし》も謀叛し、佐竹氏の内紛は再発してしまう。時期的に享禄の内乱と関わる可能性もあるが、部垂の乱を扇動したのは岩城氏である。義篤は岩城氏の影響力排除を試み、その一環として大山氏・小野崎氏との関係を改善させた。これが岩城氏を刺激したのだろう。天文八年に下野那須氏で起きた内乱とも連動していたことは、部垂（宇留野）義元の娘が、上那須衆大田原資清《おおたわらすけきよ》の長男高増《たかます》に嫁いでいる事実から窺える。部垂の乱は、岩城氏を筆頭とする周辺国衆と連動した根深いものであったのだ。

天文九年五月までに、義篤は部垂の乱を鎮圧した。和睦を調停したのは、部垂義元に与していた江戸氏である。乱後、佐竹義篤は常陸北部から岩城氏の影響力を排除し、対等な関係で岩城氏と同盟を結び直した。常陸北部における領国確立への第一歩といえる。翌天文十年、義篤は白河結城領である陸奥高野郡《たかの》（南郷《なんごう》）を攻撃した。対立していた下野小山氏が、白河結城氏と結んでいたことが原因で、岩城氏の調停で和睦をしている。翌天文十一年に始まる伊達氏天文洞《うつろ》の乱では、岩城氏とともに伊達晴宗《はるむね》支持に回った。

しかし天文十四年四月九日、義篤は三十九歳の若さで死去した。嫡男義昭《よしあき》はまだ十五歳であったため、義篤は弟の義隣《よしちか》（義里《よしさと》）に南家という家格を与え、北家・東家とともに義昭を補佐させた。ここに佐竹三家が確立し、歴代当主を支える体制が整った。家督交代後まもなく、佐竹義昭は江戸氏との関係を修復し、江戸氏を従属国衆と位置づけ直した。佐竹氏は、白河結城氏が領有する陸奥南郷や常陸南部への進出を本格化させていく。

両那須氏の統合と宇都宮錯乱

下野では、北東部那須荘を拠点とする那須氏が、大関城《おおぜきじょう》（栃木県大田原市）を本拠とする惣領家の上那須氏と、福原城《ふくはらじょう》（同前）を本拠とする庶流家の下那須氏に分立していた。享徳《きょうとく》の乱に際し、下那須氏が古河公方足利成氏から新たな惣領家と認められ、下那須荘を与えられて烏山城《からすやまじょう》に（同那須烏山市）本拠を移した。上那須氏は、重縁関係にある白河結城氏の支援のもと抵抗したが、古河公方に帰順する。

第三次永正の乱において、上那須資永は足利高基に、下那須資房は足利政氏に与して抗争した。これは宇都宮氏の動向と深く関わる。享徳の乱時、下那須氏が足利成氏から拝領した下那須荘は、本来宇都宮氏の勢力圏であった。下那須資房としては、宇都宮氏が高基を支持している以上、政氏を支持して領国維持を図るほかなかったわけだ。

問題は、白河結城氏の動向であった。上那須資親《すけちか》には実子がなく、白河結城政朝の次男資永を婿養子に迎えた。資永は実家白河結城氏を後ろ盾としていたが、白河永正の変で父政朝と兄顕朝《あきとも》が没落し、政朝は上那須に亡命してきた。大田原・大関といった上那須衆にとって、資永を擁立する意味は薄れたのである。資永は、下那須資房と和睦して政氏方に転じたが、永正十三年（一五一六）に資房に滅

9—那須氏略系図

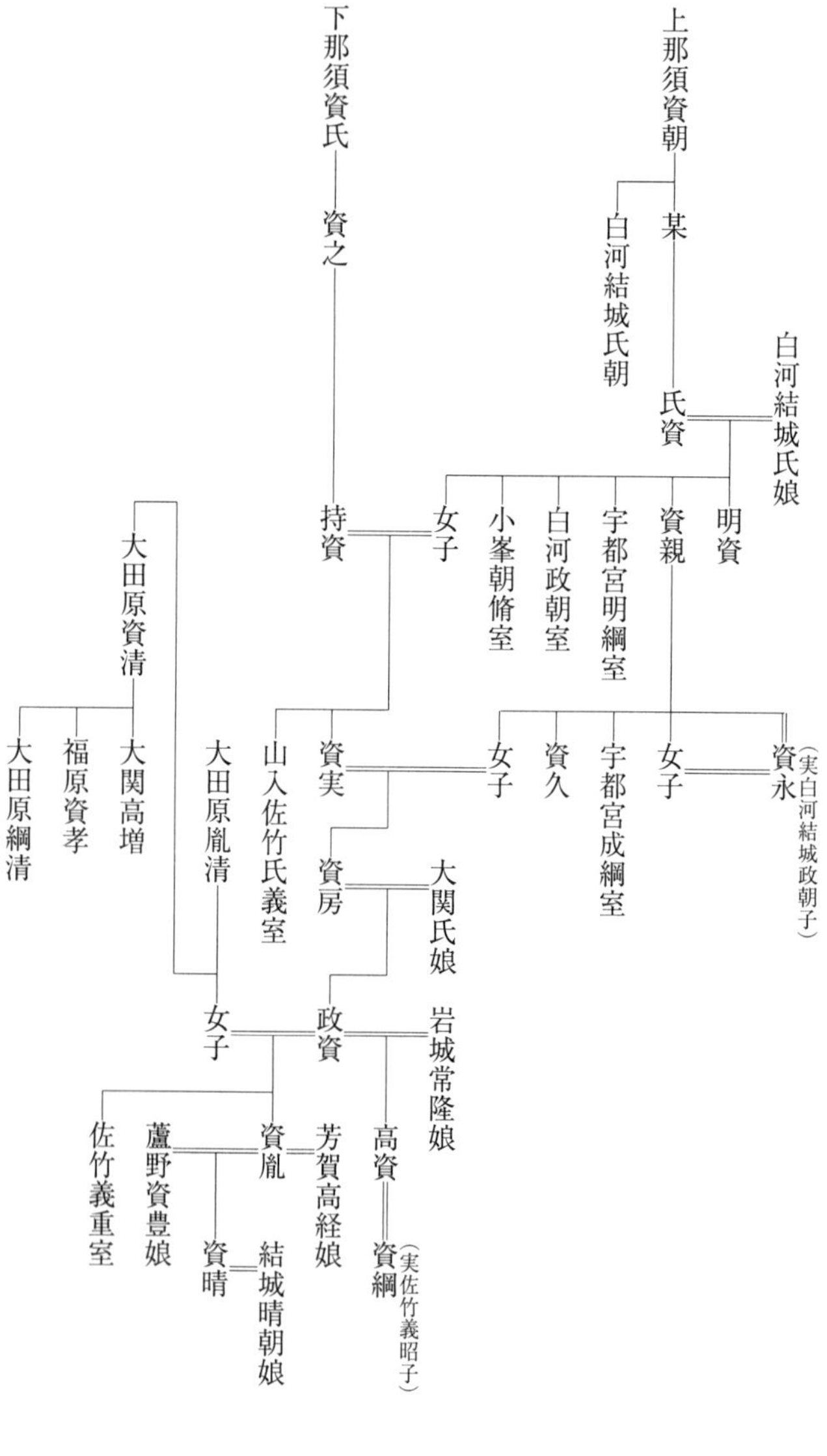
上那須資朝
某
白河結城氏朝
氏資
白河結城氏娘
明資
資親
宇都宮明綱室
白河政朝室
小峯朝脩室
女子
資永（実白河結城政朝子）
女子
宇都宮成綱室
資久
女子
下那須資氏
資之
持資
資実
山入佐竹氏義室
資房
大関氏娘
政資
岩城常隆娘
高資
資綱（実佐竹義昭子）
芳賀高経娘
資胤
結城晴朝娘
資晴
蘆野資豊娘
佐竹義重室
女子
大田原胤清
大田原資清
大関高増
福原資孝
大田原綱清

ぼされた。ただ上那須衆（大田原・大関・福原・伊《い》王野《おうの》・蘆野《あしの》各氏）は下那須氏にただちに従ったわけではない。あくまで、那須宗家が統一されたに留まる。上那須氏を滅ぼした資房は、情勢をみて高基に従うが、享禄の内乱時にも資房・政資《まさすけ》父子間で対立が生じた。享禄四年（一五三一）に常陸南部の小田政治が資房支援のため出陣しているのは、小弓公方足利義明による晴氏方支援の一環だろう。

天文八年（一五三九）にも、政資が実子高資《たかすけ》と対立した。政資は四代古河公方足利晴氏・北条氏・宇都宮氏・佐竹氏・小田氏ら、高資は山内・扇谷両上杉氏や小山・結城・白河結城氏らと結んで、戦乱は大規模化した。この時期、古河公方は北条氏綱と結んで両上杉氏と対立しており、古河公方府や両上杉氏の内紛と、大名・国衆家の内紛は相互に連動しあうものであった。天文十年に両者の和睦が成立し、同十五年に政資が死去した。上那須衆の大田原資清が、黒羽《くろばね》の大関宗増《むねます》・増次《ますつぐ》父子と抗争し、天文十一年に増次を自害させたのは、この内紛の余波であろう。大田原資清は長男高増を大関氏の養子とし、宗増と講和した。

政資生前に家督を譲られていた高資は、天文十八年に宇《う》都宮《つのみや》尚綱《ひさつな》を敗死させて那須氏の勢力維持に尽力した。この戦いは、上那須衆が那須氏に従った初見であり、高資生母の実家である岩城氏も援軍を派遣した。しかし那須高資と上那須衆の関係は、高資が佐竹義昭の次男鶴寿丸《かくじゅまる》（資綱《すけつな》）を養子に迎えたことで崩壊する。天文二十年正月、高資は上那須衆と結んだ家宰千本資俊《せんぼんすけとし》に謀殺され、上那須衆は高資の異母弟で、大田原資清の姉妹を母に持つ資胤《すけたね》を新たな当主に擁立した。

10—宇都宮・芳賀氏略系図

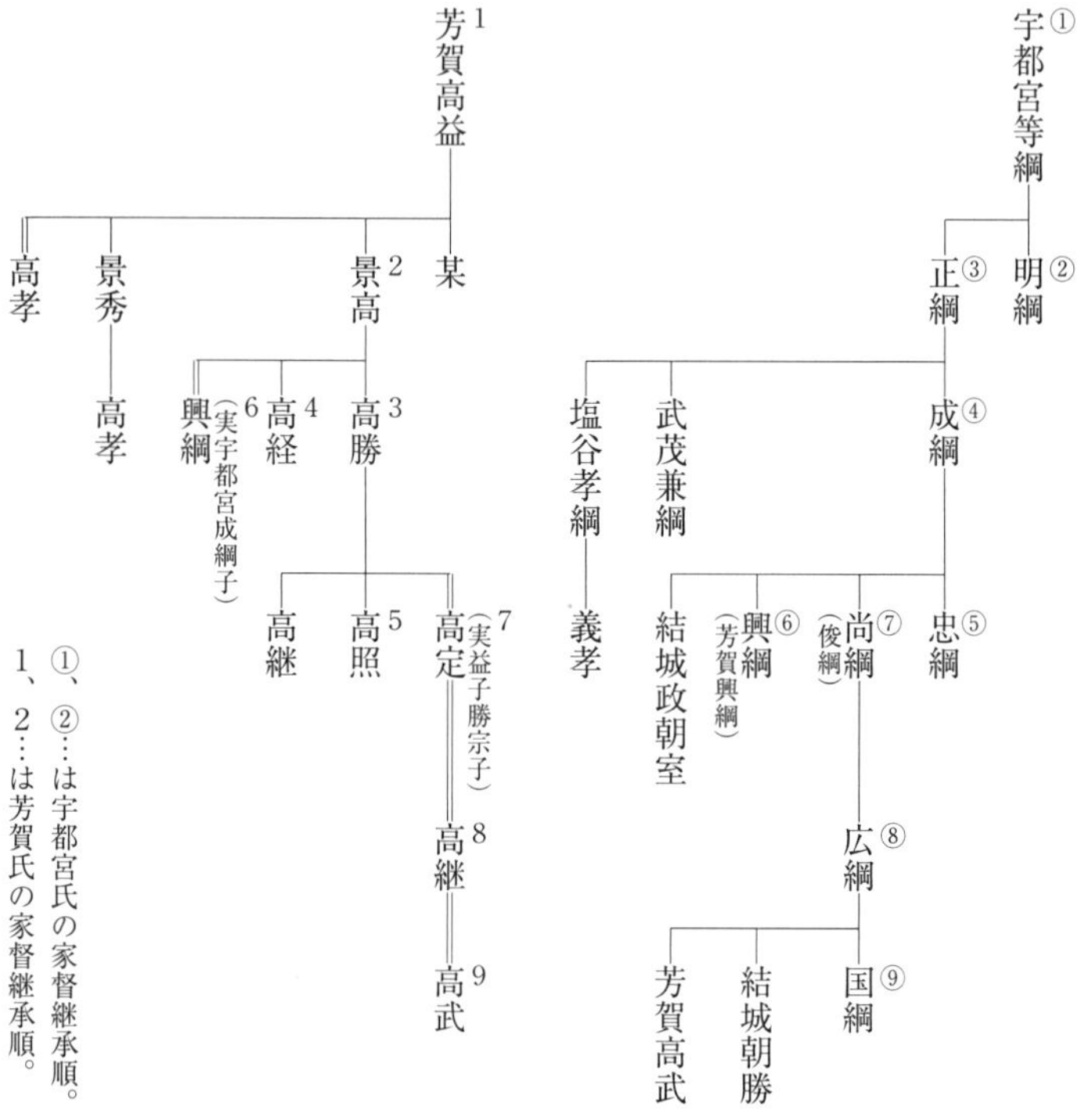

①、②…は宇都宮氏の家督継承順。
1、2…は芳賀氏の家督継承順。

宇都宮氏で問題となったのは、家宰芳賀氏《はがし》の台頭である。永正九年四月、宇都宮成綱は芳賀高勝《たかかつ》を殺害して権力確立を図った。しかし芳賀一族の反発は大きく、宇都宮錯乱と呼ばれる内乱に発展してしまう。宇都宮錯乱は永正の乱と連動し、足利政氏が芳賀氏を、高基が舅宇都宮成綱を支援し、陸奥・常陸の大名・国衆を巻き込んだ。内訌は永正十一年までに終息し、宇都宮氏は高基派の主力として竹林の戦いに勝利する。永正十三年、成綱の嫡男忠綱は再度岩城・佐竹勢を那須領で撃退し、高基勝利に貢献した（縄釣《なわづり》の戦い、栃木県大田原市）。

しかし同年の成綱死去の余波は大きかったようで、結城政朝との国境紛争が頻発し、同盟は崩壊していく。宇都宮錯乱後、逼塞《ひっそく》していた芳賀高勝の弟高経《たかつね》は、結城政朝に支援を仰いだ。大永三年（一五二三）八月頃、芳賀・結城勢は猿山《さるやま》合戦（同宇都宮市）で宇都宮忠綱に勝利し、忠綱の弟興綱《おきつな》を当主に擁立する。敗北した忠綱は一門壬生《みぶ》綱房《つなふさ》の居城鹿沼《かぬま》に逃れ、大永七年に没した。家督を継いだ興綱は十歳前後の幼君であり、芳賀高経が実権を掌握した。しかし成長に伴い、興綱も芳賀氏と対立するようになる。天文五年、芳賀高経は主君宇都宮興綱を殺害し、興綱の兄尚綱（初名俊綱《としつな》）を還俗させて宇都宮氏当主とした。

次なる火種は、宇都宮一門壬生綱雄《つなたけ》（綱房の子）と小山高朝《おやまたかとも》の国境紛争である。尚綱の正室は結城政朝の娘（尚綱従姉妹、高朝の姉妹）で、芳賀高経は小山氏との融和路線を主張した。しかし尚綱は壬生綱雄を支持し、天文八年に小山領に亡命していた高経の謀殺を図った。高経は小田政治の仲介で帰参するが、まもなく宇都宮氏と結城政勝《まさかつ》・小山高朝兄弟の戦争が再発する。天文十年、尚綱は親小山派の芳賀高経を殺害し、益子《ましこ》勝宗《かつむね》の子高定《たかさだ》に芳賀氏の家督を継がせた。ところが天文十七年七月、壬生綱雄が宇都宮氏を離叛する。

天文八年の那須氏の内訌で、宇都宮尚綱は当主政資を支援したが、子息高資が勝利したことで、関係はこじれた。那須高資は国境を接する宇都宮一門塩谷義孝《しおのやよしたか》（尚綱の従兄弟）と壬生綱雄を味方に取りこみ、宇都宮包囲網を構築する。天文十八年九月、宇都宮尚綱は那須高資と衝突し、五月女坂《そうとめざか》合戦（同さくら市）で敗死した。宇都宮城は芳賀高照《たかてる》（高経の子）と壬生綱雄・塩谷義孝に奪取され、五歳の遺児広綱《ひろつな》は家宰芳賀高定の居城真岡《もおか》に保護された。

芳賀高定は、事態を座視しなかった。天文二十年に上那須衆とともに千本資俊を唆して那須高資を殺害させ、弘治《こうじ》元年（一五五五）に芳賀高照を謀殺したのである。壬生綱雄は宇都宮城で城主のように振る舞っていたが、高照死去で連合は崩壊し、家督を継いだ那須資胤は壬生氏と袂を分かった。

結城政朝と小山氏

下総結城氏と本来の惣領家であった下野小山氏はどうか。結城氏においても、十五世紀後半に家督をめぐり一門山川氏と宿老多賀谷《たがやし》氏が争った。多賀谷氏が擁立した氏広《うじひろ》・政朝父子が相次いで家督を継ぐが、幼君のもと多賀谷和泉守《いずみのかみ》が専横を振るう。明応八年（一四九九）、二十一歳となった政朝は、和泉守の叔父多賀谷基経《もとつね》（常陸下妻《しもつま》城主）および母方の実家常陸小田氏と結んで和泉守を滅ぼし、実権を回復したという。

小山成長は、一門山川氏の出身だが、その祖父は小山氏から山川氏に入嗣した人物である。小山氏自体が室町期に鎌倉府に滅ぼされ、結城氏から養子を迎えて再興された経緯があったから、小山・結城・山川三氏間では養子縁組が繰り返されていた。

第三次永正の乱では去就が分かれる。小山成長は足利政氏を支援し、永正九年（一五一二）に居城祇園城へ政氏を迎え入れた。一方の結城政朝は妻室が宇都宮成綱の娘であったことから、足利高基を

11 小山・結城・山川氏略系図

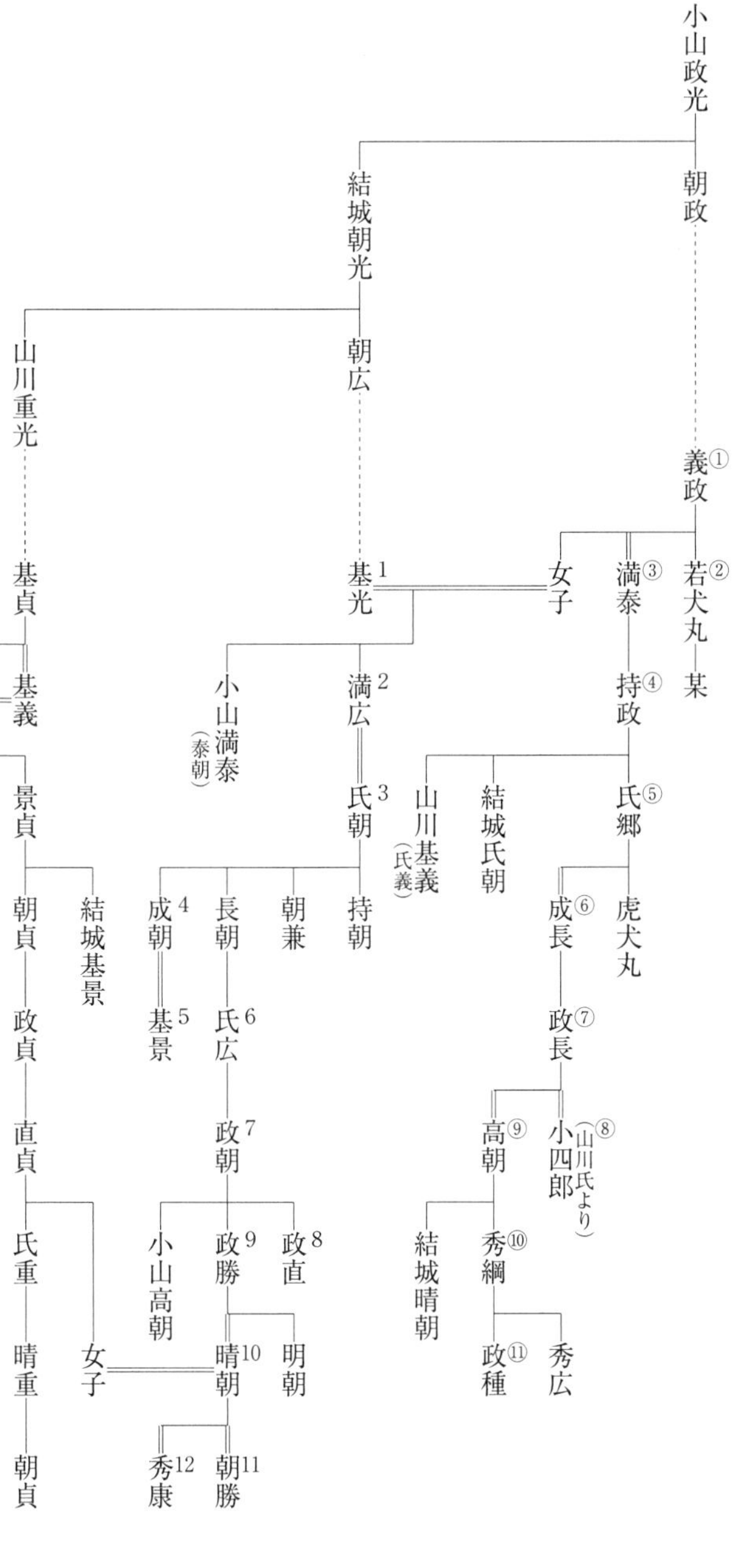

破線は中略を示す。
①、②…は小山氏の家督継承順。
1、2…は結城氏の家督継承順。

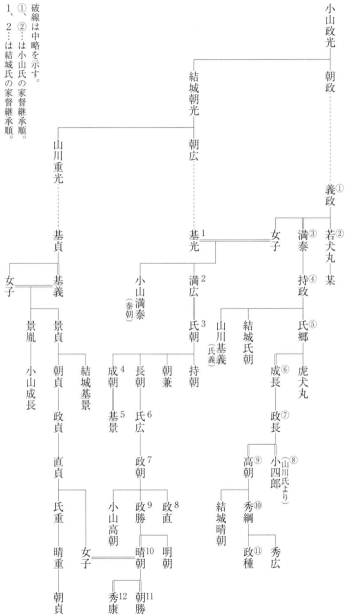

支持した。宇都宮錯乱終結と、永正十一年八月の竹林の戦いが宇都宮・結城連合軍勝利に終わったことで、高基優位が確立する。永正十三年、小山成長の嫡男政長は足利高基方に転じ、成長を隠居に追い込んで、政氏を祇園城から退去させた。政長は山川氏より養子小四郎を迎え家督を継がせたが、小四郎は享禄の内乱で引き続き高基に与して孤立してしまう。結局政長は、結城氏の圧力に屈して小四郎を家督から逐い、天文四年頃に結城政朝の三男高朝を養子として迎え直した。結城氏の影響力は、小山氏にも及んだのだ。

結城氏では大永七年（一五二七）頃に政朝が隠居し（天文十四年〈一五四五〉死去）、嫡男政勝が家督を継いだ。しかし享禄四年（一五三一）までに、庶兄もしくは弟とみられる政直《まさなお》が当主の座についている。これも享禄の内乱と連動している可能性が高い。内乱終結後の天文六～八年頃、政直は政勝に家督を奪い回され、存在自体を系図から抹消された。この政勝が制定したのが分国法『結城氏新法度《ゆうきししんはっと》』である。結城氏には有力な従属国衆として、一門山川氏以外に、下館《しもだて》城主水谷《みずのや》氏と常陸下妻城主多賀谷氏が存在したが、多賀谷氏はしばしば常陸南部の小田氏と結んで離叛した。結城氏は下総・常陸・下野の国衆を糾合し、宇都宮・小田両氏に対抗していく。

常陸南部の情勢

小田氏では、延徳二年（一四九〇）に小田成治《おだしげはる》の嫡男治孝《はるたか》を、次男顕家《あきいえ》が殺害するという政変が勃発した。長享の乱と連動したもので、扇谷上杉方の治孝と、山内上杉方の顕家の抗争という説もある。結局顕家は支持を得られず、明応二年（一四九三）に誕生した成治の末子政治が家督を継いだ。顕家は土浦《つちうら》から小《お》田城《だじょう》（茨城県つくば市）攻撃を続けたが、永正年間（一五〇四〜二一）初頭に滅亡する。永正の乱に際しては、政治は真壁治幹《まかべうじもと》とともに政氏方につく。小田氏はかねて常陸府中（同石岡市）を拠点とする大掾氏《だいじょうし》と抗争を繰り返しており、高基方の大掾忠《ただ》幹《もと》と争う構図である。ただ政治は永正十一年初頭に高基方に転じ、大掾氏との停戦が成立した。

　小田政治は南の信太荘《しだのしょう》進出も図っており、山内上杉氏被官である江戸《えど》崎《さき》城主土岐《とき》原源次《はらげんじ》郎《ろう》と開戦する。土岐原氏が高基方であったため、政治は永正末年までに小弓公方に従い、高基方の足利基頼を擁する大掾忠幹と再度対立した。大永年間（一五二一〜二八）になると、土岐原源次郎の養子治頼《はるより》（美濃《みの》守護土岐《とき》政房《まさふさ》の末子）との抗争が激化する。その過程で治頼は傍輩の被官化を進め、国衆化して苗字を土岐に改めた。小田領国の北では、佐竹氏麾下《きか》の有力国衆江戸《えど》通泰《みちやす》が大永四年頃に鹿島義幹《かしまよしもと》を追放し、大掾氏と結んで鹿島郡に勢力を延ばしていく。これは小田氏だけでなく佐竹氏にとっても脅威であり、政治は佐竹義篤に妹を嫁がせ、同盟を結ぶ。

　享禄元年（一五二八）、小田政治は真壁氏の調停で大掾忠幹と和睦し、江戸氏に備えた。同四年の鹿《かの》子《こ》原《はら》合戦（同石岡市）では、大掾氏とともに江戸通泰に勝利し、和睦を結んだ。政治は、享禄四年に那須資房支援のため下野に派兵しており、小弓公方足利義明の命で、古河公方の享禄の内乱に関与したことがわかる。政治は小田氏の最大版図を築くが、天文十五年（一五四六）に再燃した大掾氏との戦争で行方《なめかた》郡への影響力を喪失した。天文十七年二月に死去し、嫡男氏治《うじはる》が家督を継ぐ。

千葉・原氏と上総武田氏の分裂

下総最大の国衆千葉氏（本佐倉城主）においても、家宰小弓原氏が台頭していた。原胤隆のもとに、小金《こがね》の高城《たかぎ》氏《し》や上総土気《とけ》・東金《とうがね》の両酒井《さかい》氏《し》が従う形の重層構造である。下総においては、千葉・原氏が臼井氏と抗争を続けていた。

上総武田氏は、惣領家の長南武田氏と庶流家の真里谷武田氏が争ったとされてきた（『鎌倉大草紙《かまくらおおぞうし》』）。しかし本来の惣領家は百首《ひゃくしゅ》武田氏で、十五世紀末に真里谷武田清嗣《きよつぐ》が上総西部から北部に勢力を拡大し、惣領化したようだ（三一八頁系図参照）。百首武田氏信《うじのぶ》（道存《どうぞん》）が幼年であったことも大きい。長南城には延徳二年（一四九〇）段階でも長南上総氏が健在であり、千葉氏と結んで真里谷武田氏と抗争していた。上総氏を滅ぼし長南城に入部したのは清嗣の孫とみられる宗信《むねのぶ》で、永正～享禄期の古河公方の内乱の結果だろう。真里谷武田氏とは距離を取っていくが、敵対したかの確証は得られない。

したがって第三次永正の乱においては、千葉勝胤・原胤隆と長南上総氏が足利高基に与したのに対し、真里谷武田恕鑑と臼井氏は政氏に与した。乱の最中の永正十三年（一五一六）、伊勢宗瑞が三浦《みうら》道《どう》寸《すん》を滅ぼして相模を統一したことは、大きな影響を及ぼす。房総半島の諸氏は海上勢力でもあり、真里谷武田氏は鎌倉の外港である六浦《むつら》に拠点を有していたとみられるからだ。恕鑑は伊勢宗瑞に原氏攻撃を要請し、永正十四年十月、原胤隆の本拠小弓城を攻略した。胤隆は小金城（千葉県松戸市）に敗走し、嫡男次郎（基胤《もとたね》カ）は討死した。

永正十五年七月、恕鑑は武蔵で苦境に陥っていた足利義明を小弓城に迎え、小弓公方として奉戴した。真里谷武田氏は西上総をほぼ掌握し、上総国主と認められるに至る。その後、高基・義明間で河川交通を活用し、上総椎津—下総関宿間で攻防が行われたことは先述した。しかし大永四年（一五二四）、北条氏綱が扇谷上杉氏と開戦し、小弓公方府を離脱したことで状況は再度変化する。真里谷武田恕鑑と里見義豊は、江戸湾を渡って品川・鎌倉をはじめとする北条方の湊を攻撃した。

天文二（一五三三）～三年の里見氏の内乱では、当主恕鑑が外孫里見義豊を支援したのに対し、百首武田道存は里見《さとみ》義堯《よしたか》を支援した。里見氏天文の内乱が終結してまもなく、恕鑑と嫡男全鑑《ぜんかん》（信助カ）は相次いで死去したらしい。家督は、恕鑑の次男信隆《のぶたか》が継いだようだが、庶子であったことが問題となる。三男ではあるものの、正室の子である信応《のぶまさ》が、叔父信秋《のぶあき》に擁立されて挙兵した。天文三年十一月、真里谷武田信隆は信応派の椎津城を攻撃して、「上総錯乱」と呼ばれる内訌が明確化する。

信隆は、信応謀叛を鎮圧するため、北条氏綱に支援を求めた。事実上の服属表明といえる。問題は、北条氏綱が小弓公方府を離脱していたことで、信隆の行動は、真里谷武田氏一門の支持を得ることはできなかった。天文六年、一門衆は信隆追放を小弓公方足利義明に訴え、義明は信隆攻撃に出馬した。信隆は降伏し、北条領国内の六浦へ落ち延びていった。

安房里見氏の内乱と系図改竄

戦国期の里見氏は義実《よしざね》に始まる。動静が明確になるのはその子義通《よしみち》からで、永正五年（一五〇八）に鶴谷八幡宮《つるがやはちまんぐう》の修復を行っている。同社は安房《あわ》国総社であり、里見氏こそ安房国主であることを主張する政治的意図があったのだろう。棟札《むなふだ》で、みずからを「副師《ふくすい》」と称しており、古河公方「御一家」（本宗家がかつて受けていた待遇）として足利政氏を支える副将軍とも表明していた。歴代に引き継がれる政治主張である。

弟の実堯《さねたか》は、主として内房北部攻略を担当しており、最終的に上総金谷城《かなやじょう》（千葉県富津市）を拠点とした。義通の嫡男義豊の文書発給は永正九年から確認され、隠居して二頭政治体制を整えたのだろう。義豊は享禄二年（一五二九）に第四代古河公方足利晴氏の「副師」と称する棟札を、やはり鶴谷八幡宮に納めている。義通死去は大永二年（一五二二）と伝わり、代替わりを意識したものだろうが、古河公方では享禄の内乱が起きており、義豊が晴氏支持を示したものでもある。

しかし天文二年（一五三三）七月二十七日に変事が起きた。里見義豊が、本拠稲村城《いなむらじょう》（同館山市）に宿老正木《まさき》通綱《みちつな》を召喚し、殺害したのである。叔父里見実堯も、同日中に殺害された。実堯の嫡男義堯は、真里谷武田道存の居城百首城に難を逃れ、北条氏綱に水軍による軍事支援を要請した。里見氏天文の内乱の始まりである。なお、義堯が北条氏を頼ったため、義豊は扇谷上杉氏に支援を仰ぎ、北条氏の背後を突くよう求めている。

この時期の里見氏は、実堯が金谷城を拠点に内房の平群《へぐり》郡北部を、正木通綱が山之《やまの》城主として外房の長狭《ながさ》郡から朝夷《あさひな》郡北部を掌握し、海上拠点を押さえていた。安房は山岳地帯が多くを占めているから、義豊は海上拠点の掌握を試みて両者を殺害したのだろう。当初は義豊が優勢であったが、八月に北条水軍が安房妙本寺《みょうほんじ》を攻撃したことで情勢が一変する。今度は義豊が真里谷武田氏のもとに亡命し、十月に義堯が安房を平定した。

　翌天文三年四月、里見義豊は安房に反攻するが、四月六日の犬掛《いぬかけ》合戦（同南房総市）で敗死した。義豊の首級は、支援を依頼した北条氏のもとに送られている。内乱の結果、古くからの重臣層の多くが姿を消すという体制変革を伴ったが、内乱で武功を示した正木時茂《ときしげ》（通綱嫡男）は、父同様義堯に重用される。なお義豊の遺児は、丁重に処遇されたようだ。

12—天文２年（1533）頃の房総情勢図

　里見義堯は、当主義豊を滅ぼしての家督継承に引け目があったらしい。そこで行われたのが系図の改竄である。①分家白浜里見氏の成義《しげよし》を二代当主とし、②三代義通死去時に嫡男義豊は幼少であったとした。③義豊の名代を実堯が務めていたところ、義豊が実堯を殺害し、やむを得ず義堯が挙兵したというストーリーである。義豊は当主ではないのだから、義堯挙兵は謀叛ではないとしたわけだ。この主張は天文十四年には確認できる。

近年、これに再検討を迫る史料が見出された。永正元年十二月、篠塚陣から帰座したばかりの足利政氏が、「里見刑部少輔《ぎょうぶのしょう》」に対し、家中の内紛継続を叱責した御内書《ごないしょ》である。刑部少輔は鎌倉公方「御一家」であった里見宗家の官途であり、様式からも里見氏当主で間違いない。しかし義通とその子孫は奉公衆美濃里見氏と同じ民部少輔《みんぶのしょう》を称しているから、別人である。となると、白浜里見氏の当主成義しかいない。従来の研究では、義実—義通—義豊を前期里見氏、義堯以降を後期里見氏としてきた。だが前期里見氏は義実—成義（白浜、刑部家）と義通—義豊（滝田・稲村、民部家）に分けられる。永正初頭の内訌は確認できないから、成義と義通は兄弟と想定しておく（三一九頁系図参照）。

なお、義堯が北条氏綱に支援を仰いだため、里見氏は一時的に小弓公方府を離れた。しかし真里谷武田氏の内紛を足利義明が鎮圧したことを受け、小弓公方府に帰順した。

3　戦国大名北条氏の誕生と関東支配の正統性

伊勢宗瑞の小田原城攻略

明応二年（一四九三）、駿河から伊豆《いず》に侵攻した伊勢宗瑞（盛時《もりとき》）は、明応七年に第二代堀越公方足利茶々丸を切腹に追い込み、伊豆を制圧した。宗瑞の立場は複雑で、甥である今川氏親を「御屋形《やかた》様」と尊称して今川勢の指揮を執る一方、扇谷上杉定正・朝良父子にも従っている。つまり東海地方での軍事活動は今川氏親の名代として、関東での戦争は扇谷上杉氏の命を受けて行ったものとなる。上杉定正は明応三年十月に死去しているから、以下で述べるのは養子朝良（甥）の時代である。

関東における本格的な軍事行動は、相模小田原城《おだわらじょう》（神奈川県小田原市）奪取に始まる。人口に膾炙《かいしゃ》しているのは、宗瑞が城主大森藤頼《おおもりふじより》に鹿狩りの獲物が箱根《はこね》に逃げ込んでしまったため、勢子《せこ》を入れることを許してほしいと頼んで、騙し討ちにしたという話である。ただしこれは後世の創作であり、事実ではない。大森氏は扇谷上杉氏の宿老で、山内上杉勢の攻撃に晒されていた。宗瑞は明応五年七月に大森式部少輔への援軍として、小田原城に駐留している。扇谷上杉氏重臣と同陣しての在城だから、定正の命であることは間違いない。

しかしその後、大森氏は圧力に耐えかね、山内上杉氏に降伏した。つまり宗瑞の小田原攻めは扇谷上杉方として、同城奪還を図ったものとなる。文亀元年（一五〇一）三月には小田原城攻略を確認できるから、それ以前だが、時期の特定が難しい。近年注目されているのは、明応九年六月四日の相模湾地震で、震災に乗じて攻略したという説が提示されている。

小田原城攻略により、伊豆韮山《にらやま》城主伊勢宗瑞は、伊豆一国に加え相模西郡を領国化した。もしこの年次比定が正しければ、山内・扇谷上杉両氏の和睦中の攻略になる。両氏の和睦崩壊は、文亀元年に斯波義寛が山内上杉顕定に援軍を求めたことが直接のきっかけだが、山内上杉氏が小田原城奪取を和睦破棄の大義名分とした可能性がある。宗瑞も、文亀二年に山内上杉氏の同盟国である甲斐の武田信縄を攻撃した。この時期の外交関係は、今川氏親・伊勢宗瑞を山内上杉顕定・武田信縄・斯波義寛らが包囲するという情勢であり、宗瑞としては両上杉氏の和睦存続は好ましくなかった点も留意したい。

結果論となるが、宗瑞の相模西郡領国化は、扇谷上杉氏領国の縮小を意味した。明応七年（一四九八）、宗瑞は伊豆下田の有徳人《うとくにん》（富裕者）御簾《みす》氏を八丈島の代官に任じ、伊豆に派遣したとされる。しかし同地には、扇谷上杉氏の代官奥山氏や、同氏宿老三浦道寸（義同《よしあつ》）の代官朝比奈《あさひな》氏がすでに派遣されており、揉め事が起こる土壌があった。永正三年（一五〇六）の長享の乱終結により、扇谷上杉氏が山内上杉氏に屈服したことで、宗瑞にとって扇谷上杉氏に従う理由は薄れていく。永正四年から五年にかけ、八丈島で宗瑞方の御簾氏が奥山氏・朝比奈氏を抑留するという事件が起き、関係悪化が顕在化する。

扇谷上杉氏との手切

永正六年八月、伊勢宗瑞は扇谷上杉領相模に侵攻した。ついに宗瑞は、扇谷上杉氏から独立したのである。背景にあるのは、越後守護代長尾為景からの支援要請であった。開戦直前の七月、越後守護上杉房能の仇討ちのため、山内上杉顕定が越後侵攻を開始していた。長尾為景は越後防衛のため、山内上杉氏と和解した扇谷上杉氏を攻撃するよう、宗瑞に求めたのである。これは宗瑞にとって「主家の命令によらない」初めての軍事行動といえる。戦国大名伊勢氏、のちの小田原北条氏の誕生は、この瞬間といってもよいかもしれない。

長享の乱終結時に上杉朝良（建芳）は隠居し、甥の朝興が扇谷上杉氏当主として河越城に入った。しかし朝興は十八歳と若年であったため、実権は江戸城に移った隠居朝良が掌握したままである。山内上杉顕定の越後侵攻に際し、扇谷上杉氏は上野防衛を依頼されており、朝良が上野に陣を進めていた。宗瑞は、朝良の留守を狙って相模中郡に侵攻したわけだ。相模中郡を制圧した宗瑞は、そのまま扇谷領国を進軍し、江戸城付近に布陣した。しかし上杉朝良も十月には江戸城に帰還し、膠着状態となる。扇谷上杉朝良は、上杉顕定の留守を預かる約束であったが、逆に山内上杉氏に支援を要請する事態に陥った。長尾為景の狙い通りといえる。永正七年三月、今川氏親から三河《みかわ》出陣の要請を受けたため、宗瑞は韮山城に帰還した。しかしこれ以後、氏親の出陣要請に応じることはできなくなった。両上杉氏との戦争が、本格化したためである。

永正七年五月、宗瑞は今度は武蔵における山内上杉氏方の拠点椚田城《くぬぎだじょう》（東京都八王子市）を攻略した。これを可能にしたのは、上野での挙兵に失敗した長尾景春（伊玄）である。景春は相模津久井《つくい》（神奈川県相模原市）を占領し、宗瑞の侵攻ルートを開いたのだ。この直後、古河公方足利政氏と高基の抗争が本格化し（第三次永正の乱）、山内上杉顕定が越後で討死してしまう（長森原の戦い）。長尾景春はただちに上野に帰還し、白井城に帰還した山内上杉憲房（顕定の養子）を攻撃するが、長尾為景の支援を得られず、九月頃に撃退された。

皮肉なことに、越後からの撤退により、山内上杉氏は扇谷上杉氏支援が可能になった。家督を継いだ上杉顕実が、武蔵鉢形から家宰惣社長尾顕方《そうじゃながおあきかた》に援軍を派遣させたのである。武蔵の山内上杉勢の援軍を得た扇谷上杉朝良は、宿老三浦道寸の活躍もあり、武蔵久良岐《くらき》郡・相模中郡・津久井領を奪還した。中郡には三浦道寸が配置され、津久井城には宿老内藤《ないとう》氏が入城した。武蔵椚田城も、山内上杉氏に奪還されたようだ。十月には小田原城を攻撃され、宗瑞の領国は、事実上開戦前の状況に戻ったといえる。

永正八年、長尾景春が甲斐郡内《ぐんない》（都留《つる》郡）から武蔵の山内上杉領に侵攻した。同年九月、山内上杉氏の家督をめぐる上杉憲房と顕実（足利政氏の子）の抗争が、古河公方府の第三次永正の乱と連動する形で始まる。扇谷上杉朝良は、山内上杉氏の援軍を期待できなくなった。伊勢宗瑞も、主家である今川氏から遠江・三河侵攻への出陣を要請されており、余裕をなくしていた。この結果、永正八年十一月までに、宗瑞と扇谷上杉氏の間で和睦が成立した。

なお長尾景春の蜂起はまたしても失敗し、これが最後の軍事活動になった。永正九年正月、宗瑞の斡旋で今川氏の本拠駿府《すんぷ》に迎えられた景春は、永正十一年にその生涯を閉じた。享年七十二と伝わる。旧主上杉顕定の死から、四年後のことである。

宗瑞の相模制圧と死去

宗瑞が反撃に出たのは、永正の乱の帰趨が定まった結果である。永正九年（一五一二）、山内上杉顕実は本拠鉢形城を攻略され、足利政氏も古河城維持を断念し、下野祇園城に移座した。足利高基は、永正の乱の勝者の座をほぼ手中に収めたといってよい。

扇谷上杉朝良は足利政氏を支持していたが、永正の乱継続を望んでいたわけでもなかった。長享の乱終結により、古河公方と両上杉氏の一体化が実現していたためである。しかし自身の優勢を確信した山内上杉憲房は、顕実（政氏方）との和睦に耳を貸す気配はない。両上杉氏の和睦はまたしても破れ、伊勢宗瑞にとっては最大の好機が到来した。永正九年八月、宗瑞は三浦道寸が治める相模中郡への侵攻を開始し、岡崎城《おかざきじょう》（神奈川県伊勢原市）を攻略した。この戦いの感状《かんじょう》は、宗瑞と嫡男氏綱連名で出されている。宗瑞は二十六歳になった氏綱を、後継者として周知させたのだろう。

本拠三浦《みうら》郡に敗走した道寸を追撃する過程で、宗瑞は東郡を制圧した。関東武家政権の「都」鎌倉は、伊勢氏の手中に落ちたのである。東郡における拠点としては、廃城となっていた玉縄城《たまなわじょう》（同鎌倉市）を再建している。前後して津久井領も、城代内藤氏ともども服属させたものと考えられている。十二月には、武蔵久良岐郡を再度支配下に収めた。残るは、三浦氏の本拠相模三浦郡のみである。

永正十年正月、伊勢宗瑞は玉縄城攻略を図った三浦道寸を打ち破り、本拠新井城《あらいじょう》（当時の呼称は三崎《みさき》要害、同三浦市）に敗走させた。七月、住吉《すみよし》要害を攻略し、道寸の弟三浦道香《どうこう》を自害に追い込む。永正十一年五月、扇谷上杉朝良は援軍派遣のために山内上杉憲房と和睦し、宗瑞の背後を突こうと小田原城のある相模西郡を攻撃したが、遅きに失していた。八丈島における攻防が、永正十二年に宗瑞方勝利で決着したためである。伊豆諸島から江戸湾への制海権は、伊勢宗瑞の手に落ちた。海上勢力でもあった三浦氏の衰退は、明白であった。

13―伊勢・北条氏略系図

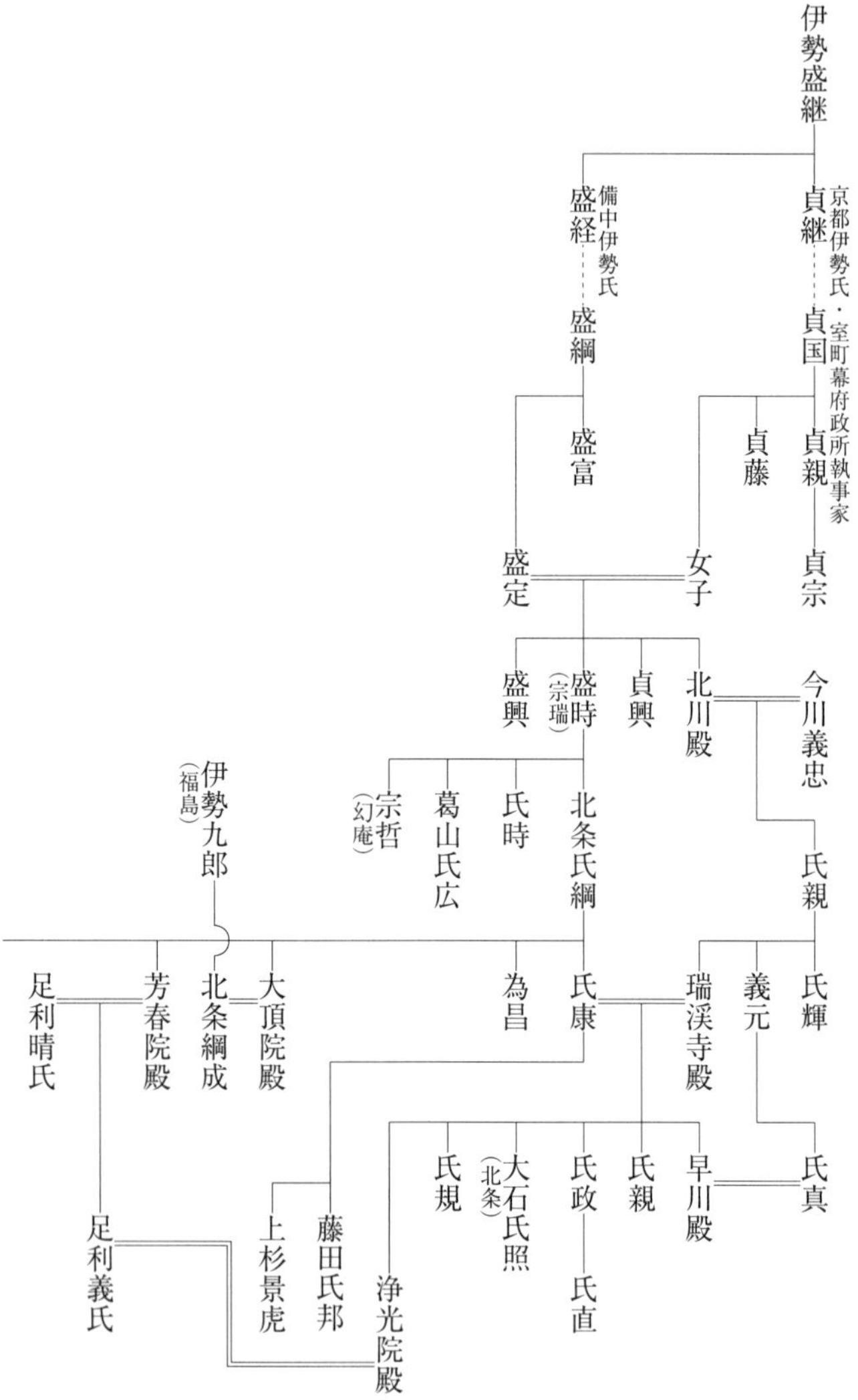
伊勢盛継
貞継
京都伊勢氏・室町幕府政所執事家
盛経
備中伊勢氏
貞国
盛綱
貞親
貞藤
盛富
貞宗
女子
盛定
北川殿
貞興
盛時
(宗瑞)
盛興
今川義忠
北条氏綱
氏時
葛山氏広
宗哲
(幻庵)
伊勢九郎
(福島)
氏親
氏輝
義元
瑞渓寺殿
氏康
為昌
大頂院殿
北条綱成
芳春院殿
足利晴氏
氏真
早川殿
氏親
氏政
大石氏照
(北条)
氏規
浄光院殿
藤田氏邦
上杉景虎
足利義氏
氏直

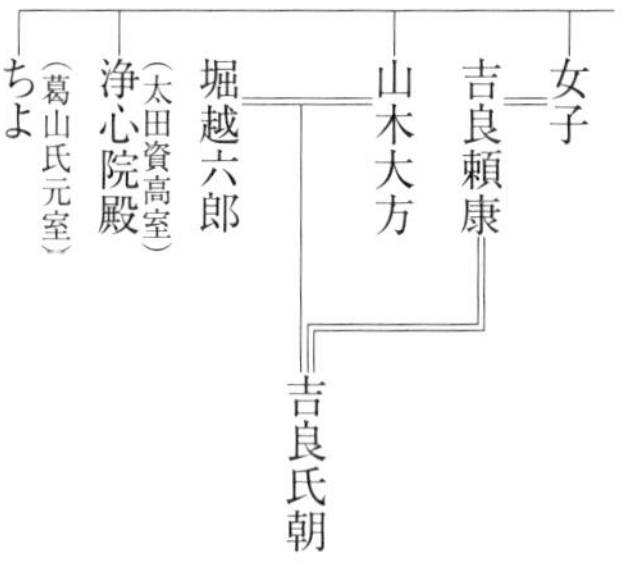

破線は省略を示す。女子の出生順は反映していない。

永正十三年六月、伊勢宗瑞は、籠城を続ける三浦道寸への攻撃を本格化させた。落城は七月十一日で、道寸は嫡男義意《よしおき》とともに討死した。伊勢宗瑞は相模を制圧し、伊豆・相模二ヶ国の戦国大名に上り詰めたのである。三浦氏滅亡により、扇谷上杉朝良は南武蔵の大名に転落した。朝良は備えを固めたが、宗瑞は翌永正十四年には真里谷武田恕鑑の要請で上総に侵攻している。これが、下総小弓城落城につながる。

下野祇園城から武蔵岩付城に移座した足利政氏にとって、扇谷上杉氏は小山氏に代わる重要な支持基盤であった。永正十五年四月二十一日の朝良死去の衝撃は大きく、政氏は隠棲を決断する。しかし同時に、当時高柳にいた次男義明を後継者に指名し、義明は真里谷武田恕鑑の要請に応じて小弓城に入った。古河公方府の内乱は、第三代足利高基対小弓公方足利義明の兄弟争いという形で継続した。養父朝良死去により扇谷上杉氏の実権を掌握した上杉朝興は、小弓公方足利義明を支持した。小弓公方の擁立主体は、前年に支援した真里谷武田恕鑑だから、宗瑞も小弓公方に従った。宗瑞と朝興は呉越同舟の関係といえる。

ただ高基方の山内上杉憲房にせよ、義明方の真里谷武田恕鑑にせよ、戦争継続を望んではいなかった。武田恕鑑は、永正十六年に伊勢氏綱が援軍として出陣してきたことが、事態を悪化させると危惧したようで、山内上杉方の横瀬景繁《よこせかげしげ》（上野金山《かなやま》城主）と大蔵院宗好《だいぞういんそうこう》に書状を送った。宗好はその返書で「他国之……逆徒」と宗瑞を非難し、扇谷上杉家臣に、両上杉氏は「唇竭《つ》きて歯寒し」の間柄（一方が滅べば他方も滅ぶ）であることをよく考えてほしいと、和睦のうえでの宗瑞との開戦を求めている。

しかしこの要請に、扇谷上杉朝興は従わなかった。その背景とみられるのが、伊勢宗瑞の隠居である。宗瑞の隠居時期は、現在永正十六年四月から六月頃にまで絞り込まれている。氏綱は三十三歳、すでに永正九年八月より宗瑞と連署する形で文書発給を始めており、宗瑞を伊豆韮山に残したまま、自身は小田原に移っていた。上総出陣も、氏綱が単独で行ったもので、宗瑞は同陣していない。扇谷上杉氏との戦争の主体であった宗瑞が隠居し、氏綱が当主となって朝興と和睦したという説は正しかろう。

宗瑞死去はその直後、永正十六年八月十五日のことである。享年はかつて八十八とされてきたが、現在は六十四に訂正された。

北条改苗字

小弓公方府の主力となった扇谷上杉朝興は、大永元年（一五二一）八月までに山内上杉憲房との戦争を本格化させた。伊勢氏綱との和睦で、背後が安定したと考えたのだろう。しかし伊勢氏綱は、予想外の行動に出る。大永三年六月から九月の間に、氏綱は伊勢から北条に苗字を改めたのだ。ここでいう北条とは、鎌倉幕府執権北条氏を指し、鎌倉のある相模支配の正統性を主張したものである。そして執権北条氏の後継者という自称は、鎌倉公方（古河公方・小弓公方）を補佐する家という政治主張であり、関東管領山内上杉氏に自身を対置させる意味を有した。氏綱が気にしていたのは「他国之……逆徒」という山内上杉氏側からの批判であったのだろう。室町幕府政所執事《まんどころしつじ》伊勢氏の分家備中《びっちゅう》伊勢氏出身の宗瑞とその子氏綱は、関東の人々からすれば所詮他国者であった。

またこの当時北条とは、堀越公方を指して用いられた呼称である。堀越公方の屋敷が、執権北条氏の屋敷跡とほぼ同じ地に建てられたからである。関東の人間が北条と聞けば、堀越公方足利氏も連想する。二重の意味で、上杉氏に対抗する関東の支配者という政治主張を行ったのである。

危機感を抱いた扇谷上杉朝興は、大永三年中に山内上杉憲房との和睦交渉を開始し、翌四年正月十日に和睦を成立させた。堀越公方府内乱以来の、山内上杉氏の同盟国である甲斐の武田信虎との同盟も、この頃だろう。また朝興は、大永四年七月までに花押型を変えている。新たな花押は北条氏綱のそれと酷似しており、相手のシンボルである花押を自分のものとすることで、氏綱の力を奪おうとしたものと評価されている。

直後の大永四年正月十三日、北条氏綱は江戸城代太田《おおた》資高《すけたか》を寝返らせ、江戸湾の海上拠点であり、利根川・渡良瀬川水系の要所でもある同城を確保する。北条勢は扇谷上杉領国を席巻し、二月二日に岩付城代太田資頼《すけより》を寝返らせ、三月二十日には蕨城《わらびじょう》（埼玉県蕨市）を攻略した。氏綱は古河公方足利高基への接近姿勢をみせつつ、四月に全面攻勢をかけた。養父朝良の居城であった江戸城のあっけない陥落に驚いた上杉朝興は、本拠河越城を放棄し、上杉憲房が布陣した藤田に後退する。六月二十八日、朝興は河越城に帰還したうえで、武田信虎に支援を仰いだ。信虎は郡内の小山田《おやまだ》勢を相模津久井領に進軍させ、七月二十日には両上杉氏の岩付城攻めに同陣するため出馬した。これにより、岩付の太田資頼は扇谷上杉氏に帰参する。

十月十日、両上杉氏は毛呂城《もろじょう》（同毛呂山町）を攻撃し、同城の引き渡しを条件に北条氏綱と和睦した。以後展開したのは外交戦である。北条氏綱はまず武田信虎と和睦することで、二正面作戦の回避に成功する。武田方からの要請と長尾為景宛の書状で述べているが、和睦に伴う礼銭を支払ったのは氏綱側だから強がりに過ぎない。長尾為景との関係にも気を配った。

扇谷上杉朝興も、真里谷武田恕鑑と北条氏綱の分断工作を開始する。山内上杉憲房とともに説得を重ねた結果、大永五年二月二十六日までに恕鑑は氏綱との断交を宣言した。これにより、北条氏綱は小弓公方府から切り離された。三月には、関東内乱時の越後勢出陣の例を持ち出して、長尾為景に出馬を求めた。両陣営から声をかけられた為景だが、特に対応はしていない。なお為景宛の書状で、朝興は氏綱を「他国之凶徒」と非難している。

しかし山内上杉憲房の支援は鈍く、大永五年二月六日に岩付が再度落城した。ただ憲房は三月二十六日に死去しているから、病気で身動きが取れなかったのだろう。嫡男憲政はまだ三歳であったため、家督は古河公方足利高基の次男で、養子に迎えていた憲寛が継いだ。

大永五年八月、上杉朝興は白子原《しらこはら》合戦（埼玉県和光市）に勝利し、江戸城の北に迫った。翌大永六年になると、朝興の外交策が功を奏してくる。朝興の蕨城奪還に呼応する形で、真里谷武田・里見両氏が江戸城周辺に侵攻している。ここに、両上杉氏と武田信虎・真里谷武田恕鑑・里見義豊という小弓公方府による北条包囲網が完成した。享禄三年（一五三〇）には上杉憲房の後室（未亡人）である叔母を武田信虎に嫁がせて姻戚関係を構築し、関係を強化している。

河越落城と扇谷上杉氏の衰退

享禄四年（一五三一）、扇谷上杉朝興は岩付城を再び奪還した。外交政策にも力を入れ、天文二年（一五三三）には娘を武田信虎の嫡男晴信《はるのぶ》（のちの信玄）に嫁がせた。ただし十代前半とみられるこの少女は、翌年の初産に失敗し、母子ともに死去するという悲劇に見舞われる。

北条氏綱は、扇谷上杉朝興に押し返されているというのが実情であった。しかし天文二年に里見氏で当主義豊と従兄弟義堯が、天文三年に真里谷武田氏で庶出の当主信隆と嫡出の弟信応が争うという内乱が勃発したことで状況が変化する。北条氏綱は、里見義堯・武田信隆といずれも庶家側を支援した。扇谷上杉朝興は、武田信虎とともに北条領に侵攻して里見義豊支援を図るが、義豊は天文三年に滅亡した。氏綱の援軍で勝利した里見義堯は、小弓公方府を離叛して一時的に北条氏に従う。続く真里谷武田氏の内乱は、足利義明の助力を得た信応が勝利する。これにより里見義堯が小弓公方に帰順し、天文五年には武田信虎が小弓公方府に加わった。しかし小弓公方にとって、支持母体たる真里谷武田氏混乱の影響は大きい。

これは扇谷上杉氏の盛衰に直結する問題であった。天文四年、朝興は武田信虎の今川領侵攻に呼応して相模へ出陣するが、信虎はあっけなく敗走した。北条氏綱は全領国の将兵を動員して反撃し、十月十五日に河越城付近の入間川《いるまがわ》のほとりで扇谷上杉勢を撃破した。扇谷上杉氏は、本拠河越城付近への進軍を許す状況になっていたのである。

翌天文五年、駿河今川氏で御家騒動（花蔵《はなぐら》の乱）が勃発し、勝利した今川義元《いまがわよしもと》が家督を継ぐ。しかし義元は、北条氏綱の反対を押し切って、武田信虎の娘を妻に迎えて同盟を結び、それまでの外交政策を一転させた。怒った北条氏綱は天文六年三月に駿河へ侵攻し、富士川以東を占領する（第一次河《か》東一乱《とういちらん》）。朝興は武田信虎に呼応して相模侵攻を図ったが、信虎同様、早々に兵を引いた。

天文六年四月二十七日、上杉朝興が河越城で病没し、嫡男朝定《ともさだ》が家督を継ぐ。朝定は十三歳くらいとみられ、若年の当主を奉ずる扇谷上杉氏の頽勢は明らかであった。七月、朝定は武蔵深大寺城《じんだいじじょう》（東京都調布市）攻略に出馬したが敗北し、逆に本拠河越城を奪取された。宿老難波田《なんばだ》氏の居城松山《まつやま》（埼玉県吉見町）に本拠を移したものの、武蔵における北条氏綱の優勢は確固たるものとなった。

小弓公方滅亡と北条・里見氏の政治主張

河越城攻略により、武蔵中部の拠点を得た北条氏綱は、天文七年（一五三八）二月に下総西端に位置する葛西城《かさいじょう》（東京都葛飾区）を攻略した。

これ以前の天文四年十月、先代古河公方足利高基が死去した。小弓公方府も苦しい状況にあったが、実兄高基の死去は好機である。天文七年、足利義明は攻勢を強め、古河城・関宿城攻略を目指そうと下総国府台城《こうのだいじょう》を経て北進し、松戸《まつど》相模台（千葉県松戸市）にまで進軍した。危機感を募らせた古河公方足利晴氏が頼ったのは、小弓公方府を離叛していた北条氏綱である。古河公方の命を受けた北条氏綱は、足利義明討伐のため、十月二日に江戸城から下総に向けて出陣した。天文七年十月五日、両軍は松戸相模台で衝突した（第一次国府台合戦）。結果は北条勢の大勝利で、小弓公方足利義明は、嫡男義淳《よしあつ》（義純）・実弟基頼・宿老逸見祥仙《へんみしょうせん》とともに討死し、小弓公方府は事実上滅亡した。二十年以上にわたる両公方家の対立は、ここに終結する。下総では、原胤隆の次男胤清《たねきよ》が小弓城を奪還した。以後千葉昌胤《ちばまさたね》とその家宰原胤清・胤貞《たねさだ》父子は、北条氏と結ぶようになる。

第一次国府台合戦の戦勝は、古河公方足利晴氏の勝利でもある。喜んだ晴氏は、北条氏綱を関東管領に任じたという。これは、晴氏と関東管領山内上杉憲政の手切を意味する。

翌天文八年八月、古河公方足利晴氏の正室として、北条氏綱の娘芳春院殿《ほうしゅんいんでん》が嫁ぐことが取り決められた。古河公方は、宿老関宿城主簗田氏の娘を妻室に迎えることが多く、晴氏も同様であった。そのうえ、簗田氏娘との間には、男子四人を儲けていたらしい（三二〇頁系図参照）。しかし晴氏は、北条氏との連携強化を選択した。氏綱は、娘が晴氏の正室となったことで、古河公方「御一家」の家格も得た。関東管領の地位と古河公方「御一家」という家格、そして公方外戚という立場——ここに北条氏綱は「他国之凶徒（逆徒）」という批判をねじ伏せ、関東における領国形成の正統性を獲得した。

第一次国府台合戦後、房総情勢も大きく変化する。小弓公方の主力真里谷武田氏も、大きな損害を蒙った。その結果北条氏の後押しで、武田信隆が家督に復帰する。しかし一門は再度反発し、内乱が再燃するなか、翌天文九年に信隆は他界した。信応が家督に復帰したものの内乱は収まらず、天文十二年頃には佐貫《さぬき》城主武田信秋・義信《よしのぶ》父子派と、小田喜《おだき》城主武田朝信《とものぶ》派に分かれて抗争を開始した。朝信は北条氏綱と千葉昌胤に援軍を求め、信秋は嫡男義信の妻が里見義堯の妹であった縁などから里見氏に支援を要請した（三一八頁系図参照）。

里見氏は、国府台合戦では後方で傍観していたとされ、上総侵攻の余力は十分にあった。結果的に真里谷武田氏は、支援を求めた北条・里見両氏に領国を侵食される結果を招く。天文十四年頃までに、里見義堯は佐貫城（同富津市）や久留里《くるり》城《じょう》（同君津市）を接収し、佐貫城を新たな本拠と定めた。武田信秋父子は本拠を奪われ没落したのである。朝信の居城小田喜には里見氏の宿老正木時茂が、勝浦《かつうら》城《じょう》には時茂の弟時忠《ときただ》が入部した。当主武田信応は北条氏に服属したが、天文二十一年の信応死後、北条氏康《うじやす》は真里谷領を直轄化してしまう。ここに真里谷武田氏は滅亡し、早くから北条氏に服していた長南武田氏のみが、従属国衆として存続することとなる。

安房一国に加え上総南部に勢力を拡大した里見氏は、房総半島で唯一北条氏に対抗できる戦国大名となった。里見氏は、代々安房鶴谷八幡宮上棟式で奉納する棟札において、自身を古河公方の「副師」つまり副将軍と号していた。小弓公方府は第一次国府台合戦で滅亡したが、足利義明の次男千寿丸（頼淳《よりあつ》）は七歳と幼少であったため、出陣していなかった。合戦後、上総武田領国が北条氏の侵攻を招いたこともあり、千寿丸は里見氏を頼った。以後、里見氏は古河公方一門の亡命先となり、彼らを擁立して「副師」と称した。新田源氏庶流の里見氏は古河公方「御一家」であり、北条氏と同様の政治主張を展開したといえる。

これ以後、古河公方は大きな変容を遂げる。関東の動乱に影響力を及ぼす存在から、戦国大名の支配の正統性を担保する存在へ移行していくのである。

三　中部・東海地方の戦国大名

1　今川氏の遠江・三河進出

斯波義寛との抗争

長享《ちょうきょう》元年（一四八七）十一月九日、叔父伊勢宗瑞《いせそうずい》の助力を得て、今川龍王丸《いまがわたつおうまる》（氏親《うじちか》）は駿府《すんぷ》（静岡県静岡市）で小鹿《おしか》今川範満《のりみつ》を滅ぼした（三二三頁系図参照）。範満から、今川氏家督の座を奪取したのである。その後龍王丸は、安倍川《あべかわ》対岸の丸子《まりこ》に居館を築き、駿《する》河《が》制圧を進めて行く。延徳《えんとく》三年（一四九一）から明応《めいおう》四年（一四九五）の間に、実名《じつみょう》氏親を名乗った。すでに二十歳前後であり、元服は済ませたものの、実名の選定もしくは公表に時間をかけたのだろう。伊勢宗瑞が知遇を得ていた初代堀越《ほりごえ》公方足利政知《くぼうあしかがまさとも》が、晩年に氏満《うじみつ》と改名し、烏帽子親《えぼしおや》として「氏」字偏諱《へんき》を与えたともいう（『富麓記《ふろくき》』）。

延徳三年の足利政知死去後、庶長子茶々丸《ちゃちゃまる》がクーデターを起こした。駿河のうち、富士川《ふじがわ》以東の富士郡・駿東《すんとう》郡には国衆《くにしゅう》富士・葛山《かずらやま》・大森《おおもり》氏が割拠しており、堀越公方の強い影響下にあった。明応二年の伊勢宗瑞伊豆《いず》侵攻には、氏親も援軍を出しており、厳密にいえば、今川勢の伊豆侵攻である。その過程で、今川氏の富士郡・駿東郡制圧も進展したとみられている。葛山氏には宗瑞の子息氏広《うじひろ》が養子として入り、今川氏に服属した。

明応四年頃、氏親は駿府に入り、駿河一国支配に着手する。ここに今川氏は、戦国大名と呼べる領

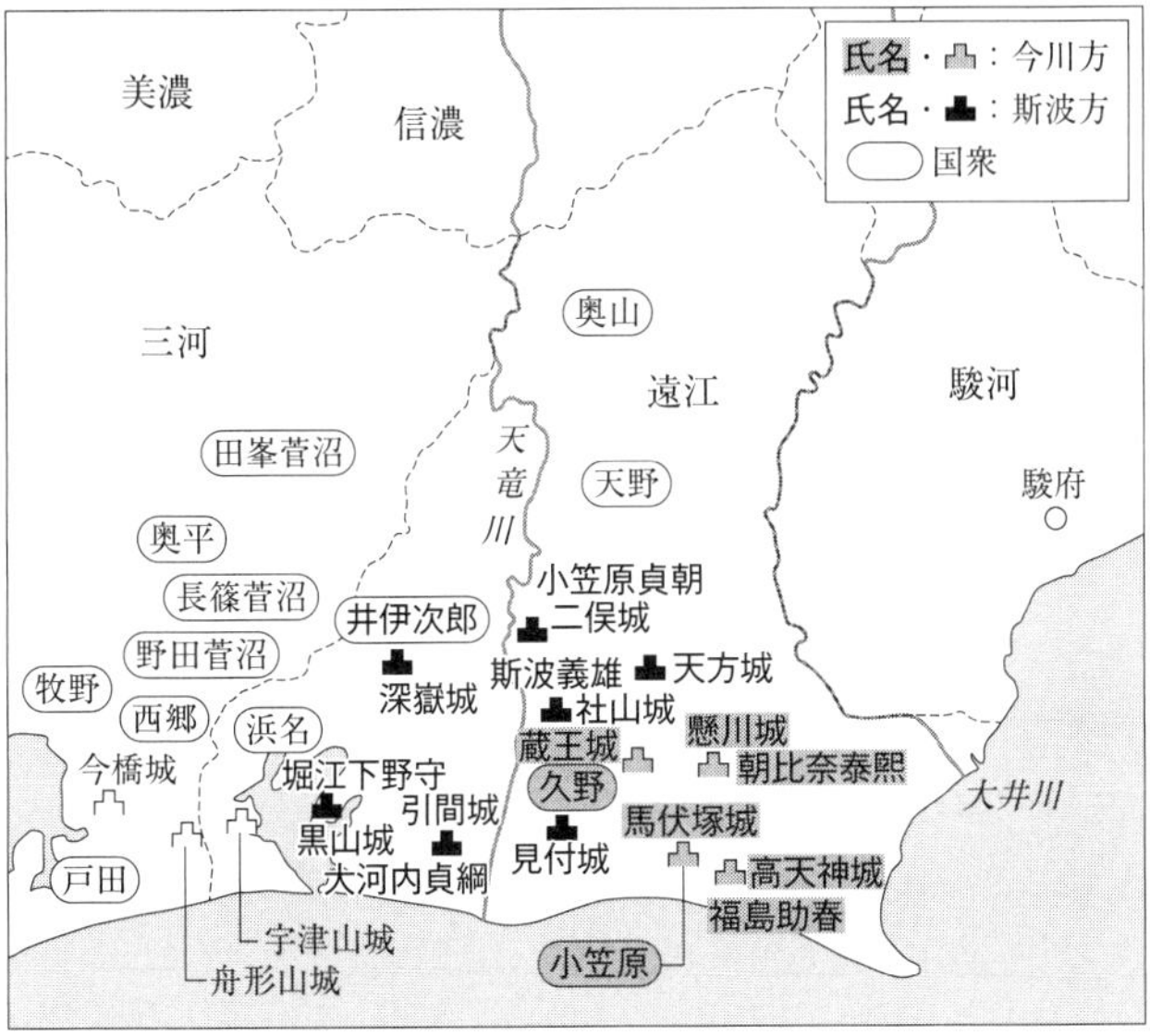

14―今川・斯波氏の抗争関係地図（鈴木将典『国衆の戦国史』〈洋泉社、2017年〉より転載・加筆）

域権力を構築したといえるだろう。氏親の次の目標は、亡父義忠《よしただ》が制圧を目指して落命した遠江《とおとうみ》であった。遠江守護職は、今川氏が駿河守護職と兼帯していたが、応永《おうえい》十一年（一四〇四）に三管領《かんれい》家斯波《しば》氏《し》に奪われた。南北朝期に活躍した今川了俊《りょうしゅん》の子孫は、遠江今川氏として存続している。今川氏にとって、遠江奪還は悲願であったのだ。

氏親の遠江侵攻は、明応三年に始まるから、宗瑞が伊豆侵攻を行った直後である。明応五年以降、みずから遠江への出馬を繰り返した。当然のこととして、尾《お》張清須城《わりきよすじょう》（愛知県清須市）に在住していた尾張・遠江守護斯波義寛《よしひろ》は、今川氏の動きに神経を尖らせていく。

文亀《ぶんき》元年（一五〇一）、斯波義寛は反撃を開始し、弟の義雄《よしかつ》・寛元《ひろもと》を遠江に派遣した。斯波氏の動きは素早く、同年に家督を継いだばかりの信濃《しなの》府中の小笠原貞朝《おがさわらさだとも》と松尾《まつお》小笠原定基《さだもと》、および関東管領《かんとうかんれい》山内上杉顕定《やまのうちうえすぎあきさだ》と同盟を結んだ。山内上杉氏は、堀越公方府の内乱の過程で、甲斐《かい》守護武田信縄《たけだのぶつな》とも同盟していたから、これは今川包囲網構築にほかならない。斯波勢の拠点は、社山城《やしろやまじょう》（静岡県磐田市）と二俣城《ふたまたじょう》（同浜松市）である。社山城には斯波義雄が、小笠原貞朝率いる援軍は二俣城に入った。

今川氏親にとって、叔父伊勢宗瑞は自身を支えてくれる最有力一門であり、宗瑞も自身の死去まで同じ想いを共有していた。したがって今川氏の遠江侵攻は、しばしば伊勢宗瑞の指揮のもとで展開している。宗瑞は、信濃の諏方頼満《すわよりみつ》に連携を呼びかけ、武田信縄を牽制させた。ほかに氏親を支える宿老《しゅくろう》としては、朝比奈泰熙《あさひなやすひろ》と福島助春《くしますけはる》が出陣しており、朝比奈氏は懸川城《かけがわじょう》（同掛川市）に入って主に遠江中央部を、福島氏は高天神城《たかてんじんじょう》（同前）に入って主に遠江南部を担当する。文亀元年の衝突は、朝比奈泰熙が社山城を攻略するなど今川方が優勢であり、天竜川《てんりゅうがわ》以東の斯波方の主要拠点は二俣城のみとなった。遠江国府である見付《みつけ》も、今川勢が確保した。文亀二年には宗瑞が甲斐に侵攻し、武田信縄を再度牽制している。

今川・斯波氏の抗争をみるうえでもうひとつ重要なものが、吉良氏《きらし》の動向である。吉良氏は石橋《いしばし》・渋川氏《しぶかわし》と並ぶ足利将軍家御一家筆頭であり、三河《みかわ》吉良荘・遠江浜松荘《はままつのしょう》などを知行《ちぎょう》していた。しかし当主（西条《さいじょう》吉良氏）は在京奉公をしており、浜松荘支配は大河内貞綱《おおこうちさだつな》・堀江《ほりえ》下野守《しもつけのかみ》（為清《ためきよ》カ）が担っていた。彼らは斯波義寛に味方したが、永正《えいしょう》元年（一五〇四）、伊勢宗瑞率いる今川勢主力は、朝比奈勢とともに浜名湖東岸の黒山城《くろやまじょう》（同浜松市）を攻略した。城主堀江下野守と大河内貞綱は三河へ敗走し、浜松荘は今川氏の掌中に帰した。地理的に考えれば、二俣城攻略はこれ以前と思われ、今川氏親は遠江一国を平定したといえる。なお今川氏親と中御門《なかみ》宣胤《かどのぶたね》の娘（寿桂尼《じゅけいに》）の結婚は、翌永正二年のこととみられている。

三河侵攻と斯波氏の反攻

十六世紀初頭の東三河では、尾張知多《ちた》郡から三河渥美《あつみ》郡に勢力を延ばした田原《たはら》城主戸田《とだ》憲光《のりみつ》と、宝飯《ほい》郡今橋《いまはし》城主（のちの吉田城《よしだじょう》、愛知県豊橋市）牧野《まきの》古白《こはく》が抗争を続けていた。永正三年（一五〇六）八月、今川氏親は設楽《したら》郡作手《つくで》（同新城市）の奥平定昌《おくだいらさだまさ》に戸田憲光と連絡を取るように求め、戸田氏の要請に応える形で三河に侵攻した。永正三河大乱の始まりである。この時宗瑞が、信濃伊那《いな》郡の松尾小笠原定基に書状を送って友好関係を築いた点に留意したい。斯波方であった小笠原陣営の切り崩しを図ったのだ。十一月十三日に今橋城が落城して古白は討死し、嫡孫信成《のぶしげ》は尾張知多郡の海上勢力大野《おおの》佐治《さじ》氏のもとへ身を寄せたらしい。今川氏は奥平定昌に松平《まつだいら》領付近での築城を命じており、西三河侵攻を見据えていた。在京中の西条吉良《きら》義信《よしのぶ》が宗瑞に書状を送ったのも、本領吉良荘の安堵《あんど》を求めるためだろう。この後、氏親は三河浜松荘奉行として、亡父義忠と親しく、ともに討死した飯尾《いのお》長連《ながつら》の子賢連《かたつら》を任じている。飯尾氏は西条吉良氏の家臣で、過去に浜松荘奉行を務めた家柄であり、西条吉良氏と友好関係を結んだ証といえる。

永正五年六月、大内義興《おおうちよしおき》の支援を得た十代将軍足利義稙《あしかがよしたね》が京都に帰還して将軍職に復帰し、十一代将軍足利義澄《よしずみ》は近江《おうみ》に敗走するという大きな政変が起きた。もともと、宗瑞の伊豆侵攻は足利義澄――細川政元《ほそかわまさもと》の意向を踏まえて行われたもので、甥の氏親もそれを支援する立場にあった。しかし遠江攻防戦で状況が一変する。斯波義寛が足利義澄に接近し、義澄は斯波氏による遠江侵攻を後押ししたためである。義稙帰京が間近になった頃、氏親・宗瑞は義澄から離叛し、氏親は義稙から新たに遠江守護に補任された。

同年十月、伊勢宗瑞は今川勢を率い、西三河に出陣した。西条吉良氏からも援軍が派遣され、初めての松平氏に対する本格攻勢である。しかし宗瑞は、惣領とされる岩津《いわつ》松平氏を滅ぼしたものの、安城《あんじょう》松平長忠《ながただ》・信忠《のぶただ》父子を中心とする一族一揆に阻まれ、撤退した。ここに永正三河大乱は幕を下ろす（松平氏関係は本章第5節で詳述する）。なおこれ以後、今川勢に宗瑞が参陣する姿はみられなくなる。先述したように、関東での戦争本格化により、それどころではなくなったからだ。

永正七年三月、田原戸田憲光が斯波義達《よしみち》（義寛の子）に通じて謀叛した。氏親は遠江二俣城を拠点城郭として再興するとともに、一門瀬名《せな》一秀《いっしゅう》に松尾小笠原定基と連絡を取らせた。斯波方の動きは、今川氏親が飯尾賢連を浜松荘奉行に任じたことが遠因らしい。同じ吉良被官の大河内貞綱を更迭する形となり、不満をため込んだとみられる。大河内貞綱は本拠引間城《ひくまじょう》（のちの浜松城、静岡県浜松市）を奪還し、近隣の国衆井伊次郎《いいいじろう》と結んだうえで、斯波氏に救援を仰いだのである。このため今川方は吉良氏を中心とする三河勢の動静を懸念したが、吉良氏が動くことはなかった。戦争が終結したのは、永正十年三月のことである。氏親は、西条吉良義信に大河内貞綱を抑えるよう繰り返し求めており、ようやく義信が宿老荒川氏《あらかわし》を派遣して事態の収束に動き出す。同月、今川勢は井伊次郎の深嶽城《みたけじょう》（同前）に入っていた斯波義達にも勝利し、斯波勢を撤退させた。井伊次郎は滅亡し、直平《なおひら》が新たな惣領となる。翌四月に義達の父義寛が没した影響も大きく、斯波氏の勢力は、再度遠江から駆逐された。

しかし遠江の戦乱はその後も続く。永正十二年、甲斐で武田信虎《たけだのぶとら》と義兄大井信業《おおいのぶなり》の抗争が起こり、氏親は穴山信風《あなやまのぶかぜ》を服属させたうえで、大井氏支援のために軍勢を派遣した。穴山領である甲斐南西部を領国化した形となるが、翌年の大井信業降伏で形成が逆転し、永正十四年三月に連歌師宗長《そうちょう》の斡旋で信虎と和睦した。これを好機とみた斯波義達は、永正十三年冬には遠江引間城に入城した。永正十四年六月、今川勢が攻撃を開始し、八月十九日に引間城を落城させた。大河内貞綱は討死し、斯波義達は出家させられて尾張へ送還された。ここに斯波氏は、事実上政治生命を絶たれ、遠江は今川領として安定することになる。

永正十四年の三河国衆戸田憲光の挙兵は、これと連動するものだろう。憲光は信濃上伊那郡の高遠《たかとお》諏方満継《みつつぐ》と結び、今川方の船形山城《ふながたやまじょう》（愛知県豊橋市）を攻略した。しかし船形山城は翌十五年正月に朝《あさ》比奈泰以《ひなやすもち》（泰熙の弟）が攻略し、戸田氏挙兵は失敗に終わっている。今川勢は戸田氏の本拠渥美郡へ侵攻し、戸田氏は今川氏に帰服した。この結果、憲光が隠居し、嫡男政光《まさみつ》が家督を継いだと思われる。

一方の牧野氏は、永正十四年までに勢力を回復し、同十七年頃には当主信成《のぶしげ》（古白の孫）の今橋復帰が確認できる。西三河の刈谷《かりや》水野《みずの》近守《ちかもり》や、安城松平長忠・信定の支援を受けたほか、敵対する戸田氏が今川氏に背いた結果、氏親から復権を赦されたのだろう。東三河情勢はいちおう安定し、氏親はこの後、武田氏との抗争を展開していく。

今川氏親の死去と寿桂尼

今川氏親は大永《だいえい》三年（一五二三）に花押を据えた文書の発給を停止した。翌大永四年から、出家号紹僖《しょうき》を称して「紹僖」朱印状のみを出すようになる。連歌師宗長の記録からすると、氏親は永正十三年（一五一六）以前に中風を発症していたらしい。

その後、編纂に取り組んだのが分国法『今川《いまがわ》仮名《かな》目録《もくろく》』で、大永六年四月十四日付の奥書《おくがき》を持つ。氏親発給文書の終見は、大永六年六月十二日付の朱印状である。しかし押捺されたのは「紹僖」朱印ではなく、長らく使用を停止していた「氏親」朱印であった。そのうえ、この文書は、仮名交じり文となっている。平仮名の文書は、主として女性や子供が用いる。実際に文書発給に携わったのは、正室寿桂尼（中御門氏）とみられる。漢文体の「紹僖」朱印状の終見は、五月十七日だから、五月末に体調が悪化したとみてよいだろう。

それから間もない大永六年六月二十三日、今川氏親は五十四年の生涯を閉じた。家督は、十四歳の嫡男氏輝《うじてる》が継承した。一年前に元服しており、やや早い。氏親が病で焦っていたのだろう。しかしその後しばらく、寿桂尼が「歸《とつぐ》」朱印状を発給し、政務を代行した。「歸」は『詩経《しきょう》』から取った言葉で、実父中御門宣胤から与えられた印判《いんばん》とみられている。

氏輝の文書発給開始は大永八年三月までくだる。まだ若年と判断されていたのだろう。この間の大永七年に武田信虎と和睦しているのは、そうした点を考慮したのかもしれない。しかし政務開始後も健康面で問題を抱えていたようだ。享禄《きょうろく》元年（一五二八）十月から同四年閏五月、天文《てんぶん》三年（一五三四）三月から五月の間も、氏輝の文書発給が途絶え、寿桂尼が政務を代行している。氏輝と生母寿桂尼の文書発給は時期が重ならず、寿桂尼は中世武家社会で確立していた「後家《ごけ》権」を行使し、緊急時の家督代理を務めたと思われる。当主となるべき男子が不在もしくは幼若といった時に、前当主夫人が家督を代行する慣行である。

なお、氏輝家督期の天文年間初頭（一五三〇年代前半）、氏輝の妹瑞渓院殿《ずいけいいんでん》（瑞渓寺殿）が北条氏綱《ほうじょううじつな》の嫡男氏康《うじやす》に嫁いだ。宗瑞から氏綱への代替わりにより、北条氏は事実上今川氏から独立する形となったから、改めて姻戚関係が結ばれたのである。

2　武田信虎の甲斐統一

信虎の家督相続

戦国期の甲斐は、古代律令で定められた郡単位ではなく、大まかに三つの地方に分かれていた。甲府盆地のある地域は国中《くになか》と呼ばれ、東郡・中郡・西郡という新たな郡名で区分される。国中とは、国府のある地域を指す呼称である。武田氏はこの地に本拠を構え、中小国衆を服属させていく。それに対し東部の都留郡《つる》は郡内《ぐんない》とも呼ばれ、国衆小山田氏《おやまだし》がその大部分を領した。南西部は河内《かわうち》と呼ばれ、武田一門の穴山武田氏が国衆化して支配を展開していくことになる（それぞれ三二〇頁系図参照）。

甲斐武田氏では、延徳四年（明応元年、一四九二）より、武田信昌《たけだのぶまさ》・信縄父子の対立が明確なものとなり、日蓮宗（法華宗のうち、甲斐身延山久遠寺《みのぶさんくおんじ》を本山とする教団）の僧侶が「甲州乱国」と書き記す状況になる（『勝山記《かつやまき》〈妙法寺記《みょうほうじき》〉』）。父子の争いは、信昌が嫡男信縄ではなく、次男油川信恵《あぶらかわのぶよし》に家督を譲ろうとしたためといわれる。しかし一年前の延徳三年に伊豆の堀越公方足利政知が病死し、庶長子茶々丸が挙兵して後継者指名を受けていた弟潤童子《じゅんどうじ》を殺害しており、堀越公方府の内乱と連動したものとみるのが正確だろう。信昌が足利政知の遺志であった対古河公方《こがくぼう》強硬路線を支持したのに対し、信縄は茶々丸および山内上杉氏と結んで穏健路線を唱えたと考えられる。明応七年八月二十五日、遠州灘を震源とする明応の大地震が発生したことで、内訌は終結した。推定マグニチュード八・二〜八・四とされるこの大地震を、武田父子が「天の怒り」と受け止めたとみられている。信縄優位の状態で和睦は成立し、信昌は隠居して落合御前《おちあいごぜん》と称した。

しかし永正二年（一五〇五）に信昌が、永正四年に信縄が相次いで死去したことで情勢は一変する。家督を継いだのは、信縄の嫡男信虎（当時の実名は信直《のぶなお》）だが、いまだ十四歳と若年であった。なお信虎の生年には異説があり、それに従うとまだ十歳に過ぎない。史料的信頼性は十歳説のほうが高く、そうであれば若年というよりは幼年に近い。

幼若の新当主信虎を前にして、かつて兄と家督の座を争った叔父油川信恵が動いた。弟の岩手《いわで》縄美《つなみつ》（正しくは縄満カ）を誘って挙兵したのである。永正五年十月、信虎は大勝利を収め、油川信恵・岩手縄美兄弟は子息ともども討死した。

小山田氏と穴山武田氏

この事態に動いたのが、甲斐東部都留郡（郡内）に大きな勢力を張った国衆小山田弥《おやまだや》太郎《たろう》である。弥太郎の伯叔母が武田信昌に嫁いでおり、その間に生まれたのが油川信恵・岩手縄美兄弟であったという。十二月、信虎は小山田弥太郎率いる郡内勢を撃破し、弥太郎を討死させた。

注意したいのが、弥太郎の有力一門である境《さかい》小山田平三《へいぞう》らが、伊勢宗瑞の居城伊豆韮山《にらやま》に亡命したことである。堀越公方府の内乱に際し、武田信縄が足利茶々丸陣営にあったことを思い起こしてほしい。信虎はその外交関係を継承していたのであり、宗瑞との関係は悪化していく。

信虎はそのまま郡内に進軍し、永正七年（一五一〇）に小山田信有《のぶあり》（涼苑）と和睦した。信虎は妹を信有に嫁がせ、小山田氏を服属させることに成功した。なお、小山田氏は以後三代にわたり同じ実名信有を用いるため、適宜法名を付して区別する。

享禄二年（一五二九）、武田信虎は郡内小山田領への棟別銭《むなべつせん》賦課を計画した。反発した信有は、生母つまり弥太郎後室を遠江に派遣した。この女性の出自は諸説あるが、葛山氏の娘という系図記載は、地理的にみて妥当なように思われる。遠江に赴いたのは、姉が今川氏重臣（系図では今川一門瀬名一秀）に嫁いでいたためであった。棟別銭賦課は、自治権を持つ国衆への「内政干渉」であり、外圧で撤回させようとしたのだろう。信虎も、郡内への道を封鎖して経済制裁を行った。弥太郎後室の帰還に際し、信有は着飾った近習《きんじゅう》百人を国境に派遣して出迎たうえ、家老である両小林氏（二四〇～五頁参照）、一門境小山田氏の屋敷で一泊ずつさせて、今川氏との近密な関係をアピールした。しかし信虎の圧力は続き、結局小山田氏は棟別銭賦課を受け入れた。小山田領では、小山田・武田両氏が別個に棟別銭を賦課する税制になったのである。

享禄五年、正室（武田信虎妹）の死去を契機に、小山田信有は本拠を中津森館《なかつもりやかた》（山梨県都留市）から、より統治に向いている谷村館《やむらやかた》（同前）に移した。これは武田氏の全面支援のもとで行われており、小山田氏の武田氏従属は誰の目にも明らかとなった。

穴山武田氏は、早くに分かれた武田一門だが、武田本家からの養子入りが繰り返された。直系相続が続き、家として安定するのは、信昌の叔父信介《のぶすけ》が養子入りしてからである。なお戦国期を通じて、穴山武田氏は武田苗字使用を許されたが、便宜上穴山氏と記載する。武田信昌・信縄父子の争いでは、当主穴山信懸《のぶとお》の妹が信縄に嫁いでいたにもかかわらず、信昌に味方した。信縄の圧迫に苦しんだ穴山信懸の要請で、明応元年（一四九二）九月に今川氏親が甲斐に侵攻した。穴山信懸は今川氏に服属し、河内領は今川領国に組み込まれた。

ただし穴山信懸は信虎の勢力拡大にも気を配っており、守護所である川田《かわだ》（同甲府市）に屋敷を築くようになる。信虎に出仕したことを意味するが、信懸の親武田路線は、家中《かちゅう》の反発を生んだらしい。永正十年、穴山信懸は子息清五郎《せいごろう》に殺害されてしまう。父殺しの汚名を背負った清五郎のその後は不明で、家督は兄弟の信風が相続する。

永正十二年、国中西郡の国衆大井信業が挙兵し、信虎は大敗を喫した。信業の姉妹は信虎の正室であり、連歌師宗長は「武田兄弟矛盾」と書き記している。これを好機とみたのが今川氏親である。ただちに軍勢を甲斐河内領に派遣し、穴山信風を改めて服属下に置いた。そのまま大井氏への援軍として国中に侵攻し、油川信恵の拠点であった勝山城《かつやまじょう》（同前）を制圧する。

ところが翌年、大井信業は今川氏への相談なしで信虎に降伏してしまう。甲府盆地まで進軍した今川勢は、勝山城で孤立した。今川氏親は、郡内に侵攻して小山田領を攻撃することで事態打破を図るが、信虎の優位は続く。今川勢の危機を救ったのは、駿府を訪ねていた連歌師宗長である。永正十四年、宗長の斡旋を信虎が受け入れ、今川勢は撤退を許された。翌十五年、今川氏宿老福島道宗《どうそう》入道との交渉で、正式な和睦が取り決められた。

甲府開創と甲斐統一

永正十六年（一五一九）、信虎は本拠を守護所である川田から移転すると定めた。そこで築かれたのが躑躅《つつじが》ヶ崎館《さきやかた》を中心とした新たな本拠甲府である。甲府とは甲斐府中を意味する言葉だが、信虎は旧来の国府の所在を無視し、みずからの本拠を甲斐の中心と宣言したといえる。その際、家臣および国衆に対し、甲府に屋敷を構えるよう命じた。小山田信有は妻が信虎の妹であるため素直に受容したが、国中《くになか》の国衆の反発を招く。

翌永正十七年、国中の国衆である栗原《くりはら》・今井《いまい》・大井氏が甲府を退去し、信虎に敵対した。信虎は直属の足軽を駆使して謀叛を鎮圧し、その軍事力を示した。しかし、平地の居館である躑躅ヶ崎館の防衛に不安を抱いたのだろう。詰めの城（軍事防衛用の城郭）として、山城積翠寺城《せきすいじじょう》（要害山《ようがいやま》・丸山城《まるやまじょう》、山梨県甲府市）が築かれることとなる。本拠甲府すらいつ攻撃に晒されるかもわからない。それがこの時点における甲斐の実情であった。

永正十八年（大永元年）七月、武田信虎は今川氏親に要求し、穴山信風が差し出していた人質を帰国させた。穴山氏服属の明確化が目的である。しかし穴山氏は、武田・今川双方に従う両属の国衆であり、氏親は穴山氏離叛まで許容したつもりはなかった。

同年、福島氏を中心とする今川勢が再度甲斐に侵攻し、信虎は連戦連敗を喫する。福島氏当主は、今川氏宿老福島助春とみられ、かつて武田信虎との和睦締結を担当した福島道宗入道と同一人物と思われる。福島助春（道宗）は、武田氏との外交を担当する取次であったから、対武田外交の失敗と穴山氏離叛に対する責任を取る形で侵攻したのだろう。

危機感を募らせた信虎は、身重であった正室瑞雲院殿《ずいうんいんでん》（大井夫人）を、完成したばかりの積翠寺城に避難させたうえで、迎撃に出た。十月十六日、甲府に迫った今川勢を、飯田河原《いいだがわら》（同前）で打ち破り、大勝利を収める。次いで十一月二十三日、上条《かみじょう》河原合戦（同甲斐市）で再度勝利を収め、福島一族に壊滅的打撃を与えた。この間の十一月三日、積翠寺城で生まれたのが、のちの武田《たけだ》晴信《はるのぶ》（信玄）である。飯田河原合戦の戦勝祝いから、勝千代と命名された。

勝山城に再度追い詰められた今川勢を救ったのは、時衆清浄光寺《しょうじょうこうじ》（遊行寺《ゆぎょうじ》）不外上人《ふがいしょうにん》による調停である。大永二年（一五二二）、今川勢は帰国を許され、穴山信風の武田氏服属も明確化した。武田信虎は甲斐統一を成し遂げ、戦国大名権力を確立させたのである。

信虎の外交と戦争

武田信虎の外交政策は、父信縄の路線の踏襲であった。関東管領山内上杉氏と同盟し、今川氏親・伊勢宗瑞と戦うというものである。また永正二年（一五〇五）の長享の乱終結により、扇谷上杉氏《おうぎがやつうえすぎし》が山内上杉氏と和睦した。そこで信虎は、扇谷上杉氏とも同盟し、今川・伊勢（北条）両氏に対することとなる。

大永四年（一五二四）、両上杉氏による武蔵岩付城《むさしいわつきじょう》攻めに参加し、信虎は初めての国外遠征を行った。武田信虎の参陣を脅威と考えた北条氏綱は、和睦を申し出るが、信虎はすぐに破棄してしまい、北条氏との「合戦暇なし」と称される事態になる。信虎の目標は、相模津久井《さがみつくい》領であった。同地には、隣接する郡内小山田氏が勢力を延ばしていく。逆に北条氏綱は、郡内小山田領に侵攻した。

北条氏との戦争が続くなか、大永六年に今川氏親が死去した。家督を継いだ氏輝は、大永七年に信虎との和睦を受諾し、喜んだ信虎は、和睦成立を甲斐国内に喧伝した。

享禄三年（一五三〇）、扇谷上杉朝興《ともおき》の仲介により、山内上杉憲房《のりふさ》の後室が信虎に嫁いだ。この女性は上杉朝興の叔母であり、実質的には扇谷上杉氏との姻戚関係構築といえる。さらに天文二年（一五三三）、十二歳となった嫡男晴信の正室に、扇谷上杉朝興の娘を迎えた。しかし翌年十一月、初産に母体が耐えられず、母子ともども死去してしまう。出産そのものが命懸けの時代、恐らくは晴信と同年代の年若い少女を襲った悲劇であった。

天文三年、今川氏輝と連携した北条氏綱は、本格的な甲斐侵攻を行った。すでに今川氏との和睦が破棄されていることがわかる。翌天文四年、信虎は扇谷上杉氏と結んで反撃に出るが、甲斐・駿河国境で今川勢に撃退されてしまう。そればかりか、北条勢の郡内侵攻を呼び込んでしまった。この当時、信虎は北条氏の攻撃に晒されている小山田氏を保護するため、実弟勝沼《かつぬま》武田信友《のぶとも》を小山田領に近い東郡勝沼館（山梨県甲州市）に配置していた。戦国大名の軍事的安全保障体制の一例である。しかし北条勢の攻撃は激しく、迎撃戦で信友が討死してしまう。信虎は叔父との戦いに勝利して家督の座を固めたため、信頼できる一門が少なかった。実弟討死は、甚大な損失であったといえる。

関東では、古河公方足利政氏《あしかがまさうじ》・高基《たかもと》父子が争った永正の乱が終結する一方、政氏の次男義明《よしあき》が小弓《おゆみ》公方《くぼう》を称していた。天文五年、信虎は小弓公方陣営に属した。同盟国扇谷上杉氏が主要構成員であり、北条氏綱と敵対していたためである。

しかし信虎は、信濃にも出兵を繰り返した。大永七年、佐久《さく》郡の有力国衆伴野《ともの》貞慶《さだよし》の救援要請を受け、同郡に出陣したのを手始めに、享禄元年には諏方《すわ》郡に出兵した。信虎のもとに、諏方大社下社の大祝《おおはふり》金刺昌春《かなさしまさはる》が亡命しており、その帰国を掲げての出陣である。しかし諏方頼満の反撃を前に、重臣荻原《おぎわら》備中守《びっちゅうのかみ》が討死するという大敗を喫する。

この結果、諏方頼満による甲斐侵攻が繰り返される。特に深刻であったのが享禄四年の飯富《おぶ》・栗原・今井氏の謀叛で、彼らは諏方頼満に援軍を求めた。信虎は河原部《かわらべ》合戦（同韮崎市）で諏方勢を撃退するが、北条・今川・諏方氏に包囲される苦しい状況が続く。

天文四年九月、信虎は諏方頼満との同盟に踏み切った。これにより、信濃からの侵攻という脅威は消滅した。次に着手したのが、今川氏との関係改善である。天文五年、今川氏輝が死去し、花蔵《はなぐら》の乱と呼ばれる御家騒動が勃発した。詳細は次節で述べるが、信虎は内乱終結後の天文六年、今川義元《いまがわよしもと》に息女定恵院殿《じょうけいいんでん》を嫁がせ、甲駿《こうすん》同盟を成立させたのである。一方、今川・北条間の同盟は崩壊し、ついに信虎は主敵を北条氏綱に絞り込んだ。

小笠原氏の統一

小笠原氏は、室町中期に筑摩《つかま》郡の府中小笠原氏と、伊那郡の鈴岡《すずおか》・松尾両小笠原氏に分裂した。応仁《おうにん》の乱後、衝突は激化し、守護である府中小笠原氏が西幕府方、鈴岡小笠原氏・松尾小笠原氏は東幕府方として争った。近隣の諏方氏（上社）・木曾《きそし》氏は東幕府の要請もあり、伊那郡両家と結び、諏方下社は府中小笠原氏を支援している。府中小笠原長朝《おがさわらながとも》は、鈴岡小笠

15—小笠原氏略系図

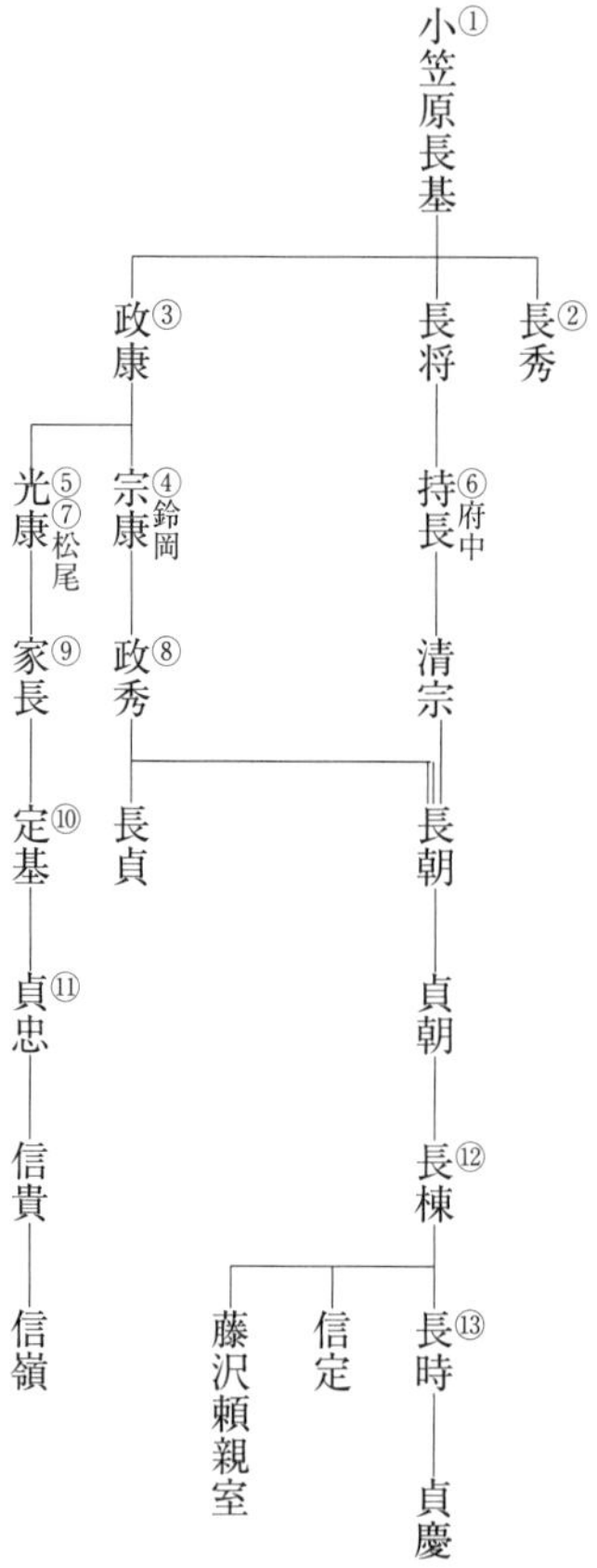

①、②…は信濃守護就任順。

原政秀《まさひで》の攻勢に耐えられず、延徳元年（一四八九）までに本拠林城《はやしじょう》（長野県松本市）を放棄して牧之島《まきのしま》城《じょう》に敗走した。ところが政秀の府中制圧は周囲の反発を生み、長朝を養子に迎えて和睦したうえで鈴岡城（同飯田市）に戻った。長朝も林城に帰還したが、守護職と家伝文書は政秀に奪われた。

明応二年（一四九三）、松尾小笠原定基は、鈴岡の政秀・長貞《ながさだ》父子を謀殺し、家伝文書を奪い取った。鈴岡小笠原氏は滅亡し、伊那郡小笠原氏は松尾小笠原氏が統一した。政秀の妻（下条氏《しもじょうし》）は、府中小笠原長朝に支援を要請し、敗北した定基は一時甲斐に逃れる。なお長朝の生母は武田信昌の娘であり、武田氏との関係は良好であった。

文亀元年（一五〇一）、府中小笠原長朝が死去し、貞朝が家督を継ぐ。先述したように、同年中に遠江領有をめぐり斯波・今川両氏の間で戦争が勃発しており、斯波義寛は貞朝および松尾小笠原定基・貞忠《さだただ》父子に支援を求めた。斯波義寛は足利義澄―細川政元政権に従っていたため、政元の重臣赤沢宗益《あかざわそうえき》（小笠原一族）の要請もあり、定基は府中小笠原貞朝と和睦して今川包囲網に加わった。貞朝の娘が松尾の貞忠に嫁いだのは、この結果である。しかし永正三年（一五〇六）には、今川氏親・伊勢宗瑞が定基に支援を要請し、松尾小笠原氏は斯波氏と断交する。

越後《えちご》永正の乱時の永正六年、上杉定実《うえすぎさだざね》・長尾為景《ながおためかげ》支援のために出陣し、山内上杉顕定の反撃で敗走した「小笠原大膳大夫《だいぜんのだいぶ》」は、貞朝もしくは嫡子長棟《ながむね》とみられる。同十二年に貞朝が死去し、府中家の家督は長棟が継承した。

天文二年（一五三三）、長棟は娘婿藤沢頼親《ふじさわよりちか》の支援のため、伊那郡へ出兵して高遠諏方《すわ》頼継《よりつぐ》・知久《ちく》頼元《よりもと》の軍勢を打ち破った。翌三年頃には、下条時氏《ときうじ》と結んで松尾を攻撃し、貞忠・信貴《のぶたか》父子を再度甲斐に追放したという。松尾には次男信定《のぶさだ》が配置された（のち、鈴岡城に移る）。ここに小笠原氏は府中小笠原長棟のもと統一された。ただその勢力範囲は筑摩郡・安曇《あずみ》郡・伊那郡に留まる。天文六年に諏方頼重《よりしげ》に塩尻《しおじり》を攻略されたが、同八年に和睦を成立させ、小笠原領国を安定させた。長棟は天文十一年に家督を嫡男長時《ながとき》に譲った後、同十八年に没した。

諏方頼満と頼重

諏方郡の諏方大社（長野県諏訪市）では、上社大祝の諏方氏と下社大祝の金刺氏との対立が長く続いていた。なお上社大祝は、在職中身体に神が宿るとされていたため、神郡《しんぐん》たる諏方郡外に出ることは禁忌であった。しかし中世諏方氏は武士団でもあり、惣領が大祝であっては都合が悪い。そこで、幼年の子息が大祝となり、惣領が大祝を兼ねることはなくなった。

当初は嫡流の子弟が大祝となっていたが、室町期に惣領家と大祝家が分離する。この上社惣領家・上社大祝家・下社大祝家（金刺氏）の三家が、小笠原氏の分裂と絡んで、抗争を展開していた。文明《ぶんめい》十五年（一四八三）、大祝諏《す》方《わ》継満《つぐみつ》が、惣領家の政満《まさみつ》と子弟を招いて宴席で殺害した。神殿を血で汚したことに、上社神長官守矢満実《じんのちょうかんもりやみつざね》をはじめ、諏方氏一門・宿老と上社社家《しやけ》は激怒した。継満は諏方郡を逐われ、大祝諏方氏は滅亡する。

惣領家で唯一生き残ったのが、政満の次男宮法師丸（頼満、碧雲斎《へきうんさい》）である。翌文明十六年、宮法師丸が惣領家家督と大祝職を継承し、八十三年ぶりに両者が統合された。上社の内乱に乗じて勢力拡大を図った下社金刺興春《かなさしおきはる》は、上社勢の反撃で敗死した。永正十五年（一五一八）、諏方頼満は下社大祝金刺昌春（興春の子ヵ）を甲斐に追放し、諏方郡を統一した。金刺昌春は武田信虎の庇護を受け、享禄元年（一五二八）の武田勢侵攻を招く。頼満はこれを撃退したばかりか、甲斐侵攻を繰り返した。その結果、天文四年（一五三五）に武田信虎との同盟が結ばれる。

頼満は、娘のひとりを高遠諏方頼継に嫁がせた。高遠諏方氏は、本来諏方氏の嫡流家であったが、長く南朝に属したため、没落して伊那郡高遠（同伊那市）に拠点を移した家である。頼継の祖父継宗には、大祝家諏方継満の姉が嫁いでおり、継満による惣領家謀殺に加担していた。自家こそ嫡流という自負があり、惣領職奪回の好機と映ったのであろう。その高遠諏方頼継に娘を嫁がせることで、頼

16—諏方氏略系図

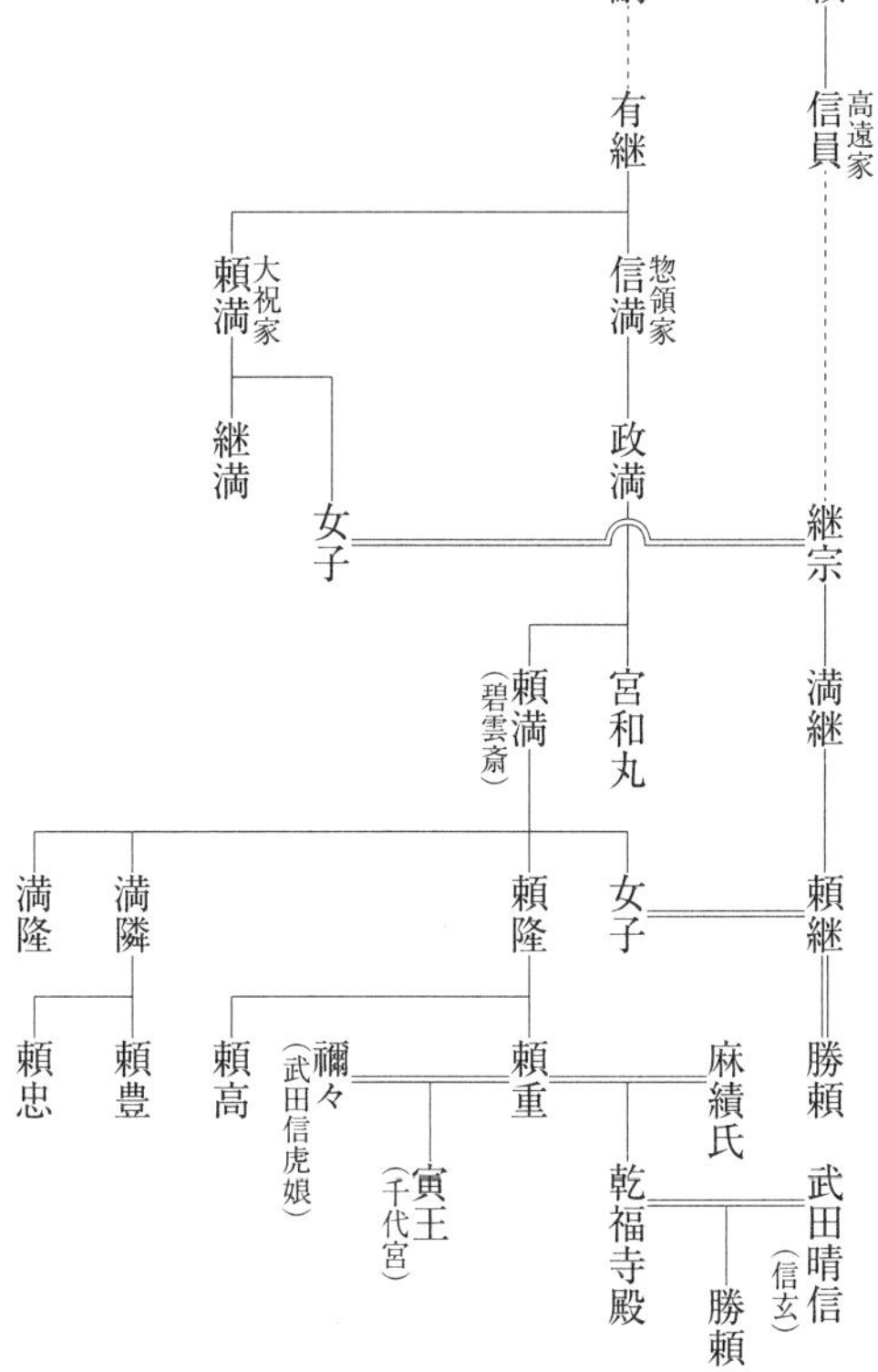

破線は省略を示す。

満は諏方郡支配を固めていく。

頼満の嫡男頼隆《よりたか》は、享禄三年に三十二歳で早逝し、嫡孫の頼重が十五歳で家督を継いだ。大祝職は、頼重から弟の頼高《よりたか》に移る。頼重は頼満の後見を受けつつ、天文六年には小笠原長棟の拠点塩尻を攻略した。天文八年十二月の頼満死去後、翌天文九年には武田信虎の娘禰々《ねね》を正室に迎え、武田氏との同盟関係をより強固なものとした。

高梨政盛の国衆化

北信濃では、高井《たかい》郡高梨《たかなし》北郷から中野小館《なかのおたて》（長野県中野市）に拠点を移した高梨氏と、埴科《はにしな》郡坂城《さかきじよう》城（同坂城町）を拠点とする村上《むらかみし》氏が勢力を伸張させた。高梨氏は須田《すだし》氏・井上《いのうえし》氏と並んで「奥三家」と称された（『大塔物語《だいとうものがたり》』）。宝徳《ほうとく》元年（一四四九）に一族規式を定めたことで知られる。先述したように、高梨政盛《まさもり》・澄頼《すみより》父子は越後長尾氏と姻戚関係を構築しており（一一三頁系図参照）、越後永正の乱では、山内上杉顕定を敗死させた長森原《ながもりはら》の戦いにも参戦している。

高梨氏では、文明年間（一四六九〜八七）に家構造の転換が図られた。それまで地縁的・血縁的な一揆結合に奉戴されていた高梨氏が、庶子家や周辺諸領主を家中に組み込んでいったのである。これは国人《こくじん》領主から国衆への転換であり、プロローグで述べた恒常化する戦争からの保護（軍事的安全保障体制）と紛争調停者としての領域権力化である。この背景として、文明年間に起きた諏方氏の内紛が指摘されている。信濃の諸郷は、一宮である諏方大社に輪番で御頭役銭《おとうやくせん》を納入する義務を負った。各郷村ごとに領主や代官が納入するのが本来のあり方だが、高梨政盛は一門・家臣の所領の頭役銭を一括納入する仕組みを作り上げた。そのうえで、分裂していた諏方惣領家・大祝家双方に納めると称して納入総額を減らし、差額を収益化したという。諏方上社への頭役銭納入を、家中の拡大と財政基盤強化に活用したという指摘である。

越後遠征も、高梨氏の勢力拡大に寄与したと思われる。戦功への恩賞として、越後で所領を与えられたことも大きいが、これらは散在所領だし、長尾氏との友好関係が崩れれば没収されてしまう。より重要なのは、越後永正の乱と併行して、対立していた中野氏を滅ぼし、本拠を中野小館に移した点である。同地は高井郡の流通拠点であった。

高梨氏権力の弱さと評価されがちなのが、永正期における家臣の謀叛と弘治《こうじ》年間（一五五五〜五八）の家臣離叛である。没落した中野氏が旧臣を糾合した謀叛には、たしかに一門小島《こじま》氏、譜代の夜交《よませ》氏が同調している。しかし謀叛は速やかに鎮圧され、逆に家中統制強化に成功した。政盛の孫政頼《まさより》の代の弘治年間にも、武田勢の侵攻に際し、高梨氏の一門・家臣の多くが武田氏に服属した。これもまた事実だが、高梨政頼が武田氏に対抗しうる軍事的安全保障体制を築けない以上、離叛者が出るのは当然であった。高梨氏に従う者には、一門・従属国衆という本質的に自律性の高い家が多く含まれており、戦国期領域権力一般で起きる問題といえる。

飛騨三木氏と姉小路氏

飛騨《ひだ》では「飛騨国司」号を与えられた姉小路《あねがこうじ》氏が、小島・古川《ふるかわ》・向《むかい》（小鷹利《こたかり》）の三家に分かれて幕府に直属し、京都から支配の一端を担った。しかし永正元年（一五〇四）、三家の中心人物である古川姉小路基綱《もとつな》が死去したことでバランスが崩れる。家督を継いだ済継《なりつぐ》・済俊《なりとし》父子は早逝し、主導権が小島姉小路時秀《ときひで》の手に移ったからだ。享禄三年（一五三〇）、古川姉小路高綱《たかつな》（済俊の弟）は三木直頼《みつきなおより》と結んだ時秀に敗北し、古川家は事実上滅亡した。

姉小路三家の内紛は、守護京極《きょうごくし》氏の被官で、飛騨南部の益田《ました》郡桜洞城《さくらぼらじょう》（岐阜県下呂市）を本拠とする三木直頼に有利に働いた。三木氏は東の信濃木曾氏、西の美濃《みの》郡上遠藤《ぐじょうえんどうし》氏、南の遠山《とおやまし》氏とも対立抗争を繰り返し、永正元年には三木修理亮《しゅりのすけ》（重頼《しげより》カ、直頼の父）が木曾義元《きそよしもと》を討ち取っている。永正十三年に家督を継いだ直頼は北進を続け、大永元年（一五二一）には小島時秀と結んで古川・向両姉小路氏に勝利し、大野《おおの》郡東部の高山盆地を手中に収めた。

三木氏の勢力が伸張していった北飛騨の情勢はどうか。吉城《よしき》郡北部高原郷の江馬《えまし》氏は、下館《しもだて》跡（同飛騨市）が室町期の武家屋敷の遺構をよく残していることで知られる。その南の古川盆地が姉小路氏の勢力圏、国府《こくふ》盆地が広瀬《ひろせし》氏の拠点である。北西部の大野郡白川郷には、幕府奉公衆内ヶ島《うちがしまし》氏が南北朝期までに入部していた。同地にある浄土真宗本願寺派《ほんがんじは》の照蓮寺《しょうれんじ》との関わりが深い。本願寺の日記に系譜関係が記されるが、実名は確証を欠く。

永正十四年、三木修理亮死去を好機とみた江馬時経《ときつね》が古川盆地に侵攻するが、急ぎ京から下向した古川姉小路済継に阻まれた。江馬氏は基本的に三木氏と対立関係にあったものの、天文年間（一五三二～五五）初頭に時経の娘が三木直頼の嫡男良頼《よしより》に嫁ぎ、和議が成立している。もっとも良頼室は天文九年に死去し、両氏は再度対立関係に入った。弘治年間（一五五五～五八）になると、飛驒内部の抗争と甲斐武田氏・越後長尾氏（上杉氏）の対立が結びつき、三木氏・江馬氏は両大名との提携を模索していく。その際三木良頼は、姉小路氏の没落に眼をつけた。永禄《えいろく》二年（一五五九）に飛驒国司を名乗ることを朝廷から許され、永禄三年に苗字を古川姉小路に改めることを認められたのである。

3　今川義元の家督相続

今川氏輝急逝と花蔵の乱

今川氏輝は、天文五年（一五三六）三月十七日に死去した。享年は二十四である。同日に弟の彦五郎も駿府で死去したため、何らかの陰謀があったという見解も根強い。しかし鶴岡八幡宮寺《つるがおかはちまんぐうじ》の『快元僧都記《かいげんそうずき》』によると、三月十八日に、氏輝の病気平癒を願うため大般若経《だいはんにゃきょう》が読まれていたが、夜中に死去の一報が入り、中止されたとある。氏輝は二月五日に小田原城《おだわらじょう》での歌会に参加しているうえ（『為和集《ためかずしゅう》』）、祈禱依頼は死去直前だから、病気による急逝とみて間違いない。伝染性疾患で、彦五郎も罹患してしまったのだろう。

今川氏親は、氏輝・彦五郎以外の子息を出家させていた。彦五郎が駿府にいたのは、正室寿桂尼の産んだ男子としては次男であり、氏輝にもしものことがあった時の備えである。しかし兄弟同時死去という想定外の事態により、出家していた氏輝の弟、玄広恵探《げんこうえたん》と梅岳承芳《せんがくしょうほう》（のちの今川義元）の間で御家騒動が勃発した。玄広恵探は生母が福島氏とされ、恐らくは甲斐で討死した福島助春の娘だろう。梅岳承芳は寿桂尼の子とされるが、実際には側室の子であったという見解が有力となっている。

御家騒動は、天文五年四月二十七日に始まった。敗北した側の玄広恵探が、駿河花蔵城（静岡県藤枝市）を拠点としたことから、「花蔵の乱」（花蔵殿の乱）と呼ばれる。氏輝死去により、再び寿桂尼が「後家権」と呼ばれる家督代行権を行使したことがきっかけといえる。寿桂尼は側近福島越前守《えちぜんのかみ》の屋敷に入り、今川氏の家伝文書を、玄広恵探に引き渡そうとしたという（『甲陽日記《こうようにっき》』）。しかし梅岳承芳方の岡部親綱《おかべちかつな》が、家伝文書の奪還に成功し、計画は失敗に終わった。勝利を決定づけたのは、兄弟の従兄弟にあたる北条氏綱である。梅岳承芳を支持した氏綱は、六月八日に花蔵城を攻略し、玄広恵探を滅ぼして福島一族に大打撃を与えた。

実力で家督を奪取した梅岳承芳だが、寿桂尼との関係が問題となる。そこでまず、将軍足利義晴《あしかがよしはる》から家督の承認と将軍家通字「義」字偏諱を受け、義元と名乗った。この文書は五月三日付だが、花蔵の乱中の義元は、出家号「承芳」を刻んだ黒印を使用し続け、偏諱を受けた実名義元を使用していない。将軍のお墨付きを宣伝しないのは不自然であり、日付をさかのぼらせて文書を作成してもらったようだ。

そのうえで、寿桂尼の実子待遇を受けることで、関係を修復させたとみられる。中近世社会では側室の子を正室の子と扱うことがしばしばあり、支持勢力が敗北した寿桂尼に断る余地はない。なお義元家督継承後、寿桂尼が政治に関わることはなくなり、その発給文書は自身の私領に限定される。実子彦五郎の菩提《ぼだい》を弔うため、今川氏直轄領から寺領寄進を行った際には、義元が承認を意味する花押を据えている。義元はすでに十八歳になっており、花蔵の乱の経過をみても、寿桂尼の補佐を必要とする状況にはなかった。

第一次河東一乱と三河侵攻

家督を継承した義元は、臨済宗における師である太原崇孚《たいげんすうふ》（雪斎《せっさい》）を宿老の列に加えた。そのうえで、外交路線の大幅な刷新に乗り出す。それが、武田信虎との姻戚関係構築と同盟締結である。武田氏とは兄氏輝の代に和睦したことはあったが、これまで伊勢宗瑞・北条氏綱父子とともに戦争を繰り広げてきた。あまりに大胆な路線変更に、北条氏綱は猛反対したが、それを押し切った。天文六年（一五三七）二月十日、信虎息女定恵院殿が義元に輿入れし、甲駿同盟が成立する。

義元にせよ、太原崇孚にせよ、実際の政治に関わるのは初めてである。彼らは、北条氏綱の反応を見誤った。繰り返しの反対を無視しての同盟締結は、氏綱の面目を丸潰れにしたに等しい。激怒した北条氏綱は、駿相同盟を破棄して二月二十六日に駿河に侵攻し、三月初旬には「河東《かとう》」＝富士川以東の駿東・富士郡を制圧したのである（第一次河東一乱）。

北条氏綱は、遠江今川氏惣領家である見付城主堀越《ほりこし》氏延《うじのぶ》・貞朝《さだとも》兄弟や国衆井伊《いい》直盛《なおもり》に挙兵させたほか、三河国衆奥平《おくだいら》定勝《さだかつ》・戸田《とだ》宗光《むねみつ》にも働きかけた（詳細地図は一五七頁に掲載）。堀越氏延が嫡男六郎の正室に氏綱の娘山木大方《やまきのおおかた》を迎えたのはこの時だろう。しかし見付城は落城し、氏延父子は赦免されたものの没落した。山木大方は夫六郎の死後、実家に戻り、間に生まれた氏朝《うじとも》は、世田谷《せたがや》吉良氏を継ぐ。三河宝飯郡の牧野氏が本拠今橋を田原戸田氏に奪われたのも、この時とみられる。

武田信虎とその同盟国扇谷上杉朝興は援軍を派遣したが、氏綱の備えをみて、早々に撤兵した。信虎は支援不足を懸念したものか、天文六年十二月、みずから駿府を訪問した。

駿河東部をめぐる小競り合いはその後も続き、天文十四年の第二次河東一乱で、武田晴信の調停で北条氏が占領地を返還し、和睦が成立して終息する（第四章第1節参照）。

河東地域奪還と北条《ほうじょう》氏康《うじやす》との和睦で、義元は三河方面に眼を向ける余裕が生まれた。天文十五年、今川勢は久方ぶりに三河侵攻を再開する。この時期の東三河では、戸田宗光と牧野《まきの》保成《やすなり》の争いが続いていた。天文六年頃、戸田氏に本拠今橋を奪われた牧野氏は、牛久保《うしくぼ》（愛知県豊川市）に拠点を移していた。戸田氏が今川氏への敵対行動を繰り返していたことは、牧野氏にとって今川義元に支援を仰ぐ好材料といえる。問題は本拠今橋が東三河の要地であり、同地返還に義元が難色を示したことで、代替条件をめぐって保成は今川氏と交渉を重ねた。

この時期、今川氏の三河出陣は、太原崇孚を中心に朝比奈氏をはじめとする宿老が合議する体制で進められた。天文十五年十一月、今川勢が今橋城攻撃を開始し、翌年前半までに戸田宗光が降伏し城を明け渡した。牧野氏の所領を横領していた長沢《ながさわ》松平氏も撤退し、長沢城（愛知県豊川市）を占領した今川氏は、事前の約束通り長沢松平領の一部を牧野保成に与え、同城の守備も任せた。しかし本拠田原城を守る戸田堯光《たかみつ》（宗光嫡男）は、天文十六年九月五日に城から打って出て反撃し、今川勢は松井《まつい》宗信《むねのぶ》の抵抗で辛うじて押し返した。今川氏は付城《つけじろ》を築いて攻撃を続け、天文十八年初頭頃に落城させた。戸田堯光は落ち延びて姿を消すが、宗光は今川氏に服属し、次男宣光《のぶみつ》が二連木《にれんぎ》城主として存続する。設楽郡の奥平定勝・仙千代（定能《さだよし》）父子も今川氏に与《くみ》しており、おおむね永正期の状況を再現する形となった。

最大の相違点は、今川氏の三河出兵が、尾張の勝幡織田《しょばたおだ》信秀《のぶひで》と連携して行われたことである。西三河では、岡崎松平広忠《おかざきまつだいらひろただ》が抵抗姿勢をみせていたうえ、今川氏に背いた田原戸田氏が尾張知多郡にも勢力を延ばしていたことに起因する。松平氏については本章第5節で扱うが、この時期は当主広忠と叔父信孝《のぶたか》の間で路線対立が生じていた。天文十六年、織田信秀に安城城《あんじょうじょう》（同安城市）を攻略され、岡崎（同岡崎市）まで攻められた松平広忠は、九月までに織田信秀に降伏した。しかし今川方であった松平信孝までも織田信秀に支援を求めたことは、予想外であったようだ。事態を重くみた太原崇孚は八月末に三河に出陣した。十月までに、広忠は今川方に転じたらしい。今川・織田間の和平は破れた。

天文十七年三月、今川勢は三河小豆坂《あずきざか》で織田信秀と戦い、勝利した（小豆坂合戦、同前）。ところが翌年三月、岡崎の松平広忠が急逝した。織田氏と戦争状況にある今川氏としては、境目に位置する岡崎領確保は急務である。九月、太原崇孚率いる今川勢は、西条吉良義安《きらよしやす》の居城西尾城《にしおじょう》を包囲して降伏を勧告するとともに、十一月に安城城を攻略した。城代となっていた織田信広《のぶひろ》（信秀庶長子）の身柄と、信秀が確保していた広忠嫡男竹千代（のちの松平元康《もとやす》、徳川家康）を交換する形で、竹千代は駿府へ向かう。西三河の岡崎領も、今川領国に組み込まれた。

4　斎藤道三の美濃奪取と織田信秀の台頭

船田合戦

美濃においては、十五世紀半ばに守護代が斎藤氏《さいとうし》に移った。しかし応仁の乱勃発前には、守護代を務める斎藤氏（前斎藤氏）嫡流家ではなく、庶流家の持是院妙椿《じぜいんみょうちん》が実権を掌握していた。持是院斎藤氏が、守護土岐《とき》氏《し》の家宰《かさい》を務めていたと評価してよいだろう。それは、妙椿死後も同様であった。守護代斎藤利藤《としふじ》が復権を図ったが、妙椿の養子妙純《みょうじゅん》（利国《としくに》。利藤の実弟）が勝利を収めた。妙純が、持是院斎藤氏の基盤継承に成功した結果である。

明応四年（一四九五）、守護土岐成頼《しげより》の後継者争いが勃発した。成頼が嫡男政房《まさふさ》を廃嫡し、末子の元《もと》頼《より》に家督を継がせたいと望んだのである。しかし斎藤氏内部で対立がある以上、土岐氏内部で決着できる問題ではない。実質的には守護代斎藤利藤およびその小守護代《こしゅごだい》で、斎藤苗字を与えられていた船《ふな》田《だ》城主石丸利光《いしまるとしみつ》と、加納《かのう》城主持是院妙純の争いとなった。斎藤利藤—石丸利光は土岐元頼を、持是院妙純は土岐政房を擁立した。これが船田合戦である。

六月に始まった戦闘は、当初石丸利光が有利に進め、妙純の居城加納城（岐阜県岐阜市）を包囲したが、長井《ながい》秀弘《ひでひろ》が撃退に成功する。以後、妙純が連勝を重ね、七月に石丸利光は近江に亡命した。

船田合戦は、後述するように尾張守護代織田氏の対立と連動していた。翌明応五年、妙純が尾張に出兵したところ、利光が反撃に出た。総大将として土岐元頼を担ぎ、細川政元・近江守護六角高頼《ろっかくたかより》・伊勢国司北畠材親《きたばたけきちか》らが支援した。一方妙純には、越前朝倉貞景《あさくらさだかげ》・尾張守護代織田寛広《おだとおひろ》・近江京極高《きょうごくたか》清《きよ》らが味方するという大規模な合戦となる。

妙純は朝倉貞景の主張に従い、全面攻勢に打って出た。同年五月、石丸利光とその一族、土岐元頼は自害し、滅亡する。斎藤利藤も隠居を強いられ、利藤派家臣も滅ぼされた。

しかし妙純の権勢は、一年にも満たなかった。明応五年九月、妙純は京極高清の支援を得て、六角高頼への反撃に出た。ところが山岳部のゲリラ戦に持ち込まれたうえ、比叡山《ひえいざん》・伊勢北畠氏を敵に回してしまう。近江の馬借《ばしゃく》も一揆を起こし、六角氏を支援した。同年十二月、妙純は土一揆を討とうとして、大敗を喫したうえ、退却中に一揆に包囲され、自害して果てた。嫡男妙親《みょうしん》（利親《としちか》）をはじめとする斎藤一族、西尾《にしお》正教《まさのり》・長井秀弘ら重臣層も、ともに自害した。持是院斎藤氏は、壊滅的打撃を受けた。

明応六年四月に土岐成頼が死去し、政房が家督を継いだ。しかし弱冠十七歳の政房を支えるべき重

17―土岐・前斎藤氏略系図

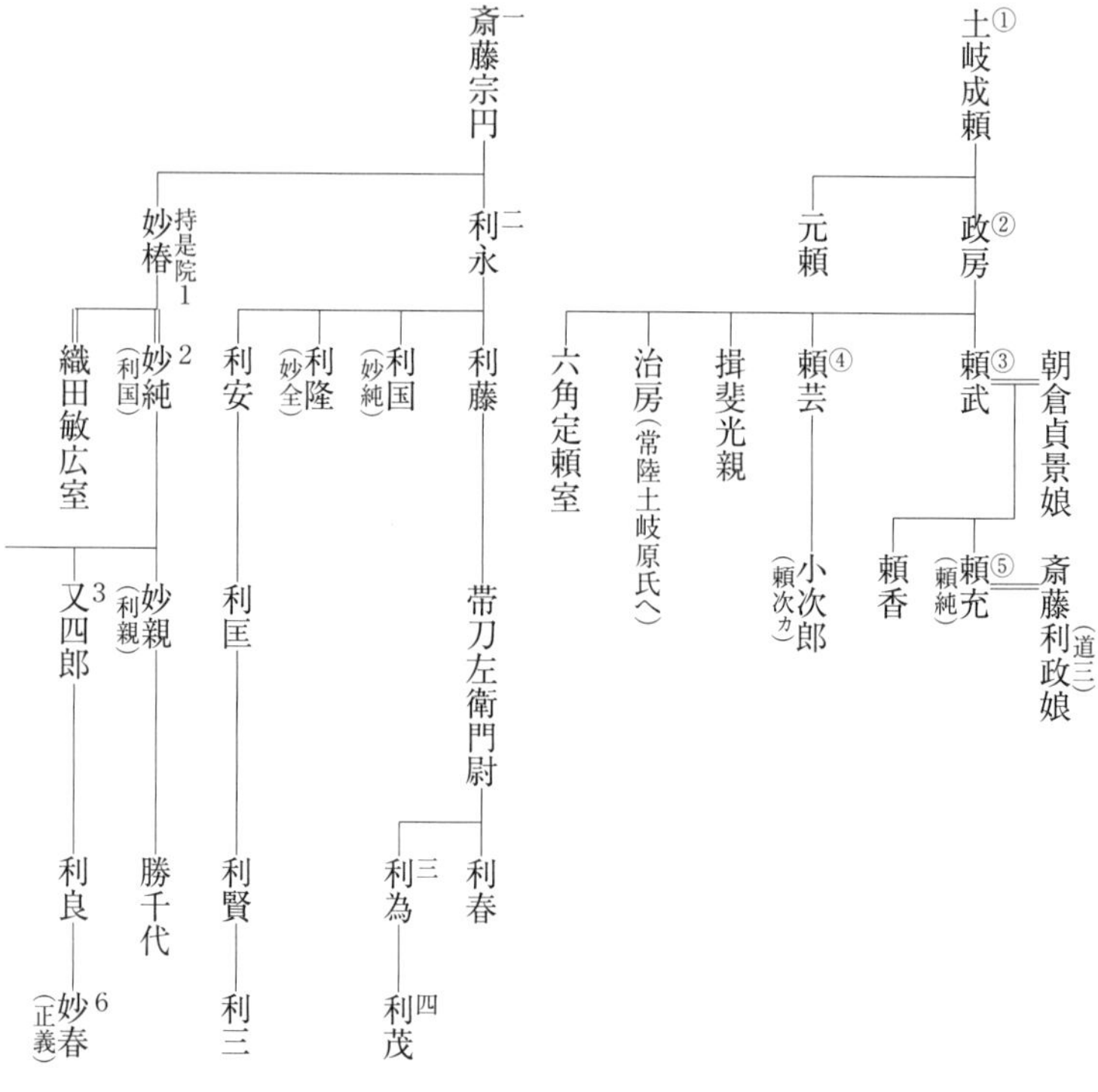

臣層は、壊滅状態にあった。美濃には、権力の空白が生じていたのである。

道三の父長井新左衛門尉

斎藤道三《さいとうどうさん》は、一代で油売りから美濃国主に上り詰めたと理解されてきた。しかし道三の子息義龍《よしたつ》（利尚《としひさ》、高政《たかまさ》）の時代に、隣国近江の戦国大名六角承禎《ろっかくじょうてい》（義賢《よしかた》）が記した条書から、その前半生は父親のものであることが明らかにされた。当時六角氏のもとには、道三に国を追われた守護土岐《とき》頼《より》芸《なり》が滞在しており、これほど確かな情報源はない。

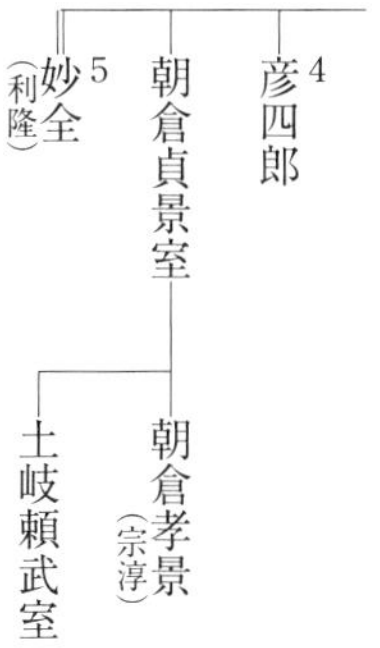

①、②…は土岐氏の家督継承順。
一、二…は守護代斎藤氏の家督継承順。
1、2…は持是院斎藤氏の家督継承順。

六角承禎は、道三の父を次のように記す。①斎藤義龍の祖父新左《しんざ》衛門尉《えもんのじょう》は、京都妙覚寺《みょうかくじ》の法華坊主が還俗《げんぞく》した人物であり、②最初は西村という苗字で、土岐家臣長井弥二郎に仕えた、③美濃の内乱で成り上がり、長井苗字を名乗るまでに出世した、というものだ。

道三とその父の混同は、早い段階で生じていた。織田信長の弓衆で、信長の伝記『信長公記《しんちょうこうき》』を書いた太田牛一《おおたぎゅういち》は、同書中で「元来は山城《やましろ》国西岡の松波という者」と記しているが、これは道三の父のことである。牛一は、羽柴秀吉の伝記『大《たい》かうさまくんきのうち』のなかでは、道三を「五畿内山城国、西岡の松波と申す、一僕の者である」と記す。山城西岡出身で、松波苗字であったのは事実だろう（二六一頁系図参照）。「一僕の者」とは、「一騎《いっき》合《あい》（相）」とほぼ同義で、自身は騎乗して、徒歩《かち》の家来を一人だけ従えた武士を指す。

彼が法華宗の僧侶出身であることは事実とみてよい。しかし還俗後油売りをしたという話は、故地西岡のすぐ側に大山崎《おおやまざき》があり、同地の離宮八幡宮《りきゅうはちまんぐう》の神《じ》人《にん》が油座《あぶらざ》を形成していたことからの連想だろう。

道三の父は長井新左衛門尉と称したという。永正年間の末頃（一五二〇年前後）までに台頭を遂げており、大永六年（一五二六）に長井苗字使用を確認できる。主君の長井弥二郎は、長井秀弘のことで、新左衛門尉は船田合戦などで活躍し、西村苗字を与えられたのだろう。その後、長井秀弘は妙純と自害し、美濃政界は有力者不在となる。ここに出世の糸口が生じた。土岐政房が守護となった後、斎藤妙全《みょうぜん》（利隆《としたか》）・右衛門尉・利良《としなが》の合議制が敷かれた。妙純の嫡孫勝千代は幼少であったため、次男又四郎、三男彦四郎が相次いで家督を継いだがいずれも早逝した。結果として、妙純の実弟である妙全が持是院斎藤氏当主となったのである。それに対して利良は又四郎の子で、妙純の孫だから、持是院斎藤氏の後継者という自負があった。このガラス細工のような合議制を支えたのが、長井秀弘の遺児長《なが》弘《ひろ》である。長井氏も壊滅的打撃を受けていたことに変わりはなく、長弘は補佐役を必要としていた。そこで新左衛門尉に、長井苗字を与え、一門と処遇するようになったものと思われる。

永正十四年（一五一七）十二月、斎藤利良が土岐政房の嫡男頼武《よりたけ》を擁立して挙兵し、勝利を収めた。政房は次男頼芸を後継者と考えており、持是院斎藤氏だけではなく、土岐氏の家督問題が絡んだ内乱である。翌年八月、土岐政房・頼芸・斎藤妙全方が反撃し、土岐頼武・斎藤利良は越前朝倉孝景《あさくらたかかげ》（四代宗淳《そうじゅん》）のもとに亡命した。孝景の生母が斎藤妙純の娘で、土岐頼武の妻が孝景の妹であるという姻戚関係に基づく。地位を回復した土岐政房だが、永正十六年六月に死去してしまう。これを機に土岐頼武・斎藤利良は美濃に帰国し、大桑城《おおがじょう》（岐阜県山県市）を拠点に美濃北部の山間部を掌握した。家督を継承した土岐頼芸の勢力圏は美濃南部に留まり、美濃は二分される。守護代斎藤利茂《としじげ》と長井長弘は頼武方で、新左衛門尉も同様である。

大永五年五月、隣国近江で、六角定頼《さだより》・朝倉孝景と京極高清・浅井亮政《あざいすけまさ》の戦争が勃発する。土岐頼武は六角・朝倉陣営に与し、土岐頼芸は浅井氏に味方した。八月、美濃で土岐頼武・頼芸兄弟が衝突し、頼芸の勝利という結着をみる。土岐頼武は没落し、斎藤利良は敗死した。この間、斎藤利茂・長井長弘主従は、土岐頼芸陣営に鞍替えをしたようで、それが合戦の帰趨を決めた可能性が高い。新左衛門尉もそれに従ったはずだ。

守護代斎藤氏の動静は利茂で途絶える。新左衛門尉は、晩年に通称を豊後守《ぶんごのかみ》と改めたうえで、長井長弘とともに斎藤旧領を分割統治したという（『江濃記《ごうのうき》』）。長井豊後守は、天文二年（一五三三）四月一日に没したとおぼしい。

道三の下剋上

天文二年（一五三三）六月、豊後守と入れ替わるように姿を見せるのが、長井新九郎規秀《のりひで》である。規秀の花押型は、のちの斎藤道三と一致する。つまり父豊後守死去を受け、長井規秀こと、のちの斎藤道三が政治活動を開始したわけだ。規秀と連署しているのは、長井景弘《かげひろ》（長弘の子ヵ）であり、父豊後守の地盤を受け継ぎ、長井氏惣領と連署できるほどの力を得ていた。居城についても、すでに稲葉山城《いなばやまじょう》（のちの岐阜城、岐阜県岐阜市）であったと指摘されている。天文三年九月以降、長井規秀が単独で文書を出すようになり、旧主長井景弘は姿を消す。これ以前に死去したとみられ、六角承禎は規秀に殺されたとしている。ここに規秀は長井氏の実権を掌握したのである。

天文四年、長良《なが ら》川《がわ》が氾濫し、守護所枝広《えだひろ》（同前）と、稲葉山城の城下町井口《いのくち》は大損害を受けた。二万人以上の人々と、一万軒以上の家屋敷が押し流されたという。これを好機とみたのが、土岐頼武の遺児頼充《よりみつ》（頼純《よりずみ》）で、六角氏の支援を得て美濃に侵攻した。まだ十二歳だから家臣に擁立されたのだろう。しかし土岐頼芸は甥の撃退に成功した。恐らく長井規秀が主力を担ったものとみられる。

天文八年、長井規秀は守護代斎藤氏の家督を継ぎ、斎藤利政《としまさ》と名乗った（後斎藤氏）。土岐・斎藤一門はまだ健在だが、国政の中枢に躍り出たことになる。以下、斎藤道三と記す。この頃、守護土岐頼芸は六角定頼との関係修復に動き、妹の慈寿院殿を定頼に嫁がせた。江北の浅井《あざい》久政《ひさまさ》は六角氏に従属しており、西方は安定した。

ところが天文十三年、土岐頼充が美濃奪還に向けて動き出した。支援したのは、越前の朝倉孝景と、尾張の織田信秀である。美濃は南北から挟撃された形となり、朝倉・織田勢は稲葉山城下にまで侵攻し、井口は戦火で大損害を蒙った。しかし井口に敵勢を引きつけた道三は、一気に反撃に出た。織田勢は木曽川に追い詰められ、多くが溺死するという大損害を蒙った。織田信秀も「一人やうやう無事帰宅」（『東国紀行《とうごくきこう》』）したという。

土岐頼充の侵攻だから、反撃する美濃勢の主体は土岐頼芸である。頼芸は、かつての土岐頼武の拠点大桑城に入った。天文十五年、頼芸と頼充の間で和睦が成立し、道三の娘が土岐頼充に嫁いだ。守護職も、頼充が継承したようだ。道三の権勢は、守護に娘を嫁がせるまでに伸張していたのである。

しかし娘婿土岐頼充は、翌天文十六年十一月に二十四歳で死去した。なお実名利政の終見は天文十四年、出家号道三の初見が天文十八年である。道三の出家は、娘婿の死去が契機ではなかろうか。『信長公記』は道三が頼充を毒殺したとするが、因果応報譚のなかの記述で鵜呑みにできない。六角承禎は頼充死後に、その弟頼香《よりたか》を道三が謀殺したと記しているから、頼充自身は病死だったのだろう。また頼充に嫁ぎ、まもなく寡婦となった娘が、のちの織田信長正室濃姫《のうひめ》（帰蝶《きちょう》）という説が出ている。

時計の針を戻して、かつての美濃最大の実力者持是院斎藤氏の動きをみてみたい。天文七年九月一日、斎藤妙全が六十四歳で死去した。後継者の斎藤正義《まさよし》（妙春）は、利良の遺児と考えられる。持是院斎藤氏の家督は、妙純の曽孫に戻ったのだ。正義は美濃兼山《かねやま》城主（同可児市）として、可児《かに》郡を中心に、美濃東部に勢力を張った。

ところが天文十七年二月、正義は可児郡の国衆久々利《くくり》氏に招かれ、謀殺されたという。久々利氏は処罰されることもなく存続したうえ、兼山城には、道三の庶長子（もしくは弟）で、長井氏の家督を継承した長井不甘《ながいふかん》が入城した。持是院斎藤氏の権益を奪うための、道三による謀殺の可能性が高いように思われる。長井不甘は、永禄五年（一五六二）には北美濃郡上郡の国衆遠藤氏の後見役となり、斎藤家中に確固たる地位を築いていく。

土岐頼芸が六角氏との同盟を固める一方、道三も六角氏に従属している浅井久政との連携を考えたらしい。時期は不明だが、久政の妹（近江局）が嫡男利尚（義龍）に嫁いでいる。嫡男龍興《たつおき》の生年が天文十七年だから、天文十六年以前の輿入れとなる。

天文十七年、道三は美濃に再侵攻してきた織田信秀を撃退した。翌十八年、道三は娘を信秀の嫡男信長に嫁がせ、織田信秀と同盟を結ぶ。近江に続き、尾張国境も安定したわけである。残る脅威は越前朝倉氏だが、天文十七年に朝倉孝景が死去し、十六歳の義景《よしかげ》が家督を継いだばかりである。当面の危機は去ったと判断したのだろう。ついに斎藤道三は、守護土岐頼芸追放へと動き出す。その時期は、天文十九年十月から十一月の初め頃に絞り込まれている。道三は下剋上を果たし、戦国大名としての立場を固めた。

清須・岩倉の両織田氏と斯波氏

応仁の乱に際し、尾張守護代織田氏も東西に分裂した。乱終結後も、清須城主の織田《おだ》大和守《やまとのかみ》家と岩倉《いわくら》城主の織田伊勢守《いせのかみ》家が尾張で抗争をしている。清須城主織田敏定《としさだ》は、文明十五年（一四八三）に斯波義寛（義良《よしすけ》）を居城に迎え入れ、擁立した。

両織田氏の対立は、先述した美濃情勢と絡んで激化する。明応四年（一四九五）の船田合戦において、織田寛広（岩倉・伊勢守家）は斎藤妙純に、織田敏定（清須・大和守家）は石丸利光に味方した。織田寛広の父の正室が斎藤妙椿の義妹であり、織田敏定の嫡男寛定《ひろさだ》が石丸利光の娘婿であったという姻戚関係による。船田合戦は尾張に波及し、清須織田氏は大打撃を蒙った。当主敏定が陣中で病死し、嫡男寛定も敗死してしまったのである。家督を継いだ織田寛村《ひろむら》（寛定の弟）は戦争を継続したが、明応五年に斎藤妙純の調停で和睦に応じた。

18—織田氏略系図

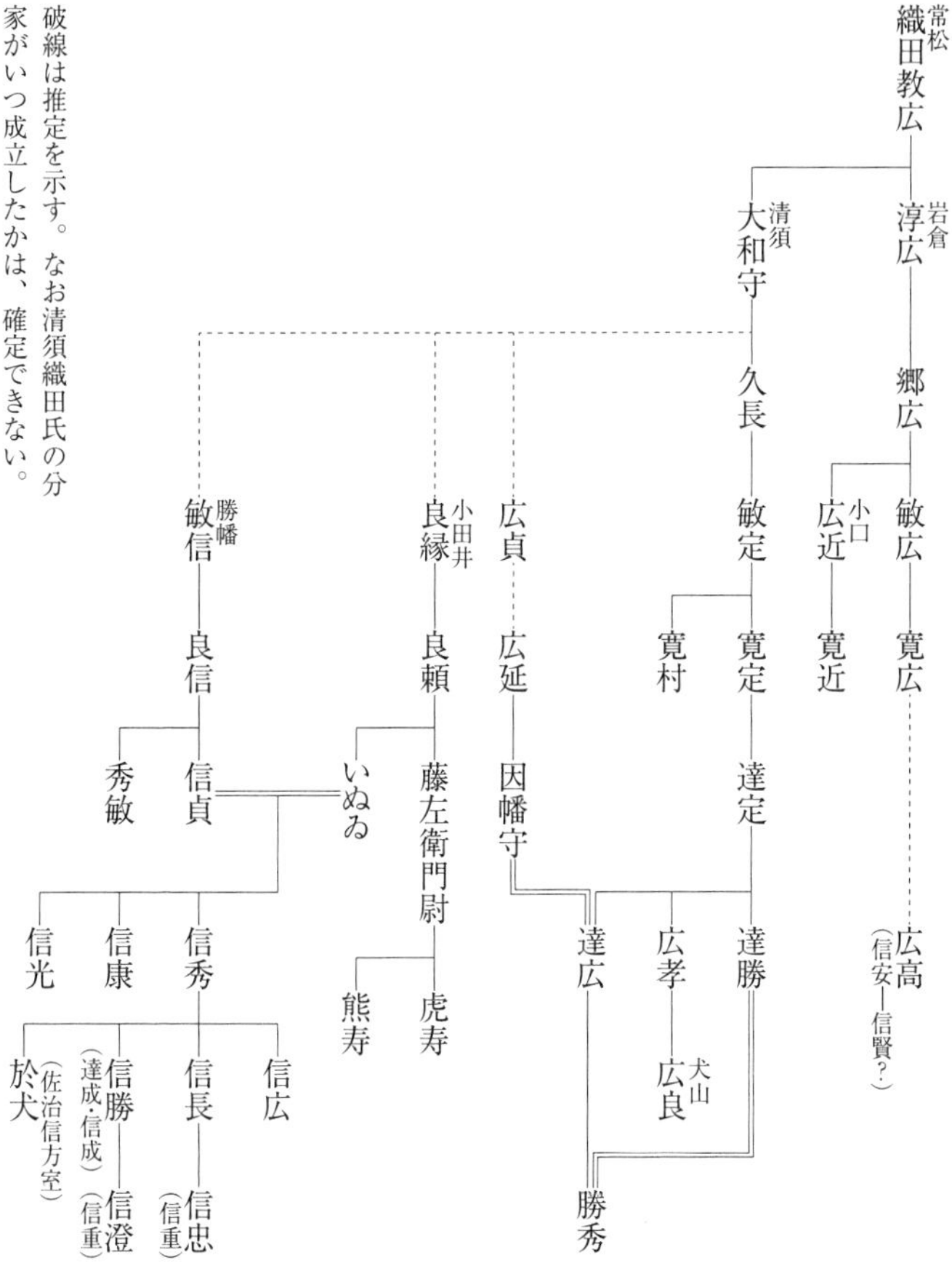

破線は推定を示す。なお清須織田氏の分家がいつ成立したかは、確定できない。

『信長公記』は岩倉織田氏（伊勢守家）を上四郡守護代、清須織田氏（大和守家）を下四郡守護代とするが、これは後年の変遷をまとめてしまったものらしい。岩倉織田氏が葉栗《はぐり》・丹羽《にわ》・春日井《かすがい》・山田・愛知・海西《かいさい》の六郡、清須織田氏は中島《なかしま》・海東《かいとう》の二郡であったようだ。なお南端の知多郡は一色《いっしき》氏知行地で、応仁の乱後は幕府御料所として政所執事《まんどころしつじ》伊勢《いせ》貞宗《さだむね》が代官を務めた。和睦後、石丸利光・斎藤妙純が相次いで滅亡し、尾張も安定する。

その後、軍事行動を展開したのが、清須城で奉戴されている守護斯波氏である。明応九年、斯波義寛は十代将軍足利義稙陣営を離叛し、十一代将軍義澄―細川政元陣営に鞍替えした。守護職を持つ遠江から、今川勢の排除を考えたのである。逆に今川氏親・伊勢宗瑞は、義澄陣営から義稙陣営に去就を改めたため、永正五年（一五〇八）、遠江守護職は今川氏親に奪われてしまう。しかしもはや、守護職の有無が戦争の帰趨を左右する時代ではない。斯波義寛と嫡男義達は、文亀元年（一五〇一）から数度にわたり遠江へ出馬した。ところが永正十年三月、義達は遠江で大敗を喫してしまう。四月十七日には、隠居義寛が没した。

斯波氏の敗因は、清須織田氏の当主織田達定《みちさだ》の支援を得られなかったためと思われる。支配下の尾張二郡の安定を望む達定は、遠江遠征には反対であった。遠征をめぐる対立は、武力抗争に発展したらしい。衝突は、三月に義達が敗走した後、四月の義寛死去の前後である。織田達定は、遠江遠征派を武力で抑え込むチャンスと捉えたと思われる。達定の動きは時宜を得たものであったが、主家の混乱を衝く形での挙兵には、賛同が広まらなかったのだろう。四月十四日もしくは五月五日に敗死した。家督は、嫡男達勝《みちかつ》が継承する。

一方、斯波義達は、永正十三年末に再度遠江に侵攻した。同年九月に、今川勢が甲斐に侵攻した隙を突いたのである。拠点としたのは、やはり引間城である。武田信虎との和睦を成立させて進軍してきた今川氏親に対し、斯波義達は引間城籠城で対抗した。しかし八月十九日に引間城は落城し、義達は付近の普済寺《ふさいじ》で出家させられ、尾張へ送り返された。斯波義達は政治的発言力を失い、清須織田氏に奉戴されるだけの存在となる。

信秀の台頭

清須織田氏のもとで、台頭してくるのが尾張西部勝幡城（愛知県愛西市・稲沢市）を拠点とする勝幡織田氏である。永正十三年（一五一六）、織田達勝が妙興寺《みょうこうじ》に発給した寺領安堵状に、連名で副状《そえじょう》を出したのが、織田広延《ひろのぶ》・織田良頼《すけより》・織田信貞《のぶさだ》であった。それぞれ織田因幡守《いなばのかみ》家・藤左衛門尉家（小田井《おたい》織田氏）・弾正忠《だんじょうのじょう》家（勝幡織田氏）の当主で、織田大和守家の「三奉行」と呼ばれることが多い。しかし彼らは織田一門だし、清須織田氏の筆頭家老である「小守護代」は坂井氏が務めている。このため近年では「三奉行」とするのは適切ではなく、織田達定敗死・斯波義達失脚という清須織田氏存続の危機に、一門が補佐したと理解されている。そもそも三家の連署は、この一通だけしか確認できない。

ここにみえる織田信貞こそ、織田信長の祖父である。信長の勝幡織田氏は、清須織田氏の有力一門であった。勝幡織田氏の活動は、信貞の父織田良信《すけのぶ》から明確となり、中島郡北部にある妙興寺領の一部を支配している。家督を継いだ信貞は、勝幡城を拠点に海西郡に進出し、大永四年（一五二四）までに、河川流通の拠点である津島《つしま》を支配下に収めた。この津島掌握が、勝幡織田氏飛躍の原動力である。海西郡は本来岩倉織田氏領であったが、飛び地となっていた。そこを清須織田氏の一門信貞が突いたのである。清須織田氏はすでに愛知郡を奪取しており、ここに上下四郡分割支配という形が成立する。

信長の父織田信秀は、永正八年に生まれ、大永六年後半から同七年六月までに家督を継承した。彼が最初に直面したのは、享禄三年（一五三〇）の織田達勝上洛問題であった。達勝は将軍家内紛への介入を考えていたのである。斯波義達と織田達定の対立とよく似ている。尾張情勢安定を最優先と考えた信秀は、達勝への反発を強めた。天文元年（一五三二）、織田信秀は主君織田達勝および織田藤左衛門尉（良頼の子）と軍事衝突した。和睦に応じたのは、翌天文二年七月のことである。

ところが、今度は織田達勝と藤左衛門尉の関係が悪化し、信秀は達勝を支持した。そうした状況で起きたのが、天文四年の守山《もりやま》崩れである。松平氏内部の動きは後述するが、三河岡崎の松平清孝《まつだいらきよたか》（清《きよ》康《やす》）が軍勢を率いて尾張守山城（同名古屋市）を訪ね、中人《ちゅうにん》として和睦調停に乗り出したとみられている。変事はそこで生じた。十二月五日、清孝が誤解から近臣に殺害されたのである。混乱のなか、藤左衛門尉も落命したらしい。翌天文五年には、嫡男虎寿が家督を継いでいるが、まだ元服前の少年である。天文八年には、小田井織田氏の勢力圏である熱田《あつた》の加藤《かとう》氏に対し、信秀が諸役免許状を発給している。信秀は、尾張国内で崇敬篤い熱田社を押さえたのだ。

前年の天文七年には今川氏豊《いまがわうじとよ》の居城那古野城《なごやじょう》（同名古屋市）を攻略している。氏豊も十七歳と若年であった。今川氏親の末子で、那古野今川氏に養子入りしたとされるが、事実とはみなしがたい。これにより信秀は居城を那古野に移すが、同城修築普請《ふしん》は主君である織田達勝の命で行われており、氏豊の一門那古屋弥五郎は天文十七年の小豆坂合戦で清須衆つまり達勝家臣という立場で討死している。信秀の活動は、清須織田氏一門という立場で行われた点に注意したい。

天文十二年、信秀は内裏の修造費用として、朝廷に四千貫文（約四億円）を献上した。使者として派遣されたのは、のちに信長の次席家老となる平手政秀《ひらてまさひで》である。しかし朝廷の対応はおざなりで、翌天文十三年、尾張に向かう連歌師宗牧《そうぼく》に礼状を託している。宗牧は謝辞を記した女房奉書《にょうぼうほうしょ》と、御礼の『古今和歌集』を預かり、伊勢経由で尾張に入った。宗牧の尾張到着は、信秀が斎藤道三に大敗して間もない時期であった。宗牧はタイミングの悪さを嘆くが、信秀は鷹揚に接し、敗色をまったくみせない度量に感心している。

ここで大敗と述べた美濃攻めは、前節でふれたもので、天文十三年九月に行われたものである。信秀の軍勢だけでなく、岩倉織田氏の分家小口《おぐち》織田寛近《ひろちか》や、達勝の実弟で、織田因幡守家を継いでいた織田達広《みちひろ》も出陣している。清須・岩倉両織田氏連合軍の一員として、信秀は出陣したのである。ただ道三が主敵とみなしたのは、信秀勢であった。損害は大きく、織田信康《のぶやす》（信秀の弟）・青山秀勝《あおやまひでかつ》・熱田大宮司《だいぐうじ》千秋季光《せんしゅうすえみつ》のほか、織田達広も討死した。信秀は総大将ではなかったが、尾張勢の主力とみられていたわけだ。ここに、信秀の立場がみえてくる。それは織田氏一族一揆の、事実上の中心人物というものである。

信秀の病

信秀は新たに古渡城《ふるわたりじょう》（愛知県名古屋市）を築いて本拠を移し、嫡男吉法師（信長）に那古野城を譲った。その際、林秀貞《はやしひでさだ》・平手政秀らを信長付きの家老と定めたという。信長元服は十三歳で、古渡城で行われたというから（『信長公記』）、天文十五年（一五四六）のこととなる。

天文十六年十一月、斎藤道三は信秀が美濃に確保していた橋頭堡大垣城《きょうとうほおおがきじょう》（岐阜県大垣市）を攻撃したとされる（『信長公記』首巻）。娘婿土岐頼充病死は同月十七日だから、この時期の出兵は考えにくい。おそらく翌十七年のことだろう。実際に信秀が反撃に出たのは天文十七年八月で、兄の死に不信感を抱いた土岐頼香の挙兵に呼応した可能性が近年指摘されている。ところが、尾張で想定外の出来事が起きた。主家である織田達勝が道三に呼応し、古渡城下を焼き討ちし、那古野城も攻撃したのである。さらに道三は三河の松平広忠を動かし、東からも信秀を圧迫した。信秀は美濃で大敗を喫し、土岐頼香も道三に殺害された。窮地に追い込まれた信秀は、翌天文十八年、信長の妻に道三の娘を迎え、斎藤氏と同盟を結んだ。主家織田達勝との和睦交渉は天文十七年末に始められたようだが、翌十八年秋にようやく成立する。この間、信秀は尾張に釘付けにされ、大垣城は斎藤氏に奪還されたようだ。

信長の主体的活動は、天文十八年四月頃に確認できる。文書発給開始は同年十一月で、この時信秀は弾正忠から備後守《びんごのかみ》に改称している。いずれも家督交代を示唆するが、信長は天文十八年時点では十六歳に過ぎない。実権が信秀にあるとはいえ、やや早い家督相続である。信秀は織田達勝勢に焼き討ちされた古渡城を破却し、次男信勝《のぶかつ》とともに末盛城《すえもりじょう》（愛知県名古屋市）に移った。

おそらく、天文十七年八月に始まる主家織田達勝との抗争は、想像以上の痛手であったのではないか。信秀は、織田氏一族一揆の中心人物であったが、あくまで清須織田氏の一門筆頭として尾張勢を率いていたと思われる。『信長公記』によれば、道三との姻戚関係構築、織田達勝との和睦、いずれも平手政秀が差配している。勝幡織田氏の対外交渉は平手政秀が担当してきたという経緯はあるが、この時点の政秀は、信長付きの家老となっている点に注意したい。

軍事的・政治的打撃を蒙った信秀は、早期の隠居を考慮し、信長付き家老の平手政秀に交渉を任せたのではないか。家督交代は年末に行われることが多いから（正月儀礼で披露）、天文十七年十二月に隠居した可能性を指摘しておく。織田達勝との和睦交渉の開始時期であり、和睦条件のひとつだったのかもしれない。なお翌天文十八年四月には、信秀の出家を確認できる。

この点を三河情勢から考えたい。信秀は天文九年に三河攻めを行い、松平氏の拠点安城城を攻撃した。天文十六年には今川氏と結んで安城城を攻略し、岡崎松平広忠を服属させている。広忠は嫡男竹千代を人質として信秀に差し出した。信秀の勢力は三河南西部に及んだが、十月までに松平広忠は今川氏に帰属した。天文十七年三月、信秀は北条氏康に対し今川氏挟撃を呼びかけるが、すでに和睦済みと拒絶された。織田勢のみでの三河侵攻は、同年三月十九日の小豆坂合戦で今川勢に阻まれてしまう。信秀は安城城に庶長子織田信広を配置して帰国したが、八月には松平広忠の尾張侵攻を招く。

その安城城に今川勢が攻め寄せたのは、天文十八年六月頃である。ところが信秀が援軍として出陣した形跡はなく、十一月に安城城は落城し、信広は捕らえられてしまった。信広は松平竹千代との交換の形で帰国するが、これは松平広忠の今川氏服属を認め、三河からの撤兵を宣言したに等しい。どうも信秀は、すでに重病に冒されていたらしい。その結果が、若年の信長への家督譲渡と、庶長子信広への援軍断念であったのだ。

翌天文十九年になると、信秀・信長父子をめぐる情勢はさらに苦しくなる。同年正月、岩倉織田氏一門の織田宗伝《そうでん》（犬山城主）らが、勝幡織田氏領に侵攻した。信秀は軍勢を派遣して迎撃したが、実質的主力は実弟織田信光《のぶみつ》（守山城主）であった。

今川勢の尾張侵攻と信秀の死去

以後、主戦場は尾張南部知多郡に移る。同郡は、もともと三河守護一色氏が知行権を有していた。その後、幕府御料所となり、政所執事伊勢貞宗が知行していたことはすでに述べた。そのもとで、両氏の被官が国衆化していく。

知多郡においては、大野佐治氏と緒川水野氏《おがわみずのし》が二大勢力であり、三河の田原戸田氏の分家である幡《は》豆《ず》戸田氏が知多半島南端の幡豆崎を佐治氏と協同統治していた。水野氏は、三河刈谷・尾張常滑《とこなめ》・大《おお》高《だか》などに一族を配した。佐治氏は、早くから織田氏に従っており、佐治信方《さじのぶかた》は、のちに信秀の娘於犬を正室に迎えることとなる。

水野氏の動静は複雑である。従来、水野諸家は水野忠政《ただまさ》（松平元康生母於大《おだい》の父）が掌握したとされてきた。しかし忠政の実名は妙茂《ただもと》としか確認できず、その動静を伝える史料も少ない。水野妙茂とその子息である信元《のぶもと》は、庶流家出身で緒川・刈谷両水野氏の正式な当主ではなかったと思われる。詳細は省くが、妙茂・信元父子は、緒川・刈谷両水野氏の当主が早逝した結果、一時的に家督を預かる名代として動いていたようだ。有力庶家の常滑水野氏は、大永六年（一五二六）に初代一覚斎《いっかくさい》が管領細《ほそ》川高国《かわたかくに》の上洛要請に応じて参陣したほか、二代守尚《もりひさ》も連歌や蹴鞠《けまり》を好んで幾度か上洛をしている。外交面でも独自行動を取ることが多く、早くから今川氏に従っていた。

緒川水野妙茂・刈谷水野守忠《もりただ》が死去した後の天文十九年五月、今川勢が尾張に侵攻した。刈谷水野清近《きよちか》は本拠を逐われ、愛知郡鳴海城《なるみじょう》（愛知県名古屋市）の山口教継《やまぐちのりつぐ》は今川氏に寝返った。教継の調略で、大高城（同前）・沓掛城《くつかけじょう》（同豊明市）も今川方の手に落ちた。常滑水野守尚はもともと親今川派だから、尾張南部二郡に今川氏の勢力が浸透したといえる。これに懸念を示したのが、十三代将軍足利義輝《あしかがよしてる》であった。義輝は、近江亡命中の土岐頼芸帰国を諦めておらず、斎藤道三説得のために織田信秀を動かそうと考えていたからだ。義輝と六角定頼の働きかけもあり、今川勢は十二月には撤兵した。しかし翌天文二十年になっても、信長は和睦交渉を無視して離叛した尾張衆への攻撃を止めなかった。信秀の働きかけで義元から居城を返還された刈谷水野清近も同様である。なお緒川水野信近《のぶちか》は討死したものか、姿を消す。幼少の嫡男元茂《もとしげ》（信正《のぶまさ》）に代わり、信近の実兄信元が家督を代行して「緒川御城殿様」と呼ばれている。

信秀の病状は重く、今川氏との和睦交渉を岩倉織田氏の分家織田寛近（小口城主）に委ねていた。十二月、今川義元は織田方に改めて和睦遵守を求めたが、ひとり信長のみがそれに反対していた。信長は自身を頼ってきた尾張衆支援を優先したのである。

天文二十一年三月三日、織田信秀は末盛城で死去した。享年は四十二である。

5 松平氏の盛衰

永正三河大乱と松平信忠失脚

尾張情勢と密接に関わる西三河では、松平氏が勢力を拡大しつつあった。俗に十八松平と呼ばれる諸家の多くは、初代を嫡流家当主松平信光《のぶみつ》の子息とする。しかしこれは江戸時代成立の系図に基づくもので、鵜呑みにはできない。何しろ江戸幕府が編纂させた『寛永諸家系図伝《かんえいしょかけいずでん》』には「此外信光の子多し、およそ男女四十余人」とまで記されているほどだ。通説によれば、惣領家は信光の嫡男親長《ちかなが》の岩津松平氏で、室町幕府政所執事伊勢氏に仕えて、在京奉公をしていた。徳川家康を輩出することになる安城（安祥）松平氏はその四男で、初代親忠《ちかただ》が留守を預かっていたことで勢力を伸ばしたという。親忠の子息から始まるとされる庶流家も少なくない。

ここでは近年の研究を踏まえ、系譜関係を白紙で考えたい。岩津松平氏が伊勢氏に仕えていたことは間違いない。しかし大給《おぎゅう》松平乗元《のりもと》も、長享元年（一四八七）には、伊勢氏被官として在京奉公をしている。この両家は、対等の別家とみねばならない。そもそも松平氏の苗字の地である松平郷（愛知県豊田市）は大給松平氏の勢力圏に近接し、岩津松平領とは隔たっている。つまり岩津松平氏は安城松平氏からすれば惣領家なのだろうが、松平氏全体の嫡流家とは考えにくいのだ。岩津松平氏は、大給領細川郷（同岡崎市）に進出するなど、早くから対立関係にあった。大草《おおくさ》松平氏も、西郷《さいごうし》氏と結んで独自に岡崎へ進出しており、岩津松平氏とは別系統とみたほうがよさそうだ。さしあたり、岩津・大給・大草の三系統が有力な家として併存していたとみておく。

安城松平親忠は、文明七年（一四七五）に大樹寺《だいじゅじ》（同前）を建立し、文亀元年（一五〇一）の死去時には同寺において一族一揆契状《けいじょう》が作成された。この一揆契状の署判者には、安城・大給一門の姿はなく、岩津一門・大草一門が中心である。松平親忠の位牌所である大樹寺を警固するという内容から、安城松平氏の台頭を示すものとされてきた。しかしこの時点の大樹寺は親忠個人の位牌所に過ぎない。大樹寺じたい、岩津と岡崎（大草松平領）の中間に位置し、安城からは距離がある。親忠の嫡男長忠《ながただ》が、付近を実効支配している岩津・大草両一門に要請し、大樹寺に対する違乱行為を禁止してもらったと

19—松平氏略系図

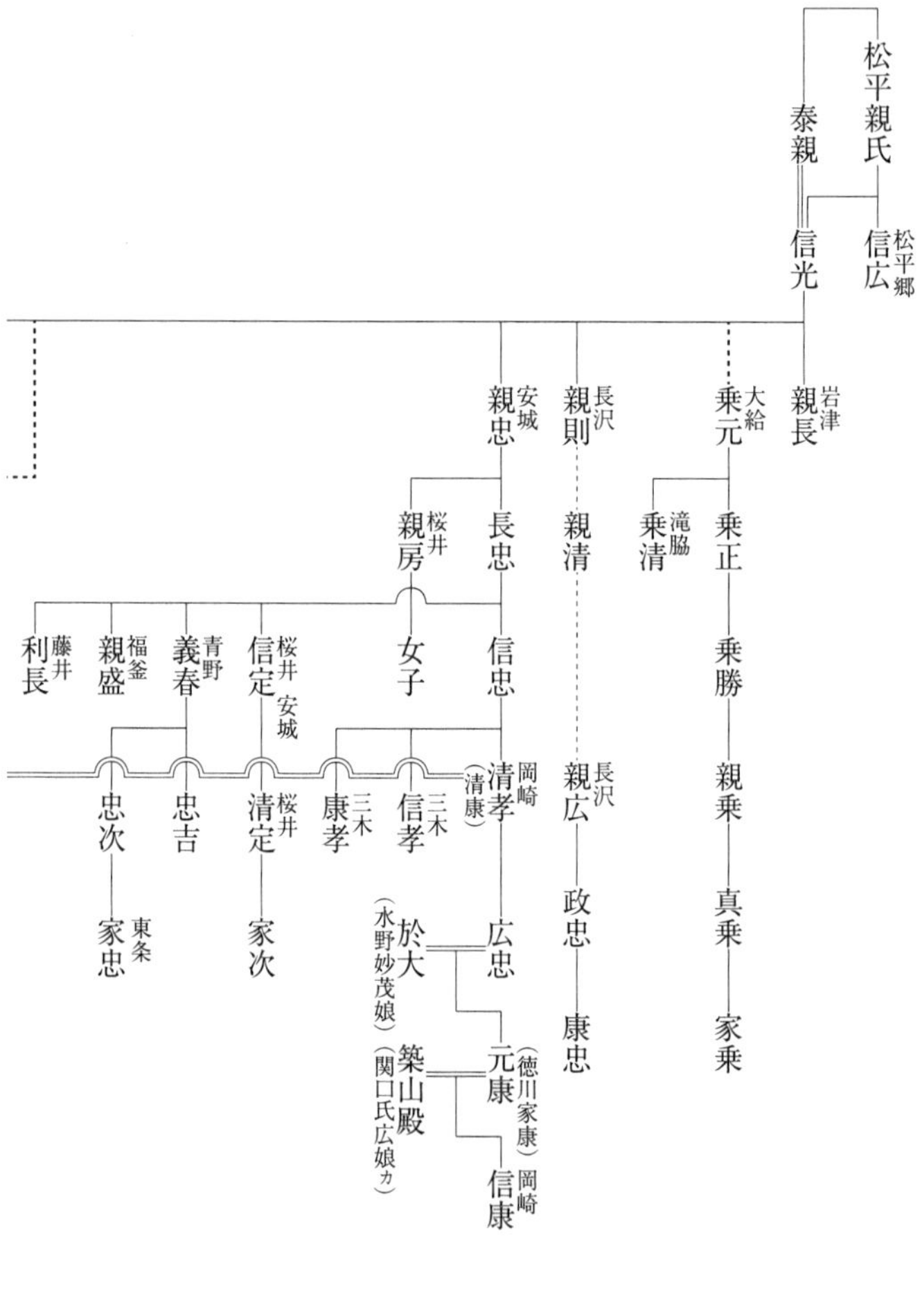
松平親氏
泰親
松平郷
信広
信光
岩津
親長
大給
乗元
長沢
親則
安城
親忠
乗正
滝脇
乗清
親清
長忠
桜井
親房
乗勝
信忠
女子
桜井
信定
安城
青野
義春
福釜
親盛
藤井
利長
親乗
長沢
親広
岡崎
清孝
（清康）
三木
信孝
三木
康孝
桜井
清定
忠吉
忠次
真乗
政忠
広忠
於大
（水野妙茂娘）
家次
東条
家忠
家乗
康忠
元康
（徳川家康）
築山殿
（関口氏広娘カ）
岡崎
信康

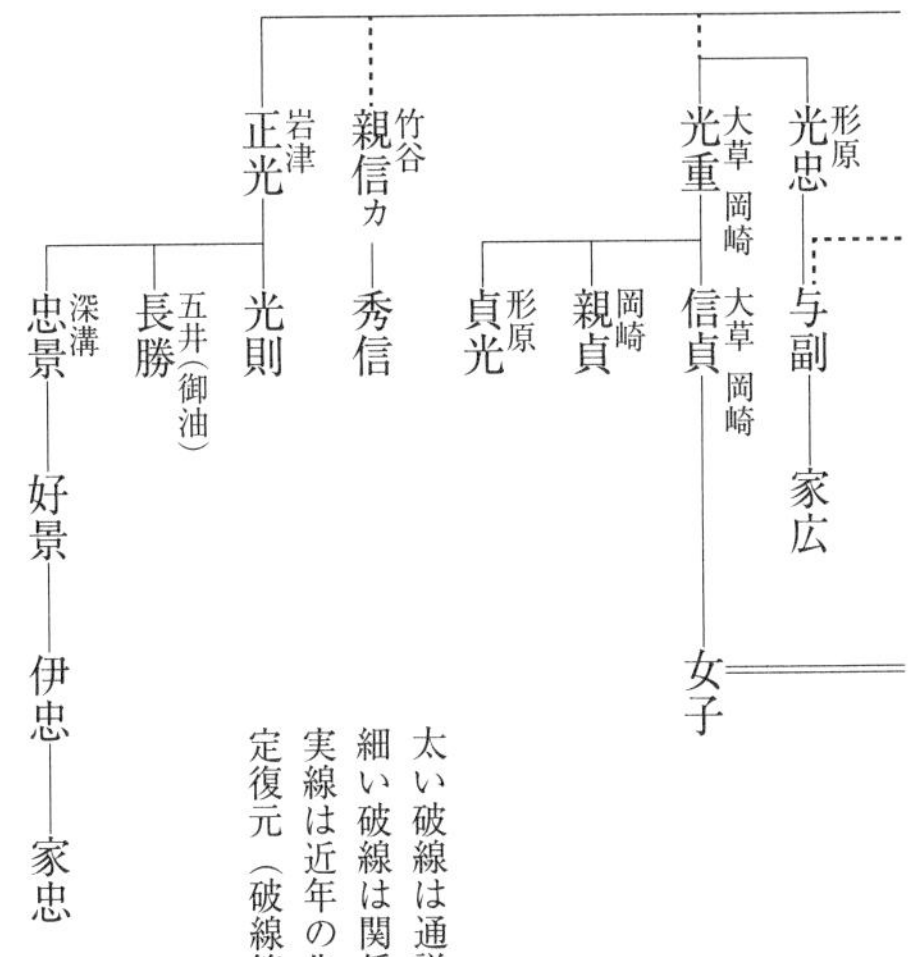

太い破線は通説的見解、
細い破線は関係未詳を示す。
実線は近年の先行研究を踏まえた推定復元（破線箇所は繋がらない）。

いう見解に従いたい。つまりこの時点の安城松平氏を、台頭した存在とは評価できない。

松平長忠の代の永正三年（一五〇六）、今川氏が東三河に侵攻し、同五年には西三河侵攻がなされ、岩津松平氏が滅ぼされた（永正三河大乱）。この時、今川氏親は三河国衆奥平定昌に岩津領細川を確保し、矢《や》作川《はぎがわ》を越えた先の上野城《うえのじょう》（同豊川市）進軍を可能にするよう命じている。岩津・安城両松平氏の分断を狙ったもので、その実行には大給松平領通過が不可欠であった。また、伊勢宗瑞率いる今川

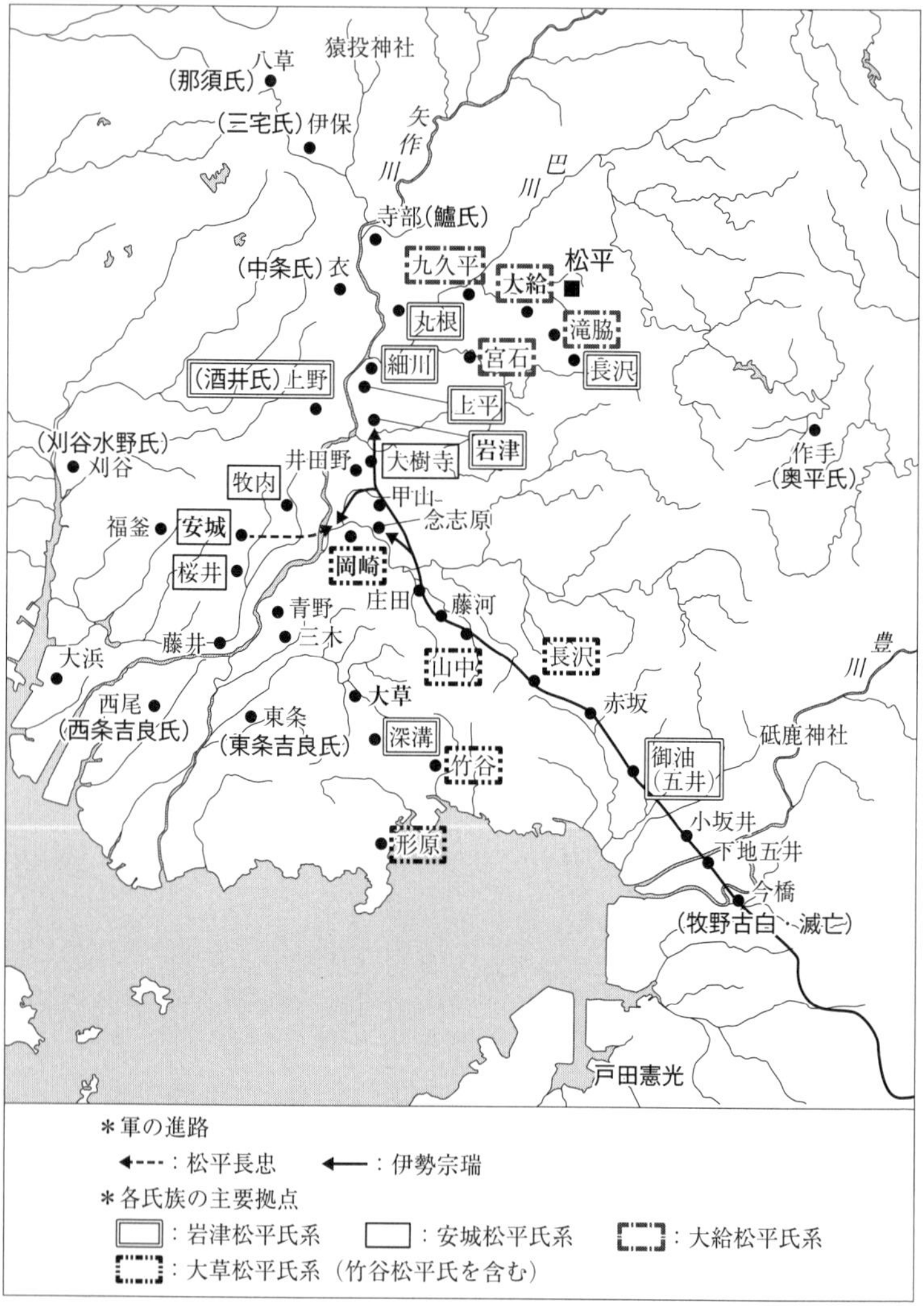

20—永正三河大乱関係地図（安城市歴史博物館編『徳川家康の源流　安城松平一族』〈2009 年〉より転載・加筆）

勢の進軍経路には大草松平一門の所領が含まれているが、岡崎城を早々に今川勢に明け渡すなど、抵抗した様子がない。大草松平領の西に位置する吉良氏が、今川氏についたことも影響していよう。つまり大給・大草一門は、今川氏に従ったのである。松平長忠が矢作川を越えて迎撃したため、宗瑞は撤退したとされるが（『三河物語《みかわものがたり》』）、それ程度の支援しか行えなかったのが実情であった。

永正三河大乱の後、家督を相続したのが長忠の嫡男信忠である。信忠は『三河物語』などにおいて、暗愚で慈悲の心もなく、家臣は離叛していったと酷評されるが、事実ではない。隠居した父長忠（道閱）とともに、大乱直後の安城松平氏勢力の維持に成功している。特に寺社修造に積極的で、大永七年（一五二七）には、「松平一党之氏神」である加茂《かも》郡六所神社《ろくしょじんじゃ》を父とともに再興している。この時、出家号祐泉を称しているから、嫡男清孝（清康）に家督を譲っていたと思われるが、実権はあくまで信忠にあった。

その信忠が、酷評されたのはなぜだろうか。『松平氏由緒書《ゆいしょがき》』は、親類・一門の遺跡を強引に近親に継がせたことを批判している。実際、姉妹が嫁いだ三木氏の本領を末子康孝《やすたか》に宛行《あてが》うなど、信忠は安城松平氏の勢力拡大に熱心であった。

もともと安城松平氏は、岩津松平氏を中心とする一族一揆の一員であった。ただ一揆というものは、実際に全員が対等なわけはなく、どうしても有力者がでる。その有力者側が、あくまで対等であるという政治的フィクションを作ることで、一揆の維持は可能となるのだ。信忠は岩津松平氏滅亡に対処するため、その旧領を確保して、安城松平氏の勢力維持を目指したものと思われる。大給・大草（岡崎）両松平氏の勢力拡大も懸念したのだろう。しかしその行動は、滅亡した岩津松平氏に代わろうとする動きともみえる。それが一族一揆崩壊につながると受け止められ、反発を招いたのではないか。

永正十七年頃、東三河八幡八幡宮《やわたはちまんぐう》に奉加帳《ほうがちょう》が納められた。同地の今橋を拠点とする国衆牧野氏を支援する形で、松平一門と刈谷水野氏も参加している。ところが、安城松平一門の筆頭は、信忠の弟信定《のぶさだ》（桜井《さくらい》松平氏）で、当主信忠の名がない。どうも一門からの反発で基盤の揺らいだ信忠に代わり、父長忠が信定を家督に据えたようなのだ。

この年は、尾張の織田信秀が三河に侵攻した年でもある。続く大永二年には、安城松平氏と大草松平氏の軍勢が衝突した。一連の戦争を指揮したのは、松平信定とみられている。大永四年に安城城で連歌師宗長をもてなしたのも、信定であった。また信定は、大永三年までに織田達勝から尾張守山に居館を与えられた。正室は、織田信秀の妹と伝わる。信定は、織田勢侵攻を利用して安城松平氏の実権を握ったわけだ。

霧の中の松平清康と守山崩れ

徳川氏の歴史を記す諸書においては、大永三年（一五二三）に信忠が家臣の反発で隠居させられ、嫡男清康が家督を継いだとされる。しかしながら、この時点で安城松平氏の当主として振る舞っていたのは、叔父桜井松平信定であった。

そもそも、実名清康すら疑問の声が出ている。清康と署名した文書は、検討を要するものが多く、確実な実名は清孝である。信忠の子息三人は清孝・信孝・康孝で、「孝」の字が共通しているが、安城松平氏の通字「忠」は含まれていない。二十五歳で早逝するとはいえ、生涯を次郎三郎で通し、官途受領名を称していない点も気にかかる。

大永二年、大草松平氏に対する戦勝後に、奉加帳が作成された。清孝（いわゆる清康）の奉納額は、祖父長忠・父信忠と同じ二千貫文（約二億円）で、信定の千貫文を凌駕する。ところが、長忠に始まる奉加帳において、「次郎三郎清孝」の名は、安城松平氏一門と大きく離れ、末尾に近い位置に記される。清孝が一門から疎外され、低い序列に甘んじつつも、高額の奉加により形勢挽回を図っている姿が浮かび上がる。

この時期の清孝の居城は山中城《やまなかじょう》（医《い》王山《おうぜん》、愛知県岡崎市）と考えられており、清孝に次いで奉加している「松田次郎光勝」「医王　上《かみ》」が舅と正室とみられる。同地は安城松平氏と対立する大草松平氏の勢力圏だから、清孝を山中城主として配置し、安城松平氏有利の和睦が結ばれたのだろう。清孝は、叔父信定に従う立場であった。そして大永七年までに、大草（岡崎）松平信貞の娘を妻とし、岡崎城に入った。これも安城松平信定による、大草松平氏への攻勢の結果とみられている。清孝は大草松平氏の家督を継承し、新たな分家岡崎家松平氏当主となった。『三河物語』は清孝について、三河一国を平定するような活躍をみせたと強調しつつ、信定の専横で家臣への知行宛行もままならなかったという矛盾した記述をしている。明らかに徳川家康の祖父への配慮であり、偶像化とみるべきだろう。

清孝の岡崎入城で、安城松平信定は、大草松平氏を服属させた形となった。大草松平氏の事実上の没落をみて、緒川水野妙茂は正室である大草松平信貞の娘を離縁し、吉良氏被官大河内《おおこうち》元綱《もとつな》娘と再婚する。嫡男水野信元の正室には松平信定の娘を迎え、安城松平氏との同盟関係を強固なものとした。

清孝は天文三年（一五三四）に加茂郡を攻撃して同地の猿投神社《さなげじんじゃ》を焼き払い、翌四年四月、安城松平氏菩提寺大樹寺の多宝塔《たほうとう》を建立した。心柱の銘文写に「世良田《せらだ》次郎三郎清康安城四代岡崎殿」とその名がみえる。確実な実名清康の使用例だが、安城四代というのは事実に反し、信定に対抗するための政治主張といえる。また松平氏の本姓は賀茂《かもし》氏で、源姓世良田氏（新田《にった》氏庶流）の子孫を称するのは、孫の元康が今川氏から独立して以降である点も気に掛かる。多宝塔の建立を否定するものではないが、銘文写は原文通りではないのではないか。そうなると、清康を名乗った事例は消滅する。いっぽうで、のちに広忠が発給した文書から、清孝が岡崎だけでなく、東三河宇利《うり》の富賀寺《ふかじ》（愛知県新城市）に「馬領」寄進を行っていることなども指摘されている。

天文四年十二月五日、清孝は尾張守山城へ進軍した。同城は、織田信秀の義弟である安城松平信定の尾張における居城である。当時、織田達定・信秀主従と、織田藤左衛門尉が対立しており、その和睦仲介が目的とみられている。問題は清孝の立場で、松平信定の命で動いていたとみるべきだろう。そうでなければ、居城への進軍を許すはずがない。清孝は分家岡崎松平氏の当主に過ぎず、信定に圧力をかけられる状況にはない。

ところが思わぬ誤解から、清孝は重臣阿部《あべ》大蔵《おおくら》の嫡男弥七郎に殺害されてしまう。いわゆる守山崩れである。大蔵は清孝の遺児千松丸（広忠）を連れ、伊勢に出奔した。同地には西三河の有力者である東条吉良持広《とうじようきらもちひろ》の所領があり、そこで保護されたものとみられる。吉良氏は、足利将軍家御一家で、三河および遠江に所領を有していた。しかし吉良氏宗家（西条吉良氏）が在京奉公を続ける間に、三河において東条吉良氏が別家を興し、西条吉良氏の所領を押領した。以後、両氏は所領争いを展開していた。実名を素直にみれば、清孝は東条吉良持清《もちきよ》から、広忠はその子持広から偏諱を受けた可能性が高い。やはり清孝の勢力は、過大評価できない。

大混乱に陥った清孝の家臣団は、松平信定を岡崎城に迎え入れた。ここに信定は、清孝の岡崎領も併呑し、安城松平氏家督の座を確固たるものとしたのである。

松平広忠の復権と横死

幼君を抱いた阿部大蔵は、伊勢から東三河に入り、吉良氏に支援を要請したようだ。それが実ったのは天文六年（一五三七）のことで、広忠の叔父信孝の支援により、岡崎城に復帰した。織田方についた松平信定は没落し、天文七年ないし八年に死去する。今度は松平広忠のもと、岡崎・安城両松平氏が一本化されたといえる。織田信秀は事態を座視せず、天文九年に安城城を攻撃した。松平広忠は撃退に成功したが、かなりの戦死者を出したようだ。緒川水野妙茂の娘於大が、広忠に嫁いだのはこの頃で、叔父信孝の差配によるとみられている。嫡男竹千代は、天文十一年十二月の誕生である。織田方の水野妙茂と姻戚関係を結ぶことで、信秀との停戦を狙ったものとおぼしい。

しかし天文十一年正月に政変が起こる。問題は、今川氏との外交であった。もともと安城松平氏・緒川水野氏は、東三河の牧野氏を支援していた。松平信孝は水野氏の使僧を伴い、長沢松平領割譲を条件に、牛久保に追いやられた牧野氏支援を求めたようだ。しかしこれは広忠周辺から反発を生んだ。信孝は追放され、広忠は於大を離縁して、田原戸田宗光の娘を新たな正室に迎えた。これが、今川・織田両氏の侵攻を呼んでしまう。

天文十六年、安城城は織田信秀に攻略され、岡崎城も攻撃を受けた。追放した叔父信孝が、織田氏に支援を要請した結果であるようだ。九月までに広忠は織田信秀に降伏し、嫡男竹千代を人質として織田氏に送った。しかし、今川勢の圧力も強く、十月頃に広忠は今川氏に去就を変える。以後、今川・織田両氏が三河で争うこととなる。

翌天文十七年三月十九日の小豆坂合戦で、太原崇孚率いる今川勢が織田勢を打ち破り、三河に対する影響力を大幅に削いだ。この合戦に広忠自身が参加した徴証はないが、八月に斎藤道三の要請を受け、尾張に出兵している。ところが翌天文十八年三月六日、二十四歳で急逝した。暗殺説もあるが、病死とみておく。今川氏は同年十一月に安城城を攻略し、信秀の庶長子信広を捕虜とした。信広との人質交換という形で、竹千代は松平氏当主待遇で駿府に出仕することとなる。

四　甲駿相三国同盟の成立と長尾景虎

1　武田晴信のクーデター

武田信虎追放

天文《てんぶん》六年（一五三七）に今川義元《いまがわよしもと》との同盟を成立させた武田信虎《たけだのぶとら》だが、同年中に扇《おうぎが》谷上杉朝興《やつうえすぎともおき》が死去し、その居城河越城《かわごえじょう》は北条氏綱《ほうじょううじつな》に攻略された。翌天文七年には第一次国府台《こうのだい》合戦（千葉県市川市）で、小弓公方足利義明《おゆみくぼうあしかがよしあき》が滅亡する。信虎が朝興とともに築いた北条包囲網は早くも綻びをみせ、北条氏綱の甲斐《かい》侵攻は繰り返されることとなる。

北条氏綱との関係悪化を避けたい信虎は、信濃佐久《しなのさく》郡に眼を向けた。天文九年、信虎は再度佐久郡に出陣し、圧勝した。一日で城を三十六も落としたというから、軍事圧力でほとんどの城が自落《じらく》（自発的な開城や逃亡）をしたのだろう。ここに信虎は、初めてまとまった領地を国外に得た。同年十一月には、娘の禰々《ねね》を諏方頼重《すわよりしげ》に嫁がせ、諏方氏との同盟を盤石化し、その後北信濃の雄である村上義清《むらかみよしきよ》とも提携した。

天文十年五月、信虎は諏方頼重・村上義清とともに信濃小県《ちいさがた》郡に侵攻した。嫡男晴信《はるのぶ》も同陣し、小県郡に展開していた滋野《しげの》一族の惣領海野棟綱《うんのむねつな》に大勝したのである（海野平の合戦、長野県上田市）。棟綱は、娘婿真田幸綱《さなだゆきつな》とともに山内上杉憲政《やまのうちうえすぎのりまさ》を頼って上野に亡命した。東信濃佐久・小県両郡は、歴史的に上野《こうずけ》との関わりが深い。山内上杉氏を頼ったのはそうした理由に基づく。

一連の信濃攻めは、初めてといえる対外戦争の本格的成功である。六月四日に帰国した信虎は上機嫌であったのだろう。十四日、娘婿の今川義元を訪ねるため、秘かに甲府を出立した。ところが二日後の六月十六日、嫡男晴信が、武田氏直属の足軽を派遣して甲駿国境を封鎖してしまう。翌十七日、躑躅ヶ《つつじが》崎館《さきやかた》主殿で信虎追放を発表し、二十八日に家督相続の儀式を行った。晴信は側近駒井《こまい》高白斎《こうはくさい》にも相談しておらず、電撃的クーデターといえる。

晴信はその後、今川義元と善後策を協議した。一部の側室は駿河《するが》に赴いたが、正室瑞雲院殿《ずいうんいんでん》（大井夫人）は甲府残留を選んだ。信虎の生活費は、武田氏が支出することが決まった。ただし義元も、信虎に知行地《ちぎょうち》を与えている。

21—武田信玄画像（伝吉良頼康像、浄真寺所蔵）　複数伝わる写の注記から、本画像は高野山成慶院にあった信玄像の写で、原本は実弟信廉の筆と思われる。

駿府《すんぷ》で食客となった信虎は、復権を諦めてはいなかった。側室内藤氏《ないとうし》が連れてきた子息信友《のぶとも》に左《さ》京亮《きょうのすけ》を名乗らせたのは、晴信の最初の官職左京大夫《さきょうのだいぶ》への対抗である。また信友の子息信《のぶ》堯《たか》は、晴信と同じ幼名勝千代を称している。信友・信堯父子を自身の後継者として、甲斐帰国を目指していたのだろう。しかし娘（義元室定《じょう》恵院殿《けいいんでん》）の死後、弘治《こうじ》元年（一五五五）頃に上洛し、十三代将軍足利義輝《あしかがよしてる》に仕えることとなる。

支持された追放劇

戦国期編纂の年代記は、こぞって信虎追放を讃えている。信虎は「平生悪逆無道」と批判され、晴信は「万民救済のために」挙兵し、僧俗男女はみな喜んだという（『塩山向嶽禅庵小年代記《えんざんこうがくぜんあんしょうねんだいき》』『勝山記《かつやまき》』『普賢寺王代記《ふげんじおうだいき》』など）。外交関係を安定させ、国外出兵でも成果を出した直後の追放劇なのに、どうして晴信は支持されたのだろう。

背景にあったのは天文八年（一五三九）からの不作と、天文九年の極端な気候不順であった。天文九年は五月・六月に大雨が降り、八月十一日には巨大台風が甲斐を直撃した。この結果天文十年春の甲斐の民衆は、飢饉にあえいでいた。『勝山記』はその様子を、「この年の春は餓死が酷く、人馬ともに死んだものは限りなかった。百年の内にもないことで、千死に一生を得た（生き延びた）と人々は言っている」と記す。百年に一回クラスの大飢饉――そのなかの信濃出陣強行は、甲斐の人々にとって苦痛でしかなかった。『勝山記』は、膨大な餓死者が出たのは春、つまり旧暦の一月から三月と記す。ただでさえ前年の収穫物を食べ尽くし、餓死者が出やすい端境期である。夏の小麦収穫でようやく生き延びる状況にあったため、中世社会では小麦は非課税のことが多かった。信虎の小県郡出兵は五月の小麦収穫時期だが、膨大な餓死者を放置した出陣に、怨嗟の声は高まっていたのである。

中世の人々は、天災や飢饉の発生を、為政者の不徳の結果と考えた。そのため「ものごとを有るべき姿に戻す」というスローガンで行われる政治改革、「徳政」が求められた。①寺社復興、②裁判制度改革、③債務破棄の三本柱からなるが、鎌倉幕府の永仁《えいにん》の徳政令以来、債務破棄が中心となる。そして徳政実施のタイミングのひとつが、政権交代時の代替わり徳政であった。晴信は信虎追放による政権交代を実現することで、不作に起因する飢餓と借金に苦しむ人々に対し、徳政令を出す姿勢を示したのである。これこそが、晴信が人心収攬《しゅうらん》に成功した理由とみて、間違いなかろう。

諏方頼重の滅亡

武田氏で突如勃発したクーデターに、勇躍したのが上野に亡命していた海野棟綱である。山内上杉憲政《やまのうちうえすぎのりまさ》も、武田氏は御家騒動で当分身動きが取れないと踏んだ。滋野一族を帰還させるべく、手始めに約三千の軍勢を佐久郡に動かすことになる。ところが、諏方頼重が単独で迎撃に出た。抵抗を予想していなかった山内上杉勢は、あっさり退却し、海野棟綱の信濃復帰の夢は潰えた。勢いに乗る諏方頼重は、佐久郡蘆田《あした》郷を蹴散らし、蘆田依田《よだし》氏を服属させたうえで、人質として子息を連れ帰った。しかし武田・村上両氏への連絡なしで領国拡大を図った点に、上社神長官守矢頼真《もりやよりざね》は記録の余白に懸念を書き記している。

天文十一年（一五四二）四月四日、諏方頼重と禰々の間に嫡男寅王が誕生した（一一三頁系図参照）。六月十一日にお宮参りを済ませ、喜びに包まれていた諏方氏を余所に、武田晴信は諏方氏の分家高遠《たかとお》諏方頼継《すわよりつぐ》・諏方大社上社禰宜大夫矢島満清《すわたいしやねぎだいふやじまみつきよ》および下社とともに、諏方領侵攻の計画を立てていた。

武田・高遠勢の侵攻は六月二十四日のことである。頼重は義兄の裏切りを信じられず、手勢を集めることすらままならなかった。本拠上原城《うえはらじょう》（長野県茅野市）から桑原城《くわはらじょう》（同諏訪市）へ撤退して反撃をはかろうとしたが、みずから物見に出たことを逃亡と誤解され、将兵は離散してしまう。頼重は武田氏からの降伏勧告に、高遠頼継切腹を条件に応じたが、実施されることはなかった。甲府送還後の七月二十日夜、頼重と弟の上社大祝頼高《おおはふりよりたか》は、甲府東光寺《とうこうじ》で切腹した。

頼重切腹により、諏方氏旧領は武田氏と高遠諏方氏に二分された。これに諏方氏惣領職継承を目論んでいた高遠頼継が不満を抱き、挙兵した。おりしも、頼重と妹禰々の間に生まれた千代宮（寅王から改名させられた）の諏方氏継承が話し合われていたこともあり、反発した諏方衆は、千代宮を奉じて出陣した晴信に従った。頼継は大敗し、諏方郡全体が武田領となる。武田勢はそのまま頼継の本拠高遠を攻略し、上伊那《かみいな》郡に勢力を延ばした。

大祝には、頼重の従兄弟にあたる伊勢宮丸（頼忠《よりただ》）が七歳で選ばれ、天正《てんしょう》六年（一五七八）まで在任する。しかし兄に夫を殺された禰々は心痛からか、天文十二年に十六歳で他界した。一方晴信は、頼重と麻績《おみ》氏の間に生まれた女子（乾福寺殿《けんぷくじでん》）を側室に迎える。天文十四年、頼重の叔父諏方満隆《みつたか》の謀叛が鎮定されている。千代宮は出家して長岌《ちょうきゅう》と号したという所伝があり、諏方氏相続という取り決めを破られたことに不満を抱いたのだろう。

第二次河東一乱

晴信がクーデターを起こした天文十年（一五四一）は、七月に北条氏綱が死去して氏康《うじやす》が家督を継ぎ、対立二ヶ国で政権交代が起きた。天文十三年正月から、武田氏の従属国衆《くにしゅう》小山田《おやまだ》信有《のぶあり》の居館谷村《やむら》で和睦交渉が始まり、同年中に甲相《こうそう》同盟が成立したようであ

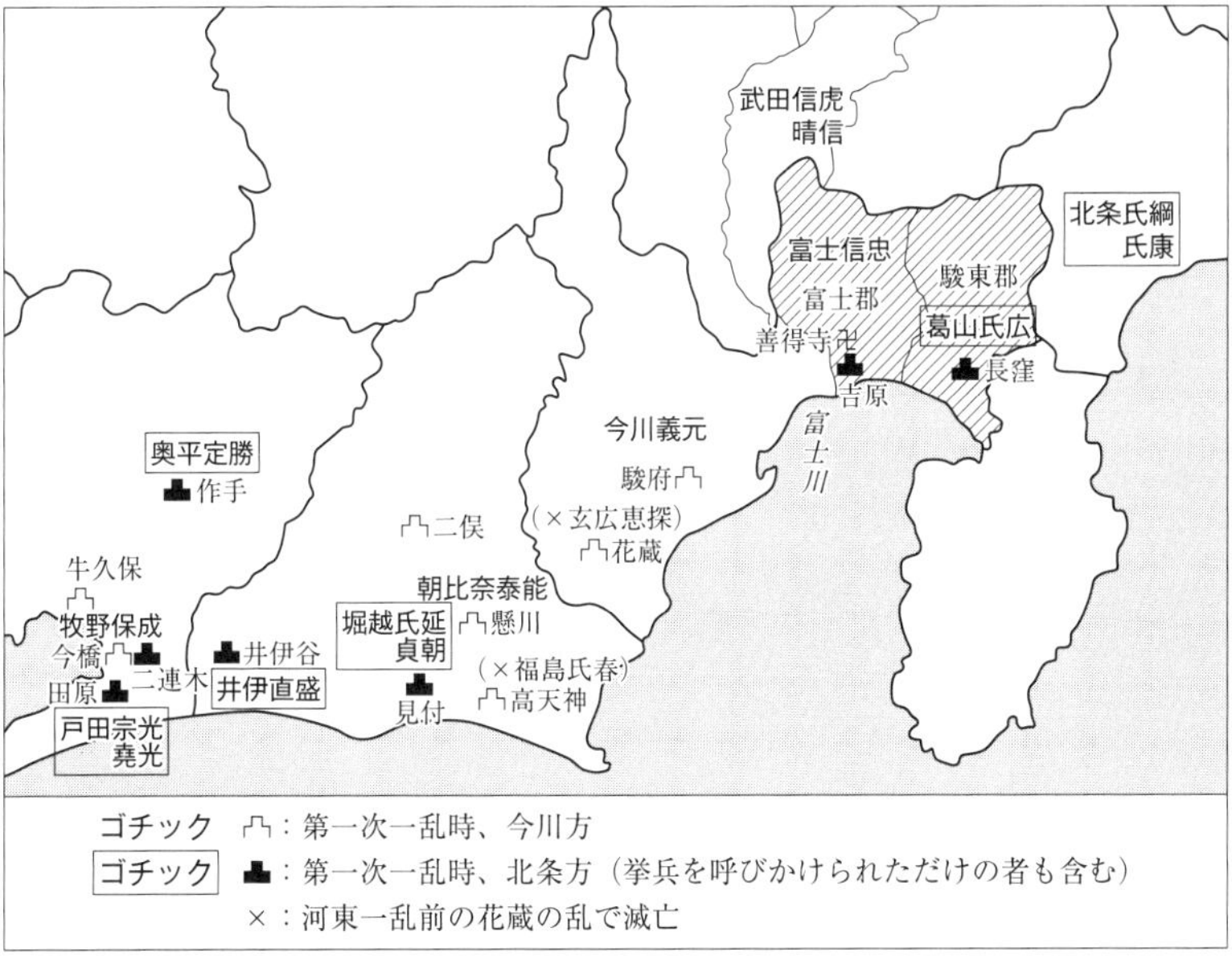

22—第一次・第二次河東一乱関係地図（富士郡・駿東郡が「河東二郡」）

る。翌年に行われた上伊那郡福与城《ふくよじょう》攻めでは、今川氏だけでなく、北条氏も援軍を派遣している。

甲相同盟成立は、駿河東部を北条氏に占領されている今川義元にとって看過できない。この頃十二代将軍足利義晴《あしかがよしはる》は、義兄近衛稙家《このえたねいえ》・聖護院道増《しょうごいんどうぞう》らに、今川・北条間の和睦調停を行わせたが、失敗に終わっている。天文十四年七月、義元は河東《かとう》奪還を目指して富士川《ふじがわ》を越え、ゆかりの深い善得寺《ぜんとくじ》に入り、武田晴信に出馬を要請した。第二次河東一乱の勃発である。

義元の要請に応じて出馬した晴信は、善得寺で義元と面会したうえで、北条方の拠点富士郡吉原城《よしわらじょう》（静岡県富士市）包囲陣に加わった。しかし武田・北条間の開戦は、成立して間もない甲相同盟破棄につながる。九月、北条氏康は吉原城を放棄して伊豆三島《いずみしま》まで兵を退かせ、駿河東端の長窪城《ながくぼじょう》（同長泉町）を新たな防衛ラインと定めた。そのうえで、武田晴信に和睦調停を依頼したのである。甲相同盟維持を望む晴信は、直接義元と面会して説得したが、義元はなかなか首肯しなかった。それどころか、義元は山内上杉憲政・扇谷上杉朝定《おうぎがやつうえすぎともさだ》を動かし、扇谷上杉氏のかつての本拠武蔵《むさし》河越城を包囲させる。古河公方足利晴氏《こがくぼうあしかがはるうじ》までも、両上杉氏に加勢した。北条氏康は常陸《ひたち》の小田政治《おだまさはる》に晴氏撤兵の仲介を依頼するが、断られてしまう。

十月、晴信は長窪城引き渡しと駿東《すんとう》郡の国衆御宿《みしゆく》氏（葛山氏《かずらやまし》一門）自害を条件に、今川・北条・山内上杉間の和睦を成立させた。晴信は全大名と同盟を結んでおり、中人《ちゅうにん》にふさわしい存在であった。偶発的な小競り合いの勃発で和睦は破綻の危機に瀕するが、武田方の必死の説得と長窪城引き渡し実現により、義元もしぶしぶ和睦に応じた。ただ今川家臣には、かつての「属国」北条氏との決戦を望む者も多く、晴信は書状で説得にあたっている。

武田氏の信濃経略と二度の大敗

ところが山内上杉憲政は河越城包囲を継続し、中人として和睦調停を行った武田晴信は面目を潰される形となった。この結果、両国は同盟破棄に至る。晴信は、父同様信濃佐久郡侵攻を開始しており、天文十五年（一五四六）には内山城《うちやまじょう》（長野県佐久市）を攻略した。翌年、佐久郡最大の国衆である岩村田大井《いわむらだおおいし》氏を服属させたうえで、のちにその所領を収公している。こうした事態を踏まえ、天文十六年頃に北信濃の村上義清は上杉憲政と同盟を結ぶ。

天文十六年閏七月、晴信は佐久郡志賀城《しがじょう》（同前）攻略に乗り出した。城主笠原清繁《かさはらきよしげ》は村上氏従属国衆と思われ、また上野より姻戚関係のある高田憲頼《たかだのりより》父子が援軍として駆けつけた。武田勢は小田井原《おたいはら》合戦（同前）で山内上杉氏の援軍を打ち破り、同城を攻略して笠原氏を滅ぼした。

しかし天文十七年二月十四日、武田勢は小県郡の上田原《うえだはら》合戦（同上田市）で村上義清に大敗し、宿老《しゅくろう》板垣信方《いたがきのぶかた》・甘利虎泰《あまりとらやす》らが討ち取られた。村上義清は山内上杉氏に戦勝を報じ、信濃出兵を求めた。結果論ではあるが、上杉憲政の注意が信濃に向いてしまう事態を招く。

この間武田晴信は、信濃守護小笠原長時《おがさわらながとき》への攻勢を強めていた。父信虎のもとで任官した左京大夫を辞して大膳大夫《だいぜんのだいぶ》に任官し、のちに信濃守を兼官したのは、それが守護小笠原氏の官職であったためではないか。上田原合戦における村上方勝利の報を受け、板垣信方が郡司として統治していた諏方郡をはじめ、信濃で謀叛が相次いだほか、小笠原長時の諏方郡侵攻も呼び込む。七月十九日、晴信は塩《しお》尻峠《じりとうげ》の戦い（同塩尻市・岡谷市）で小笠原勢に勝利し、体勢を立て直した。村上義清との間では、翌十八年に今川義元の調停で休戦が実現し、佐久郡安定を図っている。

天文十九年三月、武田晴信は小笠原氏の舅で、有力国衆である仁科道外《にしなどうがい》を寝返らせ、小笠原氏の切り崩しに成功した。七月には小笠原氏の本拠筑摩《つかま》郡に侵攻し、長時は居城林城《はやしじょう》（同松本市）を放棄した。

晴信は次いで村上方の拠点である小県郡砥石城《といしじょう》（同上田市）を攻撃するが、撤退するところを追撃され、十月一日に大敗した（砥石崩れ）。しかし翌天文二十年五月、上野から武田晴信を頼って亡命していた小県郡国衆真田幸綱の調略で、砥石城はあっさり落城し、真田氏は本拠松尾《まつお》（同前）に復帰する。天文二十二年四月、村上氏の有力一門である屋代政国《やしろまさくに》が武田氏に内通した。村上義清も切り崩しと圧迫に耐えられず、葛尾城《かつらおじょう》を放棄して逃亡した。

武田勢は天文二十三年に佐久郡・伊那郡に再侵攻し、下伊那郡まで平定した。これを受け、同年中に木曾《きそ》郡の木曾義康《よしやす》が服属を表明した。晴信は木曾氏を重視し、義康の嫡男義昌《よしまさ》に息女真龍院殿《しんりゅういんでん》を嫁がせることとした。この後、東美濃《みの》遠山《とおやまし》氏も服属したことは、第七章第1節で述べる。武田氏の信濃制圧は、時間の問題と思われた。

2　甲駿相三国同盟への道

河越合戦と扇谷上杉氏の滅亡

第二次河東一乱で和睦が成立した後も、山内上杉憲政は北条綱成《ほうじょうつなしげ》が守る武蔵河越城の包囲を解こうとしなかった。天文十五年（一五四六）三月、扇谷上杉氏の宿老太田《おおた》全鑑《ぜんかん》（岩付城主）が北条氏康に服属する。四月二十日、北条氏康と両上杉氏・古河公方足利晴氏の軍勢は河越城付近の砂窪《すなくぼ》（埼玉県川越市）で衝突した（河越合戦。夜戦という説は誤り）。戦いは北条氏の大勝で、扇谷上杉朝定は、宿老難波田善銀《なんばだぜんぎん》（松山城主）らとともに討死した。八月、難波田氏の居城で、朝定が身を寄せていた松山城《まつやま》（同吉見町）も北条氏に接収され、扇谷上杉氏は事実上滅亡した。

武蔵の状況は房総と連動する。第二章で述べたように、上総真里谷《かずさまりやつ》武田氏《たけだし》の内紛に際し、北条氏康は武田朝信《とものぶ》の援軍要請を受ける形で上総に軍勢を派遣した。天文十三年になると、北条・里見間の軍事衝突へと発展するが、翌年後半には和睦が成立したらしい。翌十四年九月の第二次河東一乱に際し、里見義堯《さとみよしたか》は北条氏への援軍派遣を準備したものの、真里谷武田信応《のぶまさ》の讒言《ざんげん》にあって遅延し、和睦は破れたという。氏康は河越合戦後の天文十五年九月に里見領に侵攻し、新たな本拠佐貫城《さぬきじょう》を包囲した。氏康はこの時、旧佐貫城主武田信秋《のぶあき》の嫡男義信《よしのぶ》の復権を掲げている。義信は里見義堯の娘婿だが、内紛時に里見氏に支援を要請した結果、かえって没落した人物である。里見氏は滅亡の危機に陥った。

これを好機とみたのが、上野に没落していた扇谷上杉氏旧臣太田資正《おおたすけまさ》である。資正は九月二十八日に松山城を奪取し、事態を重くみた氏康は直ちに撤兵した。翌十六年七月、下総国衆千葉利胤《しもうさちばとしたね》と、武蔵江戸衆《えどしゅう》の太田資高《すけたか》（氏康の妹聟）が相次いで死去した。境目地域の不安定化を知った里見義堯は、翌閏七月に北上総・下総に出陣し、氏康も下総に出馬する。十月、再度太田資正に好機が訪れる。北条方であった兄全鑑《ぜんかん》が死去したのである。資正は十二月に岩付・松山城を再奪取し、松山城には傍輩の上田《うえだ》朝直《ともなお》を入部させた。しかし上田朝直はすぐに北条氏に寝返って同地で従属国衆化し、翌年正月に資正自身も降伏の道を選ぶ。資正が目指した扇谷上杉氏再興は、失敗に終わった。

山内上杉憲政の没落

扇谷上杉氏滅亡後、北条氏は山内上杉氏との戦争を本格化させる。すでに氏綱の代に、武蔵を中心に各国守護代を歴任した宿老の家柄で、武蔵由井城《ゆいじょう》（東京都八王子市）を拠点としていた大石道俊《おおいしどうしゅん》・綱周《つなちか》（初名憲重《のりしげ》）父子は北条氏に服属をしていた。天文十八年（一五四九）になると、武蔵天神山《てんじんやま》城主（埼玉県長瀞町）の藤田泰邦《ふじたやすくに》が氏康に服属するなど、武蔵平定はほぼ完了する。なおこの後、大石綱周には氏康三男氏照《うじてる》が、藤田泰邦には五男氏邦《うじくに》が養子入りすることとなる。

天文二十一年二月、北条氏康は上杉憲政の居城上野平井城《ひらいじょう》の防衛拠点である武蔵御嶽城《みたけじょう》（同神川町）を攻撃した。三月、城主安保《あぼ》泰広《やすひろ》・泰忠《やすただ》父子は降伏して助命されたが、戦闘継続派家臣の抵抗は激しく、多くの戦死者と餓死者を出した。これは憲政（憲当）嫡男龍若丸が在城していたためと思われる。龍若丸は落城時に生け捕られ、相模《さがみ》一宮寒川神社《さむかわじんじゃ》で処刑された（身延文庫所蔵『仁王経科註見聞《にんのうぎょうかちゅうけんぶん》私《し》』奥書《おくがき》ほか）。城兵と嫡男を見殺しにした憲政の求心力は衰え、離叛した那波宗俊《なわむねとし》と西上野衆は、山内方に残った横瀬氏《よこせし》・足利長尾氏《あしかがながおし》・厩橋長野氏《まやばしながのし》らと開戦した。そればかりか直属の馬廻衆《うままわりしゅう》も離叛し、憲政は平井城に留まることすらできず、横瀬成繁《なりしげ》や家宰《かさい》足利長尾当長《まさなが》（景長《かげなが》）を頼る。しかし入城を拒絶され、五月頃に長尾景虎《かげとら》（次節参照）を頼って越後《えちご》へ亡命した。

北条勢は山内上杉領に侵攻し、上野国衆は次々に服属していった。同年七月、長尾景虎が憲政復帰を掲げて最初の関東侵攻を行うが、十月には帰国した。北条氏の上野侵攻と国衆の服属交渉はその後も続き、弘治元年（一五五五）には横瀬成繁が、翌二年には足利長尾当長が北条氏に従う。永禄《えいろく》元年（一五五八）、越後国境の沼田城《ぬまたじょう》（群馬県沼田市）で北条氏服属の是非をめぐって内訌が生じ、北条派が勝利した。翌年、氏康は北条綱成の子息康元《やすもと》に沼田氏の家督を継がせ、十月までに上野一国を平定した。なお国峰小幡《くにみねおばたし》氏は早くに武田氏に出仕していたため、武田・北条両属の国衆となった。

古河公方の傀儡化

さて、北条氏が奉じていた古河公方足利晴氏は、両上杉氏に味方し、河越城包囲陣に参加した。天文十五年（一五四六）四月末、北条氏康は古河公方の家宰簗田《やなだ》高助《たかすけ》（関宿《せきやど》城主）に対し、晴氏の裏切りを詰問した。事実上の圧力にほかならず、高助は責任を取る形で出家し、嫡男晴助《はるすけ》に家督を譲った。天文十七年、晴氏の嫡男（生母は簗田高助娘）が元服し、将軍義輝（当時は義藤《よしふじ》）から偏諱《へんき》を受けて藤氏《ふじうじ》と名乗った。氏康妹芳春院殿《ほうしゅんいんでん》との間に梅千代王丸（のちの義氏《よしうじ》）が生まれていたが、世継ぎは藤氏と周知したのである。両者の和解は、天文二十年十二月、簗田晴助と北条氏康の起請文《きしょうもん》交換で、ようやく成立する。その際、氏康は甥梅千代王丸を下総葛西城《かさいじょう》に移し、晴氏と引き離した（三一〇頁系図参照）。

山内上杉憲政を没落させた天文二十一年、北条氏康は足利晴氏への圧力を強めた。十二月、晴氏は北条氏の圧力に屈し、藤氏を廃嫡したうえで、家督を梅千代王丸（葛西様）に譲った。晴氏は古河城奪還を目指し、同二十三年十月に下野小山《しもつけおやま》氏や下総の守谷相馬《もりやそうま》氏の支援のもと挙兵するが、簗田晴助・野田弘朝《のだひろとも》ら宿老層の支持を得られず降伏した。晴氏は相模秦野《はだの》に幽閉され、藤氏は里見氏のもとに亡命した。これが北条・里見間の戦争本格化の一因である。

氏康としては、何としても梅千代王丸に彼の兄たち（藤氏・藤政《ふじまさ》・輝氏《てるうじ》）よりも高い権威を付与したい。そこで弘治元年（一五五五）十月の元服に際して、足利義輝から将軍家通字「義」字を与えられ、義氏と名乗ることになった。鎌倉公方歴代で、将軍家の通字偏諱を受けたのは第五代古河公方義氏のみである。永禄元年（一五五八）には簗田晴助と居城を交換し、義氏が関宿城に、晴助が古河城に入った。北条氏の古河公方擁立体制はここに完成をみる。義氏政権の安定後、晴氏は宿老野田弘朝の野田城に身柄を預けられ（「嶋の上様」）、永禄三年五月に同地で没した。

甲駿相三国同盟の成立

天文十四年（一五四五）の第二次河東一乱時、和睦した今川・北条氏だが、関係は良好とはいえず、北条氏康は尾張《おわり》の織田信秀《おだのぶひで》から反今川同盟を持ちかけられたほどである。北条氏康の正室瑞渓寺殿《ずいけいじでん》は、今川義元の姉にあたるが、輿入れ後まもなくして同盟が崩壊し、北条氏が駿河東部を占領した経緯から、義元の不信感は消えなかった。

一方、武田・今川間でも問題が生じた。天文十九年五月、今川義元に嫁いでいた晴信の姉定恵院殿が死去し、姻戚関係の再構築が課題となったのである。同年十二月、晴信の嫡男義信が十三歳で元服しているが、彼が将軍義輝から「義」字偏諱を受けるのは天文二十二年十二月である。婚姻に備えるため元服を急いだのだろう。天文二十年四月、義信屋敷として、躑躅ヶ崎館に西曲輪《くるわ》の増築が開始され、七月に義元息女の輿入れを求める話し合いが始まった。天文二十一年二月に細部の交渉が詰められ、大名同士の起請文交換で輿入れは十一月と決まった。十一月、今川義元の娘嶺寒院殿《れいかんいんでん》が、取次である穴山信友《あなやまのぶとも》領を通過して甲府の穴山屋敷に入った。そのうえで、躑躅ヶ崎館西曲輪に輿入れし、武田義信との婚姻が成立する。

北条氏康も天文二十年七月に宿老遠山綱景《とおやまつなかげ》を甲府に派遣し、「烏帽子《えぼし》落」を伝えた。嫡男氏親《うじちか》の元服を指すと思われ、晴信息女の輿入れの話が進展した。ところが北条氏親は、天文二十一年三月に十六歳で急逝してしまう。これにより、氏康次男氏政《うじまさ》を婚姻相手として、仕切り直しとなった。翌二十二年正月から二月にかけての交渉で、輿入れを約す起請文を晴信が差し出し、天文二十三年十二月に十二歳の息女黄梅院殿《おうばいいんでん》が氏政に嫁ぐ。

交渉の経過は不明確だが、これより先の天文二十三年七月、北条氏康の娘早川殿《はやかわどの》が今川義元の嫡男氏真《うじざね》に嫁いだ。ここに武田・今川・北条三氏の甲駿相《こうすんそう》三国同盟が成立する。以後、三大名は相互に援軍を送り合いつつ、勢力拡大を進めることとなる。ただ、北条氏

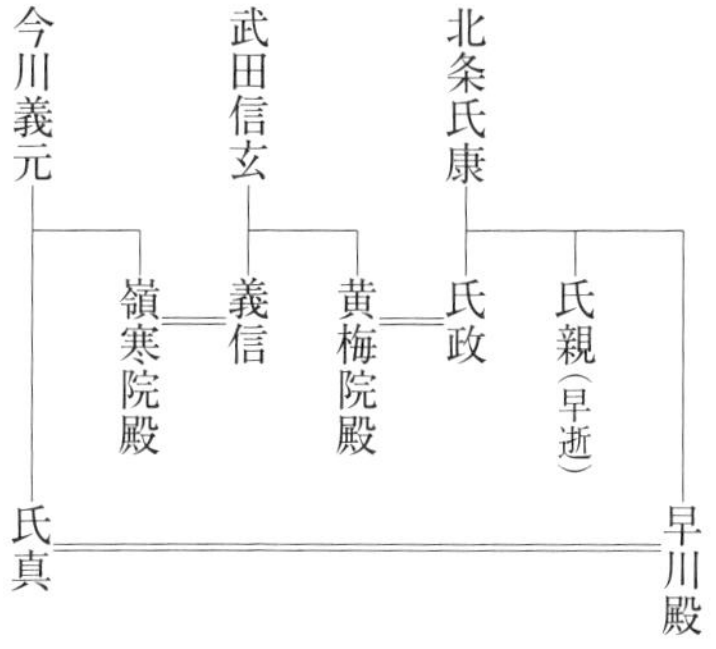

23―三国同盟姻戚関係略系図

康は今川氏との関係に不安を抱いたようで、弘治二年（一五五六）十月に四男氏規《うじのり》を駿府へ人質として差し出した。氏規は義元の加冠《かかん》で元服し、遠江《とおとうみ》今川氏系の関口氏広《せきぐちうじひろ》の娘を最初の妻に迎えている。関口氏広の兄瀬名貞綱《せなさだつな》は義元の姉婿で、義元書状からも氏規は今川一門待遇とわかる。なお氏規の妻は、松平元康《まつだいらもとやす》の正室築山殿《つきやまどの》の姉妹であり、氏規は駿府で元康と知遇を得た。

3　長尾景虎の登場と新たな対立軸の形成

景虎の家督継承

天文十二年（一五四三）八月、越後守護代長尾《ながお》晴景《はるかげ》は十四歳になった弟景虎を古《こ》志《し》郡司に任じて栃尾城《とちおじょう》（新潟県栃尾市）に配置し、権力基盤である中越の掌握を委ねた。景虎は、栃尾城の本庄実乃《ほんじょうさねより》や、古志長尾氏に支えられ、中越の基盤化に成功する。この後、兄から家督を譲られることになるが、景虎はその経緯について、兄晴景は病身で、天文十一年の父為景《ためかげ》葬儀には甲冑をつけて参列したと述懐している。晴景政権下では、越後が安定しなかったことになる。しかし晴景は守護家断絶を選択した人物であり、かつ景虎の家督相続も、実際には晴景との相剋の結果であった。天文十五年になると、景虎方の直江《なおえ》酒椿《しゅちん》（景綱《かげつな》の父）が、守護上杉定実《うえすぎさだざね》—景虎の命を奉じる形で活動を開始する。この頃には、兄弟の対立が深まっていたのだろう。

兄弟対立の発端は、おそらく黒田《くろだ》秀忠《ひでただ》の乱である。天文十三年ないし十五年に三条《さんじょう》長尾氏とともに挙兵したとされ、翌年に滅ぼされたとされることが多いが、天文十六年七月段階で、黒田秀忠は健在であることが明らかになった（高野山清浄心院『越後過去名簿』）。黒田氏挙兵は、天文十六年秋（七〜九月）のことで、その舞台も越後府中（同上越市）とみられる。景虎は栃尾から黒田氏の拠点（蒲原《かんばら》郡黒滝《くろたき》城《じょう》とされるが、実際には越府周辺か）へ進軍し、秀忠を打ち破った。景虎は秀忠を殺害しようとしたが、定実が仲介に入ったうえ、秀忠も剃髪して他国へ逃れたいと嘆願したため、同年冬に越後府中に身柄を移した。問題は、定実の行動である。養子問題をつぶしたという晴景の過去を踏まえれば、定実に調停を依頼するとは考えにくい。景虎のほうに、定実の命に従う事情があったとみられる。

黒田秀忠謀叛について、景虎は「連年晴景に無礼な振る舞いをした」と述べているが、乱そのものは二回で終息しているようだ。恐らくこれは景虎の一方的主張であり、秀忠は晴景方であったのではないか。景虎は「程なくして逆心が明らかになった」とし、上杉定実の命を奉じる形で、黒田一族を滅ぼした。天文十七年六月に秀忠の子息新八郎が追善供養されていることなどから、同年二月十二日頃のことだろう。翌十八年二月十二日に、秀忠の妻室が供養されていることを重視したい。

景虎は、黒田秀忠討伐の理由を晴景への逆心としただけでなく、守護上杉定実を旗印として担ぐという巧妙な手法を取った。晴景方の反論を困難にする状況を作り出したわけである。晴景・景虎兄弟の和睦は、天文十七年に上杉定実が調停に乗り出し、晴景隠居で決着している。同年の大晦日、景虎は春日山城《かすがやまじょう》に入城した。晴景死去は五年後の天文二十二年二月十日であり、病身というのは景虎の書状しか根拠がない。景虎もクーデターで家督を奪取したのであり、それを正当化するための創作と考える。

したがって旧晴景派との対立は、家督相続後も続いた。天文十八年、兄晴景方であった上田長尾政景《うえだながおまさかげ》との間で緊張が高まり、所領が隣接する宇佐美定満《うさみさだみつ》が神経をとがらせた一方、和睦交渉の展開も確認できる。そうした状況下の天文十九年二月、上杉定実が死去し、越後守護家は断絶した。同月末、景虎は幕府から毛氈鞍覆《もうせんくらおおい》・白傘袋《しろかさぶくろ》使用の許可を受け、父と同様に守護待遇の家格を追認される。上田長尾氏ら旧晴景派との戦争は天文二十年に始まるが、景虎は出馬を自制した。和睦交渉は難航したものの、同年中にまとまり、景虎の姉仙洞院《せんとういん》が政景に嫁いで決着する。両者の間に生まれたのが、のちの上杉景勝《うえすぎかげかつ》である。

一般に景虎は「生涯不犯」と伝わるが、永禄二年（一五五九）に「越後府中御新造」の侍女が清浄心院《しょうじょうしんいん》に自身の逆修供養《ぎゃくしゅ》を依頼している（『越後過去名簿』）。御新造は、景虎室とみるのが自然である。『安田本長尾系図』は晴景の娘を景虎室と記す。事実とすれば、和睦条件であったのかもしれない。

天文二十一年五月、将軍足利義輝を通じて従五位下弾正少弼《だんじょうのしょうひつ》に任官した景虎は、同じ頃に北条氏康に逐われた関東管領山内上杉憲政の越後亡命を受け入れた。その後憲政の要望に応じ、七月から十月にかけ、最初の関東侵攻（越山）を行う。天文二十二年秋頃、治罰綸旨《ちばつりんじ》拝領を受けて上洛し、後奈良天皇《ごならてんのう》に謁見した。寺社と熱心に交流し、大徳寺《だいとくじ》では最初の法名宗心を授けられている。なお、この年二月、兄晴景が死去した。弘治二年（一五五六）には、景虎の隠遁騒動が勃発しており、家中《かちゅう》の引き締めに苦慮している様子が窺える（第五章参照）。景虎出奔騒動の最中、守護上杉氏旧臣の段銭奉行《たんせんぶぎょう》大熊朝秀《おおくまともひで》が武田・蘆名《あしな》氏《し》に内通して挙兵し、武田領に亡命するという政変が起きている。

川中島合戦の開始

天文二十二年（一五五三）四月に村上義清を葛尾城から没落させ、順調に信濃北部の経略を進めていた武田晴信のもとに、長尾景虎出馬の報が入った。第一次川中島《かわなかじま》合戦の始まりである。川中島とは、狭義では千曲川《ちくまがわ》とその支流犀川《さいかわ》に挟まれたデルタ地帯（八幡原《はちまんばら》、長野県長野市）を指すが、広義では北信濃四郡（水内《みのち》・高井《たかい》・更科《さらしな》・埴科《はにしな》）を意味する。景虎にとって、川中島四郡への武田勢進出は、勢力圏を脅かされたも同前であった。文明《ぶんめい》年間（一四六九〜八七）以降、越後守護代長尾氏は北信濃との関係を深め、景虎の叔母が高井郡の国衆高梨政頼《たかなしまさより》に嫁ぐなど、重縁関係を結んでいたからである。景虎は村上義清らの要請に応える形で出馬し、両軍は八月中に布施《ふせ》、同二十九日に上野《うえの》原《はら》、翌九月一日に八幡原で衝突した。長尾勢は村上義清の本拠付近の坂城《さかき》南条《みなみじょう》に放火するなど、武田氏が確保した領域に攻撃を加えたうえで、九月二十日に撤兵した。ここに、川中島四郡をめぐる武田・長尾間の抗争が始まる。

晴信は翌天文二十三年に南信濃を制圧し、小笠原氏の旧領安曇《あずみ》郡南部もほぼ勢力下に収めた。天文二十四年四月、善光寺《ぜんこうじ》別当の栗田《くりた》鶴寿《かくじゅ》が武田方に転じたことで、景虎が再度出兵する。晴信もみずから出馬するとともに、鶴寿が籠城する旭山城《あさひやまじょう》に支援を送り、犀川を隔てて長尾勢と対峙した。両軍が川中島で衝突したのは七月十九日で、対陣は二百日と長期化した。閏十月十五日、今川義元の調停で和睦が成立する（第二次川中島合戦）。

第三次川中島合戦は、弘治三年（一五五七）三月十一日に長尾勢出陣の報が武田方に届いたことで始まる。晴信はただちに出馬するが、景虎自身の出馬は遅れる。まだ深雪が残っていたためとみられるが、景虎は出馬を強行し、四月十八日に善光寺平に布陣した。この年、武田勢の攻撃で高梨政頼が本拠高梨を逐われ、飯山城《いいやまじょう》（同飯山市）に居城を移しているから、景虎の危機感は大きかったのだろう。ただし主力同士の衝突はなく、六月に景虎は飯山城に撤退した。そのうえで志久見《しくみ》の市河藤若《いちかわふじわか》（信房《のぶふさ》）に降伏を勧告したが、藤若はこれを拒絶している。武田氏の援軍は長尾勢撤退に間に合わず、謝罪のための使者を務めたのが、山本菅助《やまもとかんすけ》である。

七月五日、武田勢は安曇郡北部の小谷《おたり》（同小谷村）を攻略した。小谷は信越国境に位置し、武田勢は小谷経由で越後侵攻を行っている。長尾方の拠点は、野尻・飯山《いいやま》に縮小したが、北信濃国衆の動向は流動的であった。ここに、甲駿相三国同盟対長尾景虎という構図が確立した。

五　戦国大名「国家」の内実

1　領国支配と印判状

指出検地か丈量検地か

第五章・第六章では、戦国大名の内政や戦国社会の諸相を取り扱う。時系列が頻繁に入れ替わるため、人名はもっとも著名なものに基本的に統一する。戦国大名の領国支配を特徴付ける言葉はなんだろう。手許にある高校教科書から語句を拾うと、領国、軍役《ぐんやく》、貫高制《かんだかせい》、寄親寄子制《よりおやよりこせい》、分国法、喧嘩両成敗法、検地、城下町などが挙げられる。いずれも重要な事項であることは間違いない。そこでは、織豊政権との差違が強調されるが、近年の研究はそれを否定する。

まず戦国大名検地は、指出《さしだし》検地という自己申告制で、測量はなされないというイメージが強い。一方羽柴（豊臣）秀吉の太閤検地は、統一した度量衡《どりょうこう》に基づき、検地役人を派遣して測量を行った丈量検地とされる。この結果、秀吉は生産高把握を厳密に成し遂げたといわれたこともあった。しかし、測量を行えば生産高が把握できるわけはない。あくまで土地面積を把握し、地味《ちみ》（生産に適した地質の良し悪し）から上中下といった等級付けを行ったうえで、算出した「数字」に過ぎない。

戦国大名検地を考える前提として、中世後期、各地の郷村が自治を強め、惣村へ成長していったことに目を向けなければならない。全国的に惣村が成立するのは十五世紀頃とみられ、戦国大名が相対したのは自治を始めた村落であった。戦国大名検地の初例は、越後《えちご》上杉房定《うえすぎふささだ》の『文明《ぶんめい》越後検地帳』と筆者は考えるが、一般には小田原北条氏《おだわらほうじょうし》初代の伊勢宗瑞《いせそうずい》が行った永正《えいしょう》三年（一五〇六）検地とされる。ただこの検地も含め、北条氏の検地帳はほとんど残されていない。

ここでは、北条氏による天文《てんぶん》十二年（一五四三）の伊豆《いず》長浜《ながはま》郷（静岡県沼津市）の検地帳写と検地書出をみてみたい。検地帳写には「野帳《やちょう》」とあるから、現地で役人が記した原帳簿の写である。田畠の区別と面積・名請人《なうけにん》が書かれ、末尾に「田数一町六反九十フ（歩）、畠数一町四反大九十フ」と集計が横書きで記される。大半小というのは、一反、つまり三百六十歩を基準とした面積の省略表記で、大は二百四十歩、半は百八十歩、小は百二十歩を示す。

この合計額をもとに、貫高制、つまり銭換算における村高を記しているのが検地書出である。田地については「田本増辻」（「辻」は合計のこと）とあるから、検地増分《ましぶん》であることが明確になっている。そのうえで、田地は反別五百文で八貫百二十六文、畠地は反別二百文で二貫九百八十七文、合計十一貫百十三文という分銭《ぶんせん》がはじき出される。これが、貫高制の村高にあたる。この村高が、さまざまな税や役（公事《くじ》）を賦課するうえでの基準高となる。

検地は、村高（武田氏《たけだし》では「上司《じょうし》」と呼ぶ）の確定では終わらない。そこから、控除分が計上される。長浜郷では三島大社《みしまたいしゃ》の流鏑馬《やぶさめ》銭として一貫六百文、村内にある安養寺《あんようじ》分として五百文、定使給《じょうしきゅう》三百文など、合計六貫文が控除されている。検地帳を照合すると、安養寺が名請人になっているところは、たしかに「免田《めんでん》」と注記がある。定使というのは、村ごとに設定された領主・代官との連絡係で、免税をもって俸禄に代えている。

残りの数字が、実際の年貢高である。北条氏では「定納《じょうのう》」と呼び、長浜村では五貫十三文であった。なお長浜は漁村であるため、道正という人物の網代《あじろ》、つまり漁業収益評価額として五貫文の追記がある。「前々の如し」と記され、以前の踏襲とわかる。

控除分には「田畠増しの内（中略）諸色《しょしき》に引き」という記述がある。村側が北条氏サイドと交渉して、増分から勝ち取った控除分とみてよいだろう。控除分をめぐる交渉がもっとも重要で、天災による不作地や、荒地《あれち》（村の一部と認めた休耕地）をどこまで認定するか、大名や国衆《くにしゅう》・領主（給人《きゅうにん》）と、村落のあいだで駆け引きが繰り広げられた。

増分という記載や「前々の如し」という表記からみて、長浜村の検地はこれが初めてではない。天文十二年は、北条氏綱《うじつな》が死去し、三代氏康《うじやす》が家督を継いだ二年後にあたる。代替わり検地と呼ばれる、支配者の交代に基づく広域検地の一環だろう。

指出と検地

大名と村落の間で駆け引きが行われる背景には、村にとって望ましくない検地結果、つまり増分の存在がある。増分の意味は、中間領主の私的得分《とくぶん》を指すのか、生産力向上による余剰生産分や隠田《おんでん》を指すのか、議論が続いてきた。しかし村が問題視するのは増税そのものであって、中身は関係ない。検地の結果、新たに把握した田畠の総称を指す。

また、検地の結果、土地所有者が確定されるわけではない。検地帳にある名請人を土地所有者と捉える傾向が強いが、書類上の年貢納入責任者に過ぎない。書類上というのは、別人が引き継いでも名請人を書き替えないケースが多いためで、近世の検地でも同様である。これで問題が起きないのは、年貢を納入するのが個々の百姓ではないためだ。村側が一括して年貢を納入する約束を結ぶ「村請《むらうけ》」という形が取られていた。年貢を払えない百姓が出た場合（未進《みしん》）、村の有力者が借金扱いで立て替えるのだ。こうして名主《なぬし》や庄屋が成立していく。ではなぜ名請人を検地帳に記す必要があるのか。これはむしろ村落内部において、年貢分担を確定するためとみられる。また、村落住人の一部が大名やその家臣に奉公し、年貢を含めた課税課役の免除特権を受けることも理由のひとつだろう。こうした特権により、免除された年貢分が、当時「加地子《かじし》」と呼ばれたものである。

村請が成立し、検地に際して駆け引きが繰り返されている以上、戦国大名検地は「指出検地」ではない。実は「指出」とは、検地を指す言葉ではない。村側から支配者側に提出される「従来の村高・年貢高の報告」のことである。つまり大名や領主が交代した際、村は増税を避けたいし、大名・領主は迅速に現状を把握したい。そこでまず指出を徴収し、現状報告を行わせるのである。しかし村落はこれまで元の支配者との間で、控除分をめぐる駆け引きを繰り広げてきた。指出を受け取った大名や領主も、「検使《けんし》」を派遣して「改《あらため》」という現状確認を行う。

そこで再調査が必要と判断すれば、検地が行われる。家督を継いだ北条氏康は、代替わり検地を国・郡といった行政単位ごとに実施して、実態の再把握を行った。村側も、増分を最低限に抑えるため、控除分拡大を求める交渉を展開する。検地の契機はこれだけではなく、年貢や所領の境界をめぐる相論が大名の法廷に持ち込まれた場合（公事検地）や、寺社復興、家臣への加増の準備といったケースもある。また、内政自治権を保持している国衆領の検地は、国衆が独自に行うことが基本であった。なお天災などで被害を受けた村側が、控除分の一時的拡大を求めて行われるのが、検見《けみ》である。

つまり戦国大名検地（国衆検地や家臣の自領検地も含む）も、実際に役人を派遣して測量を行っている。武田氏の検地帳をみると、上中下よりもさらに細かい等級評価がなされており、現地調査の成果である。ただ測量といっても、歩測が主であったようだ。同時に、必ず測量を行うわけでもなかった。大名にとっても負担が大きいからである。測量を省略した場合は、机上の計算で加算して済ませてしまう。これは太閤検地においても同様で、検地手法が太閤検地で劇的に変わったわけではない。逆に、室町期までの荘園領主の検注《けんちゅう》と、戦国大名検地の間に大きな差があるわけでもなかった。

貫高制と石高制

戦国大名は貫高制で、豊臣政権・江戸幕府は石高制《こくだかせい》という理解はどうであろうか。たしかに関東の大名・国衆は貫高制を採用している家が多い。しかし東日本でも、越後や陸奥《むつ》では刈高制《かりだかせい》がしばしば用いられる。刈高とは、稲を手で摑んだ量を目安にしたもので、田畠の面積や地味から計算したものではない。今川氏《いまがわし》は代方《だいかた》と米方《こめかた》を併用した。代方は貫高制、米方は俵高制《ひょうだかせい》であり、徳川家康は俵高制を継承する。九州の場合は、鎌倉時代に作成された大田文《おおたぶみ》を踏襲し、町反歩制が使われている。単純に田畠の面積を対象とした土地掌握である。戦国大名が貫高制という図式そのものが、誤りなのだ。織田信長も、尾張《おわり》・美濃《みの》では貫高制を用いている。しかし近江《おうみ》など近畿・西国《さいごく》においては石高制を用いており、貫高制と石高制が併存している。どれをとっても、それまでの地域の慣習の踏襲である。無理に統一しようとはしなかったわけだ。

そもそも中世前期、荘園公領制の段階では、村によって枡《ます》の容積が異なることは珍しくなかった。ただ徐々に地域ごとに流通する枡が統一されていったことは確かである。戦国大名も、領国拡大に伴い、枡の相違が問題となった。そこで国ごと、あるいは郡ごとというまとまりで、年貢納入に用いる際の枡と俵の容積を統一していった。その際も、各地域の慣習を踏襲した点は、貫高制や石高制の問題と同じである。

逆にいえば、国・郡が異なれば枡や俵の容積が異なることは普通であった。武田氏の場合、信玄期に甲斐《かい》の俵は二斗入で評価額は二百五十文とし、公定枡（判枡《はんます》）として、甲斐で広く使われていた枡、つまり甲州枡《こうしゅうます》（国枡《くにます》）を指定した。なお甲州枡の容積は、新京枡《しんきょうます》（寛永《かんえい》期以降）の三倍、古京枡（天正《てんしょう》〜元和《げんな》年間）の約三・一倍となる。一方、同じ甲斐でも国衆小山田《おやまだ》氏《し》の自治領であった郡内《ぐんない》（都留《つる》郡）では「郡内枡」が使用されている。郡内枡の容積は、新京枡の二・五倍となる。こうした違いは、他の分国でも確認されている。ただ北条氏は、遠江《とおとうみ》起源の榛原枡《はいばらます》（新京枡の約一・一五倍）で統一を図ったようである。

問題が生じるのは、枡や俵の容積が異なる地域をまたがって、知行《ちぎょう》を宛行《あてが》ったり、知行替えをした場合である。その際は、枡と俵の違いを踏まえた計算で処理していた。武田氏が上野《こうずけ》から信濃《しなの》に知行替えをした事例をみると、「信州積《づもり》」で再計算し、不利益が生じないように知行高を操作している。非効率にみえるが、問題は生じなかったようである。

豊臣政権以後の石高制移行は、秀吉の最初の所領近江長浜で石高制が用いられていたことに起因する。それが全国的に広まったのは、戦国後期に貨幣不足が深刻化し、銭建てよりも米建てのほうが有利になったためと考えられている。

所領高帳の作成

戦国大名のなかには、こうして家臣に宛行った知行地をとりまとめて帳簿化する動きもみられた。ただ、現在に伝わるものは非常に少ない。初期のものが、天文二十二年(一五五三)に伊達《だて》晴宗《はるむね》が作成した『晴宗公采地下賜録《さいちかしろく》(判形の永張)』三冊である。天文十一年から同十七年まで繰り広げられた天文洞《うつろ》の乱の戦後処理として作成された(第一章参照)。従属国衆で、晴宗の叔父留守《るす》景宗《かげむね》も『留守分限帳《ぶげんちょう》』を作成している。百五十人からなる家臣の知行目録で、刈高で表記されている。やはり天文十七年がひとつの基準年となっており、それ以降の成立である。なお、百刈=銭二百文という換算で、軍役賦課台帳としても用いられた。前提にあるのが、村高の把握であることは言うまでもない。知行台帳の整備とは、軍役賦課台帳整備をも意味するのだ。

家臣の知行台帳としてもっとも有名なのが、永禄《えいろく》二年(一五五九)二月十二日付で編纂された『北条氏所領役帳《しょりょうやくちょう》』だろう（『小田原衆所領役帳』ともいうが、これは現存写本が表紙を欠くことから来る誤解）。『北条氏所領役帳』には、給人と呼ばれる直臣と、従属国衆および寺社の所領について、相模《さがみ》・伊豆・武蔵《むさし》分が書き上げられている。家臣団は支城ごとに「衆」としてまとめられており、北条氏における家臣団統制の様子も明らかとなる。直轄領の記載はなく、逆にいえば記載のない郷村が直轄領であったと推定できる。軍役が免除されている者はその旨が明記されており、やはり軍役をはじめとする諸役の賦課台帳となっていた。

印判の使用

戦国大名は、領国統治にしばしば印判状《いんばんじょう》を用いた。文書に印判を捺す歴史は古く、中国の影響を受けた古代律令国家にさかのぼるが、長らく途絶えていた。ただ中国との交流の多い禅僧の間では、印判を用いる文化が室町期でも続いた。中世武家における印判使用の初例は、永享《えいきょう》の乱で隠退した関東管領上杉憲実《かんとうかんれいうえすぎのりざね》で、出家号「長棟《ちょうとう》」が刻まれた黒印を、置文《おきぶみ》（遺言状）に用いている。禅僧の影響だろう。

戦国大名における初例は、越後守護代の長尾能景《ながおよしかげ》による「信」黒印か、長享《ちょうきょう》元年（一四八七）の今川龍王丸《いまがわたつおうまる》（氏親《うじちか》）による黒印使用である。前者は書状であり、年代を確定できない。後者は龍王丸がまだ幼名で、「判始《はんはじ》め」と呼ばれる花押の披露儀式を済ませておらず、花押を使用できなかったためと推測される。室町期までは、元服前の男子が文書を出す際には、幼名だけ記して花押は据えなかった。しかし龍王丸を補佐した伊勢宗瑞は、龍王丸の権威を示す必要があると考えたのだろう。印文未詳の黒印を捺させたのである。

では宗瑞が印判に着目したのはなぜか。それは十五世紀半ばの室町幕府が、関所の通行を許可する過所《かしょ》に印判状を用い始めていたからだろう。宝徳《ほうとく》三年（一四五一）には山内上杉氏《やまのうちうえすぎし》の被官羽中田壱岐《はなかだいき》入道《にゅうどう》が越後—京都間の過所に印判状を用い、文明五年（一四七三）には蜷川親元《にながわちかもと》が主君である幕府政所《まんどころ》執事伊勢氏発給の過所に、印文「透」を捺した竪切紙《たてきりがみ》の文書を用いると諸関に通達している。政所執事伊勢貞宗《さだむね》を母方の従兄弟に持ち、京で育った宗瑞がこれを知らないわけはない。

ただし今川龍王丸や長尾能景の事例は、厳密には印判状とはいえない。幼名・実名《じつみょう》の下に印判を捺すのは、花押の代わりに過ぎないからだ。花押代用印という形での印判使用は、西日本の大名においても広くみられた。東日本においては、印判状が公文書化した点に特徴がある。今川氏親は元服後の明応《めいおう》三年（一四九四）、文書の袖（右端）上部に黒印を押捺した文書を発給している。袖は、身分の高い人物が目下の者に命令を下す際に署判する場所だから、戦国大名が命令伝達に印判を用いた事例といえるが、まだ花押代用印の域を出ない。

印判状の確立とその背景

明確に印判状と呼べる文書様式を確立させたのは、伊勢氏（北条氏）である。永正十五年（一五一八）十月八日から、「禄寿応穏《ろくじゅおうおん》」という印文が刻まれた虎朱印《とらしゅいん》を使用した。まだ宗瑞は存命であり、発給主体が宗瑞か氏綱《うじつな》かという議論がある。ただ近年、宗瑞隠居はこれ以降と考えられるようになってきたから、宗瑞の創出とみてよいだろう。

なぜ、これを印判状と呼べるのか。本文書が、「禄寿応穏」朱印の使用方法を、郷村に説明した文書だからである。朱印の位置も、日付の上に捺す形が取られており、花押代用印という性格は見出せない。この位置への朱印押捺は、東アジア社会における公文書様式でもある。「禄寿応穏」という言葉には、民の財産を守るという政治理念が籠められており、五代氏直《うじなお》が羽柴（豊臣）秀吉に降伏し、北条氏が滅亡する天正十八年（一五九〇）まで襲用された。虎朱印は北条氏の大名権力を象徴する家の印、つまり「家印」となったのである。当然ながら何度も彫り直したらしく、時期によって微妙に形に違いがある。

　北条氏における印判状の使用と家印化は、周辺諸大名に大きな影響を与えた。初期の印は、「氏親」「紹僖《しょうき》」「義元《よしもと》」（以上今川氏、紹僖は氏親の出家号）、「信虎《のぶとら》」「晴信《はるのぶ》」（以上武田氏）といった実名や出家号を刻んだものが多く、花押代用印の性格を持つ。しかし押捺位置をみると、袖であっても本文に重なるように捺されていることがしばしばある。この位置に花押を据えることはできないから、大名権力を示す印判状と位置づけてよいだろう。

24—「禄寿応穏」朱印

　天文十年（一五四一）には武田信玄が龍の模様を刻んだ龍朱印使用を開始し、後継者勝頼《かつより》の代まで襲用された。今川氏でも、天文十四年に「如律令」朱印の使用が開始され、後継者氏真《うじざね》も形を変えつつも、同じ印文の朱印を使用する。これらは「家印」と位置づけられていくものといえ、戦国大名権力の象徴であった。このため、花押を据えたほうが相手を丁重に扱っているとみなされた。重要な文書ほど捺印を求められる現代日本社会とは認識が逆といえる。

さて、なぜ東日本の戦国大名は印判状を創出したのか。それは室町期守護と異なり、直接郷村や村の名主に宛てて文書を出すようになったことが大きく影響している。そもそも村にまで文書を出すことは、発給量の増大を意味する。文書の文章は、署名を含めて右筆《ゆうひつ》が書くことが基本だが、ひたすら花押を据える作業も楽ではない。しかし印判なら、膨大な文書を効率的に発給できる。大名は敬意を示す必要があると考えた相手や、書状にのみ花押を据えればよくなった。なお書状は基本的に花押を据えるものだから、印判で代用する場合は「病気のため花押が書けなかった」などと断りを入れることが多い。

次の問題が身分差である。前近代社会においては、相手にどのような書式で文書を出すかが、身分差を示すものとして重視され（書札礼《しょさつれい》）、無礼な書状は受取が拒絶された。逆にいえば、大名が名主や職人に花押を据えた文書を与えることは、権威に関わる問題となる。その際、大名権力の象徴としての印判状使用は有効な手段であった。

北条氏や武田氏・上杉氏は用途に応じて印判を使い分けた。同時に、戦国大名の一門・家臣や、従属国衆も印判をしばしば用いている。明らかに大名の影響を受けたものである。奉行人クラスが小型の印を捺すことは、花押代用印であるから問題はない。しかし地方支配を委ねた一門・重臣や国衆の印判使用は、権力の誇示という側面が伴うから、野放しにはできない。家格に応じて、朱印使用、黒印使用、印判使用不可とランク付けがあった。

ただし東日本といっても、すべての大名が印判状を用いたわけではない。東北では、壺型の印を用いることが多いが、大半が花押代用印に留まる。下野《しもつけ》や常陸《ひたち》でも、印判状という文化はあまり発展しなかった。権力のあり方の比較検討が課題といえる。

税と役

戦国大名の税制は、年貢だけではない。段銭《たんせん》（反銭、田を対象とする税）と棟別銭《むなべつせん》（家屋を対象とする税）、および畠に対する税が加わる。段銭は田地の面積を基準とする。本来幕府・鎌倉府が守護を通じて賦課した臨時税で、十五世紀前半頃に各国守護が独自に賦課するようになった。戦国大名はそれを継承し、恒常的な税として整備していく。

棟別銭は、棟別帳（棟別日記）に登録された家屋一軒を単位に賦課する税である。在地の慣習を取り入れる形で、寺社修造費調達のために朝廷や鎌倉幕府が採用した。室町幕府も同様で、寺社の要望を踏まえて賦課される臨時税であった。しかし戦国大名は、寺社修造を入り口としつつも、恒常的な税制に組み込んでいく。

もうひとつ無視できないのが夫役《ぶやく》で、押立公事《おしたてくじ》と呼ばれていた恣意的な人足徴発が整理されていく。具体的には、陣夫役《じんぷやく》（戦争時の物資輸送員）・普請役《ふしんやく》（城郭・道路・治水など土木工事員）・伝馬役《てんまやく》（後述）などが挙げられる。北条氏では村高を基準とするが、武田氏では家屋単位で賦課する棟別役である。遠方への移動負担を考慮し、代銭納《だいせんのう》、つまり人夫の雇用経費納入での代替も許容されていく。

もっとも、大名ごとに税制は異なる。税制整備のきっかけが同一ではないからだ。伊達氏の事例は第一章で言及したので、武田氏と北条氏の事例をみてみたい。まず武田氏では、段銭を確認できない。これは守護段銭が成立する十五世紀前半に、内乱で守護の実態を喪失していたためとみられる。代わりに田役《でんやく》という税があり、甲斐では定納（年貢高）を基準としたのに対し、信濃では田一反につき百文ないし二百文を徴収した。後者は、信濃一宮諏方大社《すわたいしゃ》が信濃国内の村落に賦課していた祭礼田銭の転用である。

武田氏の税制の要は、棟別銭と棟別役である。信虎が導入し、信玄も家督継承翌年の天文十一年（一五四二）に棟別日記という賦課台帳を作成している。税制確立のきっかけは、天文十八年四月十四日、明応の大地震に匹敵するほどの大震災に見舞われたことであった。復興資金確保を急いだ信玄は、五月七日までに「徳役」賦課を決定し、十一月には小山田信有《おやまだのぶあり》（契山）と談合して徴収範囲を小山田領に拡大した。名称からは有徳人《うとくにん》（富裕層）や寺社を対象とする富裕税と思われるが、事実上の棟別銭臨時徴税であったようだ。村からは過料銭《かりようせん》（罰金）と受け止められ、百姓の欠落《かけおち》を招いたものの、棟別を税制として確立させる契機となった。しかし未納が相次いだため、弘治《こうじ》元年（一五五五）に棟別銭納入額を改定し、翌二年には春・秋の分納に変更している。

北条氏の税制整備も、この天文十八年大地震がきっかけとみられている。北条氏康の震災対応は遅れ、翌十九年春に大量の欠落者を出した。春は端境期で餓死者が多く出るだけでなく、田植えを控えた重要なタイミングである。氏康は畠に懸けられていた諸税を廃止し、税率六％の懸銭《かけせん》に統一した。棟別銭も、一軒につき五十文から三十五文に減額している。天文十九年には、伊豆・相模における段銭の税率を八％（一反につき四十文）に減額し、これを本段銭とした。ただし弘治元年になると、本段銭を武蔵に適用したほか、伊豆・相模における段銭を二分の一または三分の一増税した。同時に、隔年で小麦四十文を徴収する正木《まさき》棟別銭を新設しており（永禄三年〈一五六〇〉から毎年二十文に変更）、税収回復を図っている。

つまり税制整備には、天災や戦乱への対応という形で進められる側面がある。大名間で相違が出て、当然なのだ。では農村以外への課税はどうかというと、漁民であれば船か網、職人であれば鋸《のこぎり》、猟師であれば犬など、生活の糧を得る道具に賦課することが多かった。

商人の統制

戦国大名は、城郭（惣構え）のなかに職人集団が居住する町場（宿城《しゅくじろ》）を設定する一方で、地域の商人と結びついて、商業振興を図った。近年の研究では、大名側の政策だけでなく、国衆や商人側の要請への個別対応の結果という側面も重視されている。

商人頭《しょうにんがしら》（商人司）としては、織田《おだし》氏における伊藤《いとう》氏、今川氏の友野《ともの》・松木《まつき》氏、武田氏の松木・末木《すえき》（八田村《はったむら》）氏、北条氏の宇野《うの》（陳外郎《ちんういろう》）氏、上杉氏の蔵田《くらた》氏、宇都宮《うつのみや》氏の庭林《ていりん》氏、蘆名《あしな》氏の簗田《やなだ》氏などが知られる。諸大名は彼らに特権を与え、城下町の統制を任せた。

戦国期の宿町は寺社の門前町を基軸とした。武田信虎が永正十六年（一五一九）に新たな本拠甲府を開創した際には、南に位置する一蓮寺《いちれんじ》門前町を強く意識している。そのうえで職人衆を木戸《きど》内（甲府宿城内）に住まわせ、東西の木戸付近に三日市場と八日市場を建設した。地域の土豪が宿町支配に関与する事例も多い。東海道に近接する駿河《するが》吉原宿《よしわらしゅく》（静岡県富士市）は、駿河湾潤井《うるい》川《がわ》河口に位置する湊でもあり、富士《ふじ》大宮《おおみや》を経由して甲斐に通じる中道往還《なかみちおうかん》の入り口でもあった。陸上・海上交通の要所といえる。今川氏は同地の管理を土豪矢部《やべ》氏に委ね、特権を与えていた。こうした土豪を中心とする有徳人が、宿市の建設・再興の主力となる。

北条氏康の徳政と目安箱

永禄四年（一五六一）、永禄の飢饉と上杉謙信の小田原城包囲という窮地を脱した北条氏康は、箱根《はこね》権現《ごんげん》の別当融山《ゆうざん》に戦勝祈願を依頼した。ところが融山は、「万民に御哀憐の事、百姓に礼あらば、国家は自《お》ずと治まり候か」と氏康を諫める書状を返した。氏康も長文の返書を送り、自分は今まで万民を慈しみ、百姓に礼を尽くしてきたと反論を展開している。そこから、氏康の統治姿勢を読み取ることができる。

まず氏康が強調しているのは、「徳政」の実施である。徳政の本来の意味についてはすでに述べたが（一五四〜五頁参照）、ここでは狭義の用法である債務破棄を意味している。①去年（永禄三年）、郷村宛てに徳政令を出して妻子・下人《げにん》を質入れした質券《しちけん》を廃棄させ、質流れしたものまで調査し、ことごとく帰還させた。②今年は「一揆相《いっきあい》」（一騎合とも。自身は騎乗し、徒歩《かち》の従者ひとりだけを連れている武士）

に徳政令を出し、公方銭《くぼうせん》については元本・利子あわせて四千貫文（約四億円）を彼らのために破棄した。ここでいう公方銭とは、北条氏自身が貸し付けていた銭だろう。諸役未納などが、債務扱いになったものも含まれると思われる。③蔵本《くらもと》、つまり金融業者の財産を差し押さえ、現銭を番所《ばんしょ》に集めて、「一揆相」に分配した。以上を述べた後、④弱い（立場にある）百姓の意見を聞き届けるために、十年前（天文十九年〈一五五〇〉）から目安箱を設置したと続く。

そのうえで、⑤去年家督を氏政《うじまさ》に譲り渡したが、大敵（上杉謙信）襲来のため、やむを得ず国政に意見した。これらが善政の証であることは、天道《てんどう》に照らしても隠れ無いものであり、融山の批判は誤りである——これが氏康の主張である。戦国期の天道思想も垣間見える。

25—北条氏康画像（早雲寺所蔵）

氏政への家督交代は永禄二年十二月だが、翌三年の正月儀礼を氏政が担うことがお披露目となったため、去年と述べているのだろう。ここで注目したいのが、氏康が家督交代そのものを、反論材料、善政の証としている点である。二十年も国家が続き、邪魔が入らない時に引退するのが聖人の教えと考えたためとあるが（二十年は氏康家督相続後の年数）、おそらく氏康は永禄の飢饉への対応が不十分で、妻子・下人の質入れが多発したことの責任を取ると称して、家督交代をしたのだろう。戦国大名の隠居は実権放棄を意味しないから、氏康は新当主氏政の名前で、①〜③の代替わり徳政を行ったと評価できる。

④の目安箱は、後述する今川義元の「訴訟条目《じょうもく》」、武田信玄の『甲州法度之次第《こうしゅうはっとのしだい》』（および『甲陽軍鑑《こうようぐんかん》』）から、今川・武田を含めた三大名による設置が明らかとなる。主に地頭・代官の不正や重税賦課への訴訟窓口を念頭においていたようだ。

融山と氏康の往復書状は、安房《あわ》の妙本寺《みょうほんじ》に写の形で伝来している。推測となるが、氏康は写を作成して配布することで、北条氏の徳政をアピールしたのではないか。

伝馬制

戦国大名の交通制度として著名なものに、伝馬制がある。宿場町や街道沿いの村に課せられた役で、大名が伝馬手形《てんまてがた》で許可した人物に、乗馬用・荷物運搬用の馬を、隣の宿場・村まで貸し出すのである。古代国家が大宝令で定めた制度であったが、早くに廃れていた。鎌倉幕府が鎌倉―京都間で駅制を定め、室町時代には各国守護が独自に伝馬を整えていった。

それを再整備したのが、戦国大名である。利用には大名が発給した伝馬手形が必要となり、伝馬手形用の朱印状も整えられていく。北条氏は「常調」朱印、武田氏は「伝馬」朱印といった具合である。馬の入手・飼育には大きな費用がかかることから、諸大名は各宿場ごとに一日に供出する馬の数を制限したり、他の税を一部免除することで、負担軽減を図った。私用・公用の別があり、私用の場合は一里につき一銭（一文）を基本とする使用料を支払う必要がある。公用の場合でも、「一里一銭を除く」旨が明記された範囲を越えれば、有料となった。織田信長・徳川家康も伝馬朱印状を発給し、江戸時代に引き継がれていく。

伝馬については、大名は従属国衆領をまたいで発給できた。つまり伝馬は、国衆領に大名が直接賦課する数少ない役のひとつである。また同盟国間は相互乗り入れであったから、甲駿相三国同盟《こうすんそう》下において、武田・今川・北条三氏は、相手大名の本拠までの伝馬手形を発行できた。たとえば武田氏は、今川領駿府《すんぷ》や北条領小田原までの伝馬手形を出すことができたのである。なお、従属国衆も独自の伝馬手形を発給している。

撰銭令

日本の中世は、貨幣の基礎となる銭（銅銭）を、国家権力が製造することはなかった時代である。中国から輸入した渡来銭が用いられ、一枚＝一文で通用した。

銭は経年劣化により、摩耗したりヒビが入ったりしていく。同時に、中国や日本国内で偽造された貨幣も流通した。模造銭や私鋳銭《しちゅうせん》という。中国の銭は円形で中に四角い穴があり、四文字の貨幣名（○○通宝）が上下左右に刻まれるが、文字のない無文銭も私鋳された。このような劣化した銭や、私鋳銭は受け取りたくないのが人情である。また、戦国期日本では、地域によって銭の好みが異なった。畿内近国では、古きを重んじたためか、宋《そう》王朝が発行した銭を好んで精銭（基準銭、一枚＝一文）として用い、明《みん》王朝が発行した永楽通宝《えいらくつうほう》や洪武通宝《こうぶつうほう》を嫌った。しかし東日本では、永楽通宝が「超精銭」

と位置づけられるほど、抜きん出て好まれたのである。

銭の種類や品質によって、受け取りを拒絶することを撰銭《えりぜに》という。しかし銭を輸入に頼っている以上、品質の落ちた銭や嫌われた銭を完全に排除してはインフレを招く。そこで基準外の悪銭を、精銭の半分の価値で用いたり、一定割合の受け取りを求めたりする撰銭令が、十五世紀末頃より出されるようになる。

武田信玄が制定した『甲州法度之次第』には、「悪銭の事、市中に立て置く判銭《はんせん》の如く之を除くべし」という条文がある。つまり武田氏は、領国内で流通を禁じる悪銭を法令で定め、市中に悪銭の見本（判銭）を掲示して、流通を禁じていたのである。ただし、具体的に何が悪銭とされたのかまではわからない。なお戦国期において、悪銭とは「使用に耐えるが嫌われた銭」を指すことが多いが、本法令では使用不可の銭であったようだ。

永禄元年（一五五八）に北条氏康が出した撰銭令では、古銭（関東で嫌われた宋銭）のうち大かけ（欠銭）・大ひゝき（破〈割《われ》〉銭《ぜに》）・打ひらめ（打平目、無文銭）の三種については、撰銭をしてよいと定めたうえで、それ以外の古銭は使用せよと命じている。ただし、この三種類でないからといって、古銭の地悪銭《じあくせん》だけで納税や売買を行うことを禁止し、混入率二〇％ならば許容するが、三〇％にもなったら処罰せよとも命じている。つまり撰銭令とは、撰銭制限令・撰銭基準令という性格を有する法令なのだ。この割銭・欠銭・打平目が、撰銭許可対象の代表である。ただ貨幣流通は容易に操作できるものではないし、東日本では一五五〇年代に銭不足が深刻化した。結城政勝《ゆうきまさかつ》は基準貨幣を永楽通宝に限定しようとしたが、銭不足から断念している。北条氏も地悪銭使用率を徐々に緩和し、やがて米・麦・金などによる現物納許容に舵を切る。

金山・銀山の開発

戦国時代の東日本は、金山の採掘が相次いだ。西日本で銀山採掘が本格化したのと同様に、一種のゴールドラッシュを迎えたわけだ。甲斐の黒川金山《くろかわきんざん》・湯之奥《ゆのおく》金山、駿河の安倍《あべ》金山、伊豆の土肥《とい》金山、越後の高根《たかね》金山（「越後国黄金山」）、佐渡《さど》の西三川《にしみかわ》砂金山などが知られる。銀山がなかったわけではなく、出羽《でわ》の阿仁鉱山《あにこうざん》の開発は湯口内銀山《ゆくちないぎんざん》からスタートしている。なお佐渡が上杉領となるのは豊臣期である。

金山を考えるうえで注意したいのは、戦国大名が金山採掘を経営する形を取らなかった点である。金山衆《きんざんしゅう》のトップが独立経営者のような形で金を採掘し、税として上納する方法が採られた。彼らはプロの鉱山技師で、各地の鉱山を渡り歩いた。金山衆の一部には、土木技術を活かして武田氏や今川氏の戦争、特に城攻めに参加する者が出た。彼らは大名に職人として奉公する形となるが、例外的存在といえる。

武田氏の金というと、碁石金《ごいしきん》が想起される。信玄は身分の低い家臣や牢人が、大きな戦功を打ち立てた際、碁石金をみずから両手ですくって与えたという（『甲陽軍鑑』）。たしかに碁石金の発掘事例は確認でき、こうした恩賞給付はあったのだろうが、砂金のほうが基本である。だが黄金の形状は、碁石金や砂金だけではなかった。京都天龍寺《てんりゅうじ》の塔頭臨川寺《たっちゅうりんせんじ》の記録によると、贈られてきた甲州金《こうしゅうきん》の形状は星（製錬されたままの露金）、大板・小板（蛭藻金《ひるもきん》や判金《ばんきん》などの板状のもの）とさまざまである。出土遺物では、板状楕円形の蛭藻金が中央でふたつに切られたものが確認される。当初は重さを量って用いる秤量《ひょうりょう》貨幣という性格を有していたが、やがて大きさが整えられ、枚数で数える計数貨幣に変化したと思われる。砂金の場合、包封して何両かを記していたようだ。

　これが小判へとつながっていくが、戦国期の金は厳密にいうと貨幣ではない。支払い手段というよりは、銭への換金が主目的だからだ。たとえば甲州金は京都では「田舎目《いなかめ》」と呼ばれ、粗悪な金とみなされていた。製錬のやり直しで価値が減額されたり、品位（純度）を精査したうえで、低質であると受け取りが拒否されることもあったほどだ。京都では一般に黄金一枚＝十両、一両＝四匁五分≒銭三貫文で換算されるが（「京目《きょうめ》」）、武田領では黄金一枚＝一両＝四匁二分≒銭一貫六百五十文となっている。北条氏の公定換算率は一両＝銭一貫五百文だから、東日本の慣例だったのだろう。なお、古代より黄金の産地として知られる陸奥では、大崎氏《おおさきし》をはじめとする諸氏が十六世紀初頭に小判を出していたという説もあるが、さらに検討を要するだろう。

2　家臣団統制と領域支配

若き越後国主の悩み

戦国大名研究において、家臣団統制の強弱が論じられることは多い。だがこれは、近世大名のあり方をゴールとして捉えたもので、客観的評価とはいえない。近年では、家臣が「一揆」つまり団結して大名を奉戴する側面が重視されている。戦国大名は専制君主として君臨していたわけではなく、家臣団統制は、どの大名も頭を悩ませた。

その典型が、上杉謙信こと越後の長尾《ながお》景虎《かげとら》である。弘治二年（一五五六）、景虎は突如越後を出奔し、上方を目指して越中《えっちゅう》へ姿をくらました。六月二十八日に、長慶寺《ちょうけいじ》の天室光育《てんしつこういく》に送った書状には、「自分の働きで、国内も豊穣になったところ、長く君臨し続けたせいか、邪魔をする者が出現し、今までの功作は無駄になりました。召し使っている家臣たちも、ますますどうしようもなくなっています。古人も功を成し、名を遂げれば、身を退くものと聞いていますので、私もこの言葉に従い、遠国へ去ろうと決心しました。幸い、長尾家中《かちゅう》には、譜代の優秀な者がおりますので、談合して国を治めることが大事です」などとある。景虎は、越後を統一したものの、命令を聞かない家臣が続出し、嫌気がさしたというのだ。

驚いた家臣たちは帰国を説得した。八月十七日、景虎は姉婿である上田《うえだ》長尾《ながお》政景《まさかげ》に対し、「御存知のように、私は病気がちで、甲斐甲斐しく働いてくれる家臣もおりませんので、越後を出立して以後、国を治めようという願望は捨て去ると決断しました。もう嫌になってしまい、帰国したいという思いはありません。（中略）しかし貴方をはじめ、国中の面々が内心で批判していることは黙止できませんし、さらに弓矢（戦争）から逃れたという批判もありますので、貴方の御意見に従います」などと回答し、越後に帰国した。

二通の書状には、本音と嘘がない交ぜになっている。景虎が、家臣の勝手な振る舞いに苛立ちを募らせていたことは事実なのだろう。しかし、本当に越後を離れ、隠棲しようと決断したとは思えない。景虎不在という状況を作り出し、自分がいなくても越後を治められるか、長尾景虎は家臣に問うたのではないか。越後防衛や国内統治を自分たちだけでやりぬく自信は家臣にはなく、帰国を嘆願することになった。景虎が姿を消せば、長尾氏の誰かが家督を継ぐが、後継者は定められていない。家督をめぐる争いは、越後の存亡に関わる。景虎は最初から結果を予想し、一芝居打ったのではないだろうか。同様のことは、十代将軍足利義稙《あしかがよしたね》が行い、一度目は成功している。景虎は自身の必要性を示さなければ、越後はまとまらないと考えたのだ。実際帰国直前に、守護上杉氏旧臣の大熊朝秀《おおくまともひで》が、武田信玄と蘆名盛氏《あしなもりうじ》に内通して挙兵し、武田領に亡命している。景虎不在の所産だろう。

景虎出奔前の越後には、特に目立った事件がない。長尾景虎は、国内が安定したタイミングを見計らって出奔劇を演出し、家中の引き締めを行ったと考えたい。

寄親寄子制

戦国大名の家臣団統制の特徴としてあげられるのが、寄親寄子制である。大名は、非常に多くの直臣を抱えている。村落出身者も少なくない。それらすべてに目を配ることは、事実上不可能であった。そこで、有力一門や家老クラスの大身家臣のもとに、中小の直臣を配属する制度が整備されていく。

寄親寄子制には、ふたつの目的があった。ひとつは、出陣に際して寄子が寄親に従うことで、寄親（重臣クラス）のもとにまとまった軍勢を形成させることである。大名が寄子に感状《かんじょう》や恩賞を与える場合、寄親を通じてなされることが基本であった。逆にいえば、寄子の戦功は、寄親を通じて上申されたわけだ。しかし寄親寄子制の最大の眼目は、寄子が訴訟を起こす際、寄親が奏者《そうじゃ》としてそれを取り次ぐ役目を担うことにある。戦国大名は、寄子が大名の法廷に直訴したり、寄親を無視し、別の重臣を通じて訴訟を起こすことを禁じることが多かった。大名と嫡男のやりとりすら、間に双方の側近を取次として介在させる形が基本であったから、直訴の禁止や訴訟ルートの固定は当然といえる。

このことは戦国大名の裁判制度が、寄親寄子制と併行して整備されたことを示唆する。このため、分国法には寄親と書かれていても、文書上は「奏者」（大名への取次役）と記されることが多い。現在に伝わる古文書は、裁許状（判決文）や安堵状《あんどじょう》という権利証文が中心であるからだ。一方の寄子は、「寄騎《よりき》」「与力」「同心」などとも呼ばれた。ではなぜ寄子の訴訟を寄親が取り次ぐのか。今川義元は『かな目録追加』第二条で、寄親は訴訟の経緯を熟知しており、無理な訴訟については寄子に意見し、濫訴を止められるからだと述べる。逆に寄親が依怙《えこ》贔屓《ひいき》をした場合や、寄親の敵方内通は例外として、寄親を介さぬ訴訟を認めている。

寄親寄子制の成立時期はまちまちだが、今川氏では永正年間（一五〇四～二一）までには誕生し、天文十年代に確立したとされる。寄子といっても差違があり、①「同名・恩顧の与力」と②「当座の与力」に区分される。①「同名・恩顧の与力」は、寄親の一門・庶流家と、寄親から私的に所領宛行を受けた寄子である。寄親との紐帯は強く、寄親への被官化傾向を持つ。②「当座の与力」は、大名に訴訟を起こす必要が生じた結果、寄親寄子関係を結んだ者たちである。純然たる契約関係といえ、いつ寄親のもとを離れるかわからなかった。

近年、①のうち一門・庶流家をもう少し詳しく分類すべきとの提言がなされた。戦国期においては、嫡子単独相続が定着しているが、弟たちにも知行の一部が分与されることがある。『かな目録追加』第十条には、(A)嫡子の弟が兄から知行を与えられた場合は、兄の寄子となることは当然だが、(B)そうした弟のなかで今川氏から知行地を与えられている者は、所領を今川氏に返上せよとある。直臣身分の喪失を意味するから、寄親への従属強化・被官化促進を意図した規定である。①を細分し「知行割《かつ》分《ぶん》の与力」と呼ぶことが提唱されている。

今川氏では天文九年（一五四〇）までに、「知行・代官所幷与力」という表現が生まれ、寄子が大名からの宛行・安堵対象となっていく。寄親寄子制は、氏輝《うじてる》・義元期に整備され、寄子自身が寄親への恩賞として配属される形で確立したわけだ。しかし義元が三ヶ条にわたって詳細な法度を定めたことは、寄親・寄子間のトラブル多発を示す。『かな目録追加』第三条では、寄子の身勝手な寄親変更を禁じるとともに、寄親による強引な寄子被官化を誡め、寄子との関係を強めたければ、寄子に自領から知行を与えるべきだと定めている。今川氏は寄親に寄子を保護するよう促し、寄親寄子制の維持を図ったのである。

支城制の展開

プロローグにおいて、筆者は戦国大名を一国以上の領域権力と概念規定した。そうした大名が、全領国を直接統治することは難しい。大名領国が拡大するほど、この傾向は強まる。

そこで取られたのが、支城制であった。領国内の各地に、政治・軍事の拠点城郭、つまり支城を設定し、そこに一定の裁量権を与えた一門や重臣を配置するのである。付与する権限は、家臣によって異なる。史料上、彼らは「城主《じょうしゅ》」「城代《じょうだい》」「郡代《ぐんだい》」「物主《ものぬし》」などと呼ばれるが、与えられた権限はさまざまだから、個別検討したうえで、分類をし直す必要がある。北条氏におけるケーススタディが先行し、税（公事）の徴収・賦課権を軸に分類された。なお行政区画は「郡」と「領」からなるが、この点は後述する。

城　将…軍事指揮権だけを所持した存在。
郡　代…税や役などの徴収権だけを持った存在。
城　代…徴税権と軍事指揮権を併せ持つ存在（郡代＋城将）。
支城主…城代にさらに知行宛行権や裁判権を付与された存在。領域支配と領域内家臣の軍事編成を統一的に実現。

支城領主…支城領すべてを自分の知行とした存在。北条領国内における大名。

同じ支城に配置されていても、与えられる権限には大きな差異があり、その点を無視してはならない。支城主・支城領主に任命されるのは、北条一門たる御一家衆だけであり、家老クラスは城代に留まる。留意したいのは、支城領主だけ編制原理が異なる点である。支城主以下は大名から権限を与えられているのに対し、支城領主は支城領そのものを領地として与えられ、統治する形をとっている。

武田氏については、筆者がこれをもとに整理した。

城　将…軍事指揮権だけを所持した存在。

城　代…城将ではあるが、広域軍事統率権や外交交渉権などを付加された存在。

郡　司…徴税権・知行宛行権・裁判権・外交交渉権・広域軍事指揮権を付与された存在。

支城領主…支城領すべてを自分の知行とした存在。武田領国内における大名。

武田氏では、郡代に代わって史料用語から郡司《ぐんじ》という役職を定義した。郡司のあり方は北条氏の支城主に近いが、宿老《しゅくろう》が中心であるためか知行宛行権や裁判権が弱く、同一視できない。支城領主は、やはり御一門衆と呼ばれた大名子弟クラスの武田一門に限定される。

常陸佐竹《さたけし》氏では、北・東・南という佐竹苗字を許された一門（佐竹三家）が軍事・内政・外交の核となっていく。基本的に戦国大名は、新たに輩出した一門を主力とした体制を整える傾向が強い。こうした議論は、大名ごとの蓄積と比較が不可欠である。議論の土台となる共通項を整えたうえで、個々の大名の特徴を表現していくことが課題といえる。

国衆の自律性

プロローグにおいて、大名領国内には自治支配権を認められたまま服属した領域権力「国衆」が散見されると述べた。国衆は、室町時代の国人《こくじん》領主を出自とする家が多い。国人とは室町幕府における身分で、基本的に幕府に直接従う存在である。

国衆は戦国期に入る段階で、戦国大名と同じような経緯で近隣の小領主を服属させ、一円領国を形成した存在と定義されている。つまり、国衆も居城を中心とした面的支配圏を形成した領域権力であり、独自の文書発給を開始して行政制度を整えていった。戦国大名との差違は、独立しているか否かである。しかし戦国大名と国衆の線引きは難しい。独立性と勢力規模が基準となるが、戦国大名の成立過程では、国衆も自立した存在である。大名が国規模、国衆が郡規模という区別も絶対ではない。特に議論となるのが東北や東関東で、郡規模の独立領域権力が少なくなく、南東北では郡主《ぐんしゅ》という呼称が提唱されている。

さて、国衆はなぜ戦国大名に従うのか。もちろん、大名の攻撃や軍事的圧迫を受けて降伏する事例は少なくないが、自発的に服属を申し出るケースもある。国衆も、周辺小領主から軍事的保護や裁判を期待されて成立した領域権力である。しかし郡規模勢力では、戦国大名の軍勢には対抗できない。戦国大名に従うことで、領国の安全を確保するのだ。

つまり国衆が戦国大名に従う最大の理由は、大名から軍事的保護を受けることにある。これは一種の契約であり、戦国大名の「軍事的安全保障体制」と呼んでいる。援軍派遣や、敵国の侵攻が予想される場合は、大名に軍勢駐留を求めることもある。東美濃恵那《えな》郡の国衆遠山氏《とおやまし》の領国に、武田氏の軍勢が駐留しているのは（第七章参照）、この一例である。

「軍事的安全保障体制」の恩恵を受ける代わりに、国衆は大名の命に従い出陣する義務を負う。出陣しない場合でも、国衆領は大名領国の一部に組み込まれているわけだから、自領に敵の侵入を許さなかったり、撃退することじたいが、軍役の代替となった。

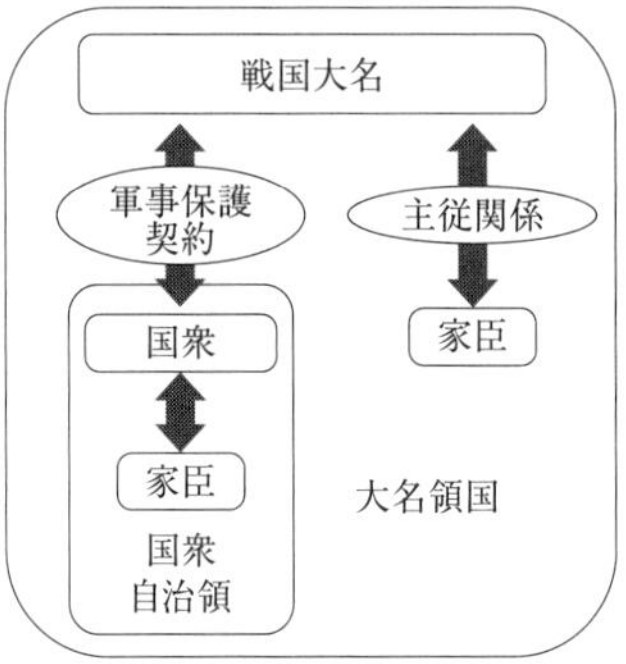

26—大名・国衆関係図

このように戦国大名と国衆は、軍事的保護を軸とする双務的契約で主従関係を結んでおり、譜代家臣とは立場が異なる。基本的には外様待遇で、大名の家中に包摂された存在ではないから、大名の内政に関わることもない。江戸幕府と外様大名の関係に近い。自治権を保持しているから、国役《くにやく》と呼ばれる全領国を対象とする公事と伝馬を除いて、税や役を賦課されることも基本的になかった。ただ、国衆が自家存続の危機と判断すれば、大名に軍政両面で支援を仰ぐ。松平広忠《まつだいらひろただ》横死後、嫡男竹千代が駿府へ出仕した一方で、今川氏の家臣が岡崎城《おかざきじょう》に入って、岡崎領を松平家臣と共同統治する体制が築かれたのが、これにあたる。

したがって大名の「軍事的安全保障体制」が崩壊し、もう大名から保護してもらえない、この大名は頼りにならないと考えた場合、国衆は大名を見放し、別の大名に従属し直す。戦国大名の戦争では、雪崩を打つように国衆が離叛し、滅亡につながることがしばしばある。オセロゲームのような展開で、大名が国衆から見放された結果といえる。大名からみれば裏切りだが、国衆からすれば、軍事的保護能力を喪失した大名の責任なのである。

ただし、大名本国の国衆（本国内国衆）は譜代化する傾向にあり、分国の外様国衆と分けて考える必要がある。北条領相模における津久井内藤《つくいないとうし》氏、武田領甲斐における穴山《あなやま》・小山田氏、上杉領越後における毛利北条氏《もうりきたじようし》や柿崎氏《かきざきし》が典型例であるだろう。一方で、規模の小さな国衆は、早くに譜代家臣となる。彼らこそ、戦国大名家中の構成員である。

大名による国衆の統制は、寄親寄子制の発展系といえる。軍事指揮権を有する一門・宿老が、国衆への助言や大名への取り成しといった保護を加えると同時に、訴訟の受理などの取次役も行う。大名側近も国衆との意思伝達を担っており、前者を「指南《しなん》」、後者を「小指南」と呼称している。指南という用語の選定は、統制・保護という側面を重視したことによる。なお奏者・指南という言葉は、上申・下達時の取次役の別称で、内実は同じである。北条氏綱の娘婿吉良頼康《きらよりやす》が、大平清九郎《おおひらせいくろう》を江戸《えど》周防《すおう》父子の「寄子指南并奏者」に任じたのがその一例である。

「郡」と「領」

西関東や中部の戦国大名は、家臣に支配を任せた領域を「郡」もしくは「領」と呼ぶことが多い。このうち郡という言葉は、非常に誤解を招きやすい。戦国大名の支配単位に「国」があることは間違いなく、国も郡も古代律令国家において定められたものである。しかし戦国期までに郡域は変遷を遂げており、たとえば古代相模は足上《あしのかみ》・足下《あしのしも》・余綾《ゆるき》（淘綾）・大住・御浦《みうら》・高座《こうざ》・鎌倉・愛甲《あいこう》の八郡からなっていたが、戦国期には西郡・中郡・東郡・三浦郡（旧御浦郡）および津久井領に分かれていた。

こうした郡名は、北条氏入部前の扇谷上杉氏時代にみられ、社会的に通用した別称の定着とみるべきだろう。というのも、西郡は酒匂川《さかわがわ》流域である足上・足下郡、東郡は相模川《さがみがわ》以東（三浦郡を除く）、中郡はその中間の大住・淘綾郡と愛甲郡南部、津久井領は相模湖・津久井湖および道志川《どうしがわ》流域を中心とする愛甲郡北部からなり、自然地形による区分という色彩が濃いからだ。近世に旧郡名に戻されたが、津久井領は「津久井県」と呼ばれ、全国で唯一の県となる。国境についても変動がみられるし、古代国家が作り上げた国郡制は形骸化していた。

つまり戦国大名は国や郡という呼称を踏襲し、行政区分として用いたが、それは従来の呼称を慣習的に踏襲したに過ぎない。在地社会で定着した呼称があれば、それを利用したほうが早いし、現実とも一致するというのが、戦国大名の基本的な考え方であった。名前が同じでも、中身が同じとは限らないのは、世の常である。

そのなかで、新しい行政区分が誕生してくる。それが「領」である。領は、基本的に国衆の支配領域を指して用いられ、国衆の本拠の名を冠して「○○領」と呼ばれる。国衆も戦国大名と同様の領域権力だから、国衆の支配領域それ自体がひとつの行政区分と化している。つまり国衆が滅亡しても、「○○領」という呼称は残るのだ。相模で津久井だけ「領」なのは、扇谷上杉氏《おうぎがやつうえすぎし》の宿老内藤氏が、同地で国衆化した形で、伊勢宗瑞に服属した結果である。このため、戦国大名は一門に国衆の家を相続させ、国衆領の主として藩屏《はんぺい》化することが多い。先述した支城領のうち、支城領主の「領」は国衆領の継承で生み出される。

つまり「郡」と「領」は成立過程は異なるものの、内実は同じである。そして戦国期を通じて、国・郡・領を単位とした連帯感が醸成されていく。郷土意識の芽生えである。

「洞」と「屋裏」

「洞」「洞中」あるいは「屋裏《おくり》」とは、東関東や東北地方で多用された言葉である。この地方では、北条氏が多用したような「国家」「領」「分国」といった言葉がほとんどみられない。そのため、北条氏や武田氏とは統合原理が異なると考えられている。この議論においては、大名の軍事指揮権が及ぶ範囲が「洞」と呼ばれるものの、分権的性格が強く、領国掌握ではなく個々の「家」を人的に掌握することで権力編制が成されていたと評価されてきた。そもそも洞の本義が「一家一門」を指すことから、族縁的・地縁的なルーズな結合に奉戴された権力という理解を生み出したのである。

しかしながら、これは北条・武田・上杉・今川といった戦国大名への過大評価である。現在では、戦国大名一般が「家臣の一揆」に支えられた権力と理解されている。武田氏においても「洞」の用例は一例ながら確認できるし、逆に北条氏が多用した「国家」はみられない。武田氏は、清和源氏《せいわげんじ》の末裔を強調した「当家」を統合論理としたからである。

西関東や北陸・中部・東海地方の大名領国にも、多数の国衆領が存在する。逆説的だが、「洞」を多用した佐竹氏や結城氏では、従属国衆の自律性が早くに注目されたのである。なお結城政勝は『結城氏新法度《ゆうきししんはっと》』において、家中・家風《かふう》と洞中を併用しているが、両者を厳密に区分しているとは言い難い。結城氏においては、山川氏・多賀谷氏《たがやし》・水谷氏《みずのやし》が独立性が高いと評価され、上杉謙信は彼らを結城氏と分けて捉えている。しかし、それはあくまで謙信の理解である。一般に、有力一門や国衆は、戦国大名の家中には含まれないとされるが、第三者から家中構成員とみられたり、逆に独立勢力と把握されることがしばしばある。この問題では、第三者の視点は少し割り引いたほうがよい。

結城氏が、山川・多賀谷・水谷氏の内政に干渉した証左がないのは、彼らが内政自治権を保持する従属国衆だからである。これら三氏が、他大名・国衆と独自の外交交渉を行うことがある理由も同様で、たとえば武田氏の従属国衆真田幸綱《さなだゆきつな》も、上杉謙信に太刀を贈っている。

大名同士の国境（境目）に位置する国衆は、常に他大名の侵攻の脅威に晒された存在である。そのため領国の安全を維持するため、二つの大名に同時に従属する「両属」という形態がしばしば取られた。大名にとっても、両属国衆の領国が、他大名との緩衝地帯になることは悪い話ではない。適宜これを受け入れたのである。

3　大名の裁判と分国法の展開

分国法と家法

中世社会において、法典が編纂されることは稀である。それを成し遂げたのが鎌倉幕府の『御成敗式目』だが、その前後に出された単行法令をまとめようという動きは本格化しなかった。結果として、戦国時代に至るまで、『御成敗式目』は武家法として通用していたのである。関東では宇都宮氏が鎌倉時代の弘安《こうあん》六年（一二八三）に『宇都宮家式条《うつのみやけしきじょう》』を編纂したことが著名だが、同様の動きはあまり広まっていない。中世法は、慣習法や先例・単行法令を活用することが基本であり、編纂法典は不可欠ではなかった。

戦国時代に入ると、一部の大名が分国法を編纂し始める。ただしすべての大名が分国法を作ったわけではない。戦国大名中、もっとも緻密な内政制度を整えたとされる北条氏が、分国法を制定した形跡がないことが、それを端的に表している。『早雲寺殿《そううんじでん》廿一箇条《にじゅういっかじょう》』という家訓が伝わるが、伊勢宗瑞制定とする根拠は軍記物『北条五代記《ほうじょうごだいき》』であり、北条氏のものとみても矛盾はないという程度に留まる。内容も家臣の心得を列記した訓戒書だから、宗瑞自身の制定ではなく、一門・重臣の編纂とみたほうがよいとされる。

その一方で北条氏は、評定衆《ひょうじょうしゅう》という訴訟審議機関を設置している。そして裁判の判決には、虎朱印状を押捺しながら、評定衆が花押を据える裁許状という独自の文書様式が用いられた。北条氏は法典編纂よりも、裁判制度の整備に重きを置いたといえる。

『今川仮名目録』

大永《だいえい》六年（一五二六）四月十四日、今川氏親は『今川仮名目録《いまがわかなもくろく》』全三十三ヶ条を制定した。第二十一条に「今年大永五年乙酉」とあり、執筆は前年にさかのぼる。氏親は大永六年五月後半に病床に伏して六月二十三日に没しており、死去直前の完成であった。漢字仮名交じり文であるうえ、晩年の氏親が病臥していたこと、氏親最晩年から死後しばらくは正室寿桂尼《じゅけいに》が政務を代行したことから、成立過程をめぐる議論がある。結論をいえば、寿桂尼およびまだ十四歳であった嫡男氏輝を意識して、女性や子供が用いる平仮名で書き記したとみるのが自然だろう。奥書《おくがき》に「ひそかにしるしをく者也」とあるが、秘匿されたわけではない。周知されなければ、意味のない条文を含むからだ。これも執筆姿勢を述べたに過ぎない。

『今川仮名目録』で著名なのは、「喧嘩両成敗法」の規定である。家臣同士が喧嘩した場合は理非を問わず双方共に死罪、ただし抵抗せず怪我を負うようであれば赦免し、かつ係争案件は無条件で勝訴とするという内容を持つ。「理非を問わず成敗」という内容は、およそ法とはいえない滅茶苦茶なものである。しかしこれは、自力救済《じりききゅうさい》が当たり前であった状況を、改善しようとした抑止法とみねばならない。つまり何かトラブルが起これば、暴力・軍事力で解決するのではなく、今川氏に訴訟せよと、裁判への誘導を求めた条文なのだ。ただし氏親の独創ではない。攻撃側を重く処罰するという室町幕府の「故戦防戦法《こせんぼうせんほう》」の系譜を引くとともに、当時の在地社会で広まりつつあった考えを明文化したものである。明文化した点に画期性があるといえる。

天文二十二年（一五五三）二月二十六日、氏親の子息今川義元は、『かな目録追加』全二十一ヶ条を制定した。『今川仮名目録』の増補版だから、同じ仮名書きとしたのだろう。プロローグで述べた、戦国大名の独立宣言といえる条文は、この分国法の第二十条である。前述したように、寄親寄子制に関する条文が多い。義元はさらに、訴訟受理に関する具体的手続きを定めた「訴訟条目」を制定している。「たよりなき者」つまり今川氏へ訴訟を取り次いでくれる家臣へのツテがない庶民の訴訟を想定し、駿府における目安箱設置を明記している点に特徴がある。この点からも、『今川仮名目録』が秘匿されたと考えるのは難しい。

『甲州法度之次第』

天文十六年（一五四七）六月一日、武田信玄は『甲州法度之次第』を制定し、同二十三年五月に二ヶ条を増補した。信玄の側近駒井高白斎《こまいこうはくさい》の書とされる『甲《こう》陽日記《ようにつき》』天文十六年五月晦日条に、「甲州新法度之次第、書納進上仕候」とあり、高白斎が中心メンバーとわかる。二十六ヶ条本と五十七ヶ条本があり、合計三系統に分類される。二十六ヶ条本のなかには、信玄が自身で花押を据えたものがあり、五十七ヶ条本には、袖に武田氏の龍朱印が捺され、天正八年（一五八〇）書写という奥書を持つものもある。両者とも、原本といってよい。問題は、二十六ヶ条本から五十七ヶ条本への増補過程である。かつては天文二十三年の二ヶ条増補を拡大解釈し、実際には五十七ヶ条に増補されたという理解が多かった。

しかし近年、武田氏は『甲州法度之次第』改訂を繰り返しており、一度目の増補しか注記しなかったことが明らかにされた。つまり、三系統のどれもがある時点での『甲州法度之次第』なのだ。最初に高白斎が進呈したものは、『御成敗式目』から六ヶ条、『今川仮名目録』から十三ヶ条が引用されている。前者の影響は分国法一般にみられるが、後者は丸写しに近いものがあり、同盟国今川氏の分国法に学んだことが明らかとなる。

本文最後の条文で、信玄自身もこの法度の対象であり、過ちがあれば身分を問わず「目安」（上申文書）で訴えよとある点に公権力としての自己規定を読み取れる。まとまった追加条文としては、「借銭法度」全十ヶ条と「棟別法度」全六ヶ条が指摘できる。棟別銭が武田氏税制の根幹であることは先述した通りである。一部削除された条文もあり、改訂説を裏付ける。

セットで捉える必要があるのが『信繁家訓《のぶしげかくん》（家訓九十九ヶ条）』である。永禄元年（一五五八）四月に、信玄の弟武田信繁が嫡男長老《ちょうろう》（信豊《のぶとよ》）に与えたという体裁を取る。漢籍を引用しつつ、信玄への忠節と家臣としての心得を説いたものだが、私的なものではない。天正六年の写本が武田旧臣の家に伝来しており、広く読まれたと推測される。

『結城氏新法度』

弘治二年（一五五六）十一月二十五日、下総《しもうさ》の結城政勝が制定した分国法が『結城氏新法度』である。本文百四ヶ条、政勝による追加二ヶ条、養子晴朝《はるとも》による追加一ヶ条からなる。適用範囲は、結城氏「家中」「洞中」つまり譜代家臣と直轄領である。従属国衆山川・多賀谷・水谷領は適用対象外となっている。重臣が「御掟」を守ることを誓約しており、『御成敗式目』以来、武家法で広くみられた形である。原本は戦災で焼失してしまった。

政勝自身の執筆で、漢字仮名交じり文であるうえ、方言も多く含むため、正確な解釈が難しい。執筆の契機は、海老島《えびがしま》合戦の戦勝後、小田氏治《おだうじはる》に占領地を奪還されたことにあると考えられており、内容も、家中統制法に近い。ただ政勝は執筆中に気持ちが高ぶってしまうことがしばしばあり、個人的感情を書き綴った条文も少なくない。そのため内容の豊富さに反して、条文の配列にはあまり規則性がない。政勝の気分で書き継いでいったためである。たとえば荷留《にどめ》規定は家臣の要請で制定されたもので、関所における荷物通過には結城氏の朱印状を必要とすると定めた。ところが自分に関わる荷物を朱印状なしで通過させることが横行し、政勝は誰の要請でこの法を定めたのかと怒りを籠めた条文を追加している。

伊達氏と『塵芥集』

伊達《だて》稙宗《たねむね》制定の分国法『塵芥集《じんかいしゅう》』は、天文五年（一五三六）四月十四日付で家臣が起請文《きしょうもん》を付して遵守を誓約している。『御成敗式目』の影響が大きいが、伊達領で起きた問題に即応した条文も少なくない。全百七十一ヶ条からなり、追加条文を含む。

原本は漢字仮名交じり文であったとみられる。この分国法じたいが、家臣団の反発を招き、天文十一年の洞の乱を招いたことは、第一章で述べた。稙宗が敗北し隠棲に追い込まれたため、『塵芥集』は死文化されたらしい。江戸時代に再発見されるまで、長らく日の目をみることはなかったという。

稙宗は同法に先立ち、天文二年三月に「蔵方之掟《くらかたのおきて》」十三ヶ条を制定した。質入れに関する法令で、やはり重臣が連名で遵守を誓約している。『塵芥集』には「蔵方之掟」を参照せよという条文と、同法に反する条文が併存する。増補過程で、廃止されたようだ。

4 「外交」の仕組み

取次と副状

プロローグにおいて、戦国大名を「地域国家」と規定した。各大名が、他大名と和睦・同盟やその破棄といった駆け引きを繰り広げてきたことは、本書第一章から第四章でみてきた通りである。本節では、その「外交」のあり方についてみていく。なお、一般に前近代の外交は「通交」と記されることが多いが、「地域国家」間の軍事同盟を含んだやりとりであるため、敢えて外交という言葉を用いる。

戦国大名の外交のあり方は、国衆統制のそれと類似する。一門・宿老層と大名側近層がペアを組む形で、交渉に臨むことが多いのである。筆者は前者を取次、後者を小取次と呼称している。大名の外交相手には、まだ独立状態の国衆や、他大名麾下《きか》の国衆も含まれる。彼らが服属した場合、取次・小取次が指南・小指南へとスライドしていく。

これには二つの意味がある。まず、大名の外交書状は、取次・小取次の副状《そえじょう》とセットでなければ、基本的に機能しない。副状が欠けている場合は、理由の説明が求められた。小取次が分国の城代などに転出し、側近としての立場を失った場合は小取次の交代が必要となる。小取次は、受け取った書状の披露を行うだけでなく、表向きにはできない大名の本音を内々に伝え、外交関係の円滑化を図る役割をつとめたからだ。

問題はなぜ一門・宿老からなる取次も必要になるかである。援軍派遣時の指揮官となることが期待された側面もあるが、より重要なのは、大名発言の保証である。戦国大名は、専制君主というよりは、家臣の一揆に支えられた権力である。したがって交渉相手からすれば、大名の書状が家中の支持を得たものかを知りたい。その際、一門・宿老層という発言力の大きな人物の副状があれば信頼性は高まる。さらにいえば、取次・小取次には、自家との友好維持の重要性を家中で説いてもらうことも期待した。このため、取次・小取次には自領から知行地を与えるなどして（取次給）、厚遇したのである。

和睦・同盟の作法

戦国大名間の外交は、和睦（和与）と同盟のふたつに分けられる。前者は停戦を意味し、ごく短期間のものも多い。後者は軍事同盟という性格を帯びたもので、停戦つまり相互不可侵だけでなく、「手合《てあわせ》」と呼ばれた援軍派遣が含まれる。なお手合は現在とは意味が真逆なため、誤読しやすい。

和睦にせよ、同盟にせよ、それまでは対立していた大名間で話し合われることが多い。そのため、いきなり大名が交渉の場に乗り出すことは少ない。取次と定めた家臣を通じて交渉を打診したり、他大名あるいは将軍に中人《ちゅうにん》となってもらい、和睦調停を依頼する。前近代社会では、面目を潰されたまま放置することは、政治的・軍事的な「死」を意味する。大名が門前払いを受けるわけにはいかないのだ。中人の活用も、その面目を潰さぬよう相手が配慮することを期待してのものである。このような経緯を取る以上、取次は必ずしも大名が任命するわけではない。他大名から重臣と見定めて送られた書状を受け取ったことで、取次となる事例も多い。

面目が重んじられているからこそ、どちらが頭を下げる形になるかは大きな問題となる。そこで特に最初の交渉は、双方の境目地域で行われることが多い。武田・北条間の同盟交渉が、武田領東端の国衆で、かつて北条氏とも友好関係にあった小山田氏の本拠谷村《やむら》（山梨県都留市）で協議されたり、斎藤道三《さいとうどうさん》と織田信長の会見が濃尾国境の正徳寺《しょうとくじ》（現聖徳寺。当時の所在地は愛知県尾西市にあたる）で行われたのはこのためだ。ただ和睦や同盟を持ちかけた大名が、相手に莫大な礼銭を贈ることはあった。

和睦・同盟交渉でもっとも難航するのが「国分《くにわけ》」と呼ばれる国境の確定作業である。第二次河東一乱《かとういちらん》で、今川義元が和睦に同意したきっかけが、北条勢の駿河全面撤退であったのは、それが駿河を今川領、伊豆を北条領とする国分成立を意味したことによる。

婚姻や養子縁組は、不可欠ではないが、あったほうが望ましいことは間違いない。古河公方《こがくぼう》と関東管領山内上杉氏の和解後、養子が二回も上杉氏に入っていたり、甲駿相三国同盟が、三家の姻戚関係構築を伴っているのが好例である。

こうした協議事項は、起請文という様式の文書を作成して取り交わす。起請文は相互に下書きを持ち合い、締結内容を協議したうえで定められる。末尾には起請内容を誓約する神々（神社）の名を記し、以上を破れば神罰を蒙るといった言葉で結ばれる。用いる紙も特殊で、中世後期以降は、牛玉宝《ごおうほう》印《いん》という護符の裏側に記すことが一般的である。牛玉宝印は流通の関係から熊野那智大社《くまのなちたいしゃ》のものが多いが、起請文には必ずこの神社の牛玉宝印を用いると定めた大名もあり、それを相手にも要求した事例がある。誓約する神々の名も、双方が信仰する神社を加えて実効性を高めることが多かった。すべてが、協議事項なのである。起請文作成時には、針で指に傷を付け、花押の上に血をしたたらせた血判《けつぱん》を据える。本人のものと証明するため、相手の使者の眼前で行うことが基本であった。

こうした起請文を、大名だけでなく取次なども交換する。注意したいのは、起請文交換は、和睦・同盟締結時だけではない点である。何か不信感を抱く事項が生じたら、起請文の提出を要求する。また、代替わりが起きた時も、同盟継続を確認することが不可欠となる。近現代の条約と違って、期限が定められているわけではないからだ。

逆に同盟破棄時はどうするか。もちろんいきなり攻撃をして、敵対意思を表明することも少なくない。しかし重要な同盟の場合、「手切之一札《てぎれのいっさつ》」という同盟破棄通告書を送付することがあった。いかに自分が相手のために尽くしてきたか、それにもかかわらず裏切られ、やむを得ず同盟を破棄したのだといった主張を記したものである。ポイントは相手大名だけでなく、周辺大名や国衆、場合によっては家臣にも送付した点にある。自身の正当性を主張し、同盟破棄に伴う周辺国敵対の予防が最大の目的であった。

幕府と朝廷

戦国大名も、室町幕府や朝廷、古河公方と一定の関係を保っていた。古河公方との関係は、各所でふれてきたので、対幕府・朝廷外交をみてみたい。戦国大名と幕府が接する機会は、おおまかに二つに分けられる。ひとつは、幕府の役職・栄典獲得や朝廷官職の吹挙《すいきょ》依頼、もうひとつは大名間戦争の和睦調停である。室町時代、武家が朝廷官職を得るには、将軍の吹挙が必要であった。つまり朝廷に直接交渉をするのではなく、幕府との交渉を前提としていたのだ。各国の守護職や相伴衆《しょうばんしゅう》といった幕府内の役職・家格、毛氈鞍覆《もうせんくらおおい》や白傘袋《しろかさぶくろ》の使用許可、塗輿《ぬりごし》使用許可といった栄典は、言うまでもない。

問題は、これらの実効性である。戦国大名が守護職を獲得したり、名国司《みょうこくし》（国守）に任官したからといって、各国の支配が円滑化するわけではない。戦国大名にとって、名国司任官や守護職・相伴衆補任《ぶにん》が意味を持つのは、国内外の勢力との関係においてである。越後守護代家である長尾氏が、連続して毛氈鞍覆・白傘袋使用の許可を得たのは、それが守護待遇を意味したからである。越後国内の反長尾国衆や、他国の大名と渡り合ううえで、家格は無視できないのが現実ではあった。戦国期は下剋上の時代といわれるが、身分制社会である点は揺らがない。伊達氏の奥州探題《おうしゅうたんだい》補任要求も、同様の発想である。

この点を将軍も利用した。足利義晴《あしかがよしはる》・義輝《よしてる》期の政策をみると、各国の実態と守護職補任にある程度整合性を持たせようという方向性が読み取れる。ただ現状を追認するわけではなく、政治的判断の末になされた。永禄元年（一五五八）、足利義輝は、武田信玄の嫡男義信《よしのぶ》に三管領に准ずる格式を与え、信玄を信濃守護に補任した。武田・上杉（長尾）間の和睦調停の一環として行われたものだが、和睦はすぐに破棄された。永禄四年、義輝は京都亡命中であった小笠原長時《おがさわらながとき》の信濃帰国支援を、上杉謙信に命じている。つまり義輝は信玄の信濃守護補任を取り消した形になるが、それで武田氏の信濃支配が揺らぐことはなかった。また将軍の和睦調停は、武力による実効性を有さない。そのため、周辺大名・国衆に中人となるよう要請し、外戚近衛《このえ》氏《し》や同氏出身の修験《しゅげん》の棟梁聖護院門跡《とうりょうしょうごいんもんぜき》（道増《どうぞう》・道澄《どうちょう》）の活用を図った。最終判断は大名側に握られていたが、中人活用は一定の効果を期待できたからだ。

朝廷官職も同様である。戦国期、四職大夫《しきだいぶ》と呼ばれる左京大夫《さきょうのだいぶ》・修理《しゅり》大夫・大膳大夫に任官する大名が続出した（管領細川《ほそかわし》氏の家の官途である右京《うきょう》大夫は例外）。これは家格向上を図る諸大名と、叙位任官時の莫大な礼銭獲得を目指した幕府・朝廷の意向が一致した結果といえる。幕府財政逼迫により、天皇の葬儀や即位儀礼すら満足に行えなくなった朝廷は、戦国大名に財政支援を求めていく。特に守護代や国衆出身の大名は、家格の低さで侮られることを避けるため、朝廷や幕府との関係強化を図った。

第七章で後述する桶狭間《おけはざま》合戦の直前、今川義元は三河守《みかわのかみ》、嫡男氏真は治部大輔《じぶのたいふ》に補任されている。これを足利尊氏《あしかがたかうじ》の先例に倣い、上総介《かずさのすけ》・治部大輔・三河守の順に任官することで、上洛と将軍任官を目指したとする古典的な説がある。しかし足利尊氏が歴任した官職はもっと多いうえ、三河守護ではあるが三河守に任官したことはない。そもそも今川義元が上総介に任官したり自称したりした事実も存在しないのだ。近年の研究により、公家衆が今川氏の歓心を買おうと進めた任官手続きで、義元・氏真は関知すらしていないことが明らかにされた。だから義元は治部大輔を名乗り続け、氏真も治部大輔任官を無視して家の官職上総介を用い続けたのである。

一部の公家や幕臣は、生活の困窮から離京し、大名のもとに滞在したり、京と大名の本拠を往来した。これが、次章で述べる文化の地方伝播に大きな影響をもたらしていく。

六　文化と宗教の伝播

1　連歌と蹴鞠

猪苗代兼載の晩年

鎌倉時代に鎌倉・宇都宮で芽生えた東日本の歌壇は、戦国期には連歌を中心とし、十五世紀後半に鎌倉・堀越《ほりごえ》・古河《こが》・江戸を中心とする関東歌壇が花開いた。藤原定家流《ていかりゅう》の歌人正徹《しょうてつ》の弟子心敬《しんけい》が関東で晩年を過ごし、心敬に学んだ宗祇《そうぎ》・兼載《けんさい》が活動した影響が大きい。京都では傍流となっていた定家流が、栄える下地が整えられていた。中世の和歌は、独創性よりも、本歌取り《ほんかどり》・本文取り《ほんもんどり》といった古歌・漢詩を踏まえて詠むことが求められたから、優れた歌人の来訪が和歌・連歌の活性化には不可欠といえる。

猪苗代《いなわしろ》兼載は会津《あいづ》蘆名氏《あしなし》の一門猪苗代盛実《もりざね》の子とされる。文亀《ぶんき》元年（一五〇一）、京を離れ、故郷会津に近い関東に下っていた。そこで自身の句集である『園塵《そののちり》』第四を編纂している。内容は文亀元年から死去前年の永正《えいしょう》六年（一五〇九）までで、文亀元年編纂の『園塵』第三に続く最後の句集となった。当初岩城《いわき》に草庵を構えたのは、養子として迎えた弟子の兼純《けんじゅん》が同地出身であったためだろう。兼純の実父で、岩城氏と親しい歌人広幢《こうとう》は、兼載の叔父だから、従兄弟の関係にあった。歌論『兼載雑談《けんさいぞうだん》』は、兼純に与えるとその奥書《おくがき》に記される。文亀三年には故郷会津を訪ね、宗祇が撰した『竹林抄《ちくりんしょう》』を講じている。永正二年八月の蘆名盛高《もりたか》・盛滋《もりしげ》父子の対立抗争に際しては、九月に「蘆名連歌百韻《ひやくいん》」を詠んで、父子和解を祈念しており、その前後にも蘆名氏重臣との連歌会を重ねた。

永正六年までに下総《しもうさ》古河に移り、古河公方足利政氏《あしかがまさうじ》に自他の連歌集を献上している。兼載は中風で手が震える状況にあり、政氏の侍医田代三喜斎《たしろさんきさい》（江雪庵）の治療を受けた。しかしすでに手遅れで、永正七年六月六日に古河の北野和田で五十九歳の生涯を閉じた。後継者猪苗代兼純は、伊達稙宗《だてたねむね》に仕えた。

宗祇の死去と宗長・宗牧

これ以前の文亀二年（一五〇二）七月晦日、宗祇が箱根湯本において八十二歳で死去した。岩城にいた兼載は、箱根湯本まで駆けつけている。明応《めいおう》四年（一四九五）の『新撰菟玖波集《しんせんつくばしゆう》』編纂に際し、兼載は宗祇に助力する立場にあったのだから、当然といえよう。

明応九年の歌論『浅茅《あさじ》』では、三十歳過ぎより「連歌の道でよいのかと悩んだ」が、八十になって「初心を忘れず」と生涯を回顧している。同年七月に越後《えちご》に下向し、翌年九月に講じた『古今和歌集』論の聞書《ききがき》を、尾張《おわり》出身の弟子宗碩《そうせき》が取りまとめた（『宗碩聞書』）。

この頃宗祇は中風で体調を崩しており、弟子の宗長が見舞いに訪ねてきたが、宗長自身が病床に伏してしまう。帰京を予定していた宗祇は、大雪による交通路途絶と宗長の体調を考慮して延期した。翌文亀二年二月、宗長が駿府《すんぷ》に帰国しようとしたところ、宗祇は「富士山をもう一度見たい」と言いだし、信濃《しなの》・上野《こうずけ》経由で駿河《するが》を目指した。この間、宗祇と宗碩は中風に効くという伊香保で、宗長は草津で湯治をしている。

しかしむしろ伊香保湯治で宗祇の中風は悪化し、江戸に入ったところで動きが取れなくなった。小康を得てから今川氏親《いまがわうじちか》の迎えを受け、駿府に向かうが、その途上箱根湯本で死去してしまう。宗長は、越後への病気見舞いから宗祇死去までを『宗祇終焉記』として書き記した。死去に際し、宗祇は「夢のなかで藤原定家に会った」と述べ、今詠んだ句に下の句を付けろと戯れに言いながら、「灯火の消えるように」息を引き取ったと記される。

『宗祇終焉記』には意図的としか思えない時系列上の誤りがあり、宗長が理想化した宗祇像とみねばならない。特に臨終の場面は「歌聖」定家と宗祇を並列させることで、連歌師としての宗祇を称揚する意図があったとも指摘される。同書は、歌人として知られた公家三条西実隆《さんじょうにしさねたか》に送られたからである。八月十五日に今川氏親が催した連歌会で、追悼の句が詠まれた。

柴屋軒《さいおくけん》宗長は、当初駿河守護今川義忠《よしただ》に仕えた人物である。文明《ぶんめい》八年（一四七六）頃、義忠討死の前後に上洛して宗祇に弟子入りし、一休宗純《いっきゅうそうじゅん》に禅を学んだ。孫弟子の里村紹巴《さとむらじょうは》は、宗長を駿河島田の鍛冶屋の子としており、間違いなかろう。もともと宗長は、義忠のもとで文化人の応接を担っていた。明応五年、二十余年ぶりに駿河に帰国して以後は、各地を旅しつつも、しばしば駿河において今川氏親と公家・歌人の間を取り持つ役目を果たした。駿河歌壇成立にもっとも大きく寄与したのは、宗長といってよい。永正三年（一五〇六）には、駿河宇《う》津山《つのやま》の麓、丸子《まりこ》泉谷（静岡県静岡市）に「柴屋軒」という庵を結んだ。丸子は氏親の最初の本拠地だから、その厚遇ぶりが窺える。

宗長は各地を旅し、『宇津山記』『東路《あずまじ》のつと』『宗長手記』といった紀行文を残した。各地の大名やその家臣と交流し、たとえば伊勢《いせ》宗瑞《そうずい》の性格を越前《えちぜん》の朝倉宗滴《あさくらそうてき》に伝えたのは宗長である（『朝倉宗滴話記』）。宗長の活動は今川氏親の外交に大きく寄与し、永正十四年に甲斐《かい》で孤立した駿河勢の撤退交渉を、武田《たけだ》信虎《のぶとら》と取りまとめたことはすでに述べた。

一方で禅の師である一休宗純を信奉しており、彼が住持を務めた大徳寺《だいとくじ》の山門造営に力を注いだ。宗長の歌が「散文的」「ユーモア」と評されることがあるのは、一休の影響であろうか。大永《だいえい》二年（一五二二）、「酬恩庵《しゅうおんあん》にして末期の願ひ」として「願はくは今年の暮れの薪きる嶺の雪より前に消えなん」と詠んだ（『宗長手記』）。一休終焉の地であり、墓所でもある酬恩庵での死去を望んだのである。

大永六年二月、大徳寺山門落成を聞いた宗長は急ぎ上洛した。氏親は体調を崩していたが、宗長が京から連れてきた医師の看病で小康を得た。その嫡男氏輝《うじてる》の元服祝言連歌も宗長が差配したから、役目を果たしたと判断したのだろう。酬恩庵での死去への思いは募るばかりで、上洛も氏親の許可を得たものだった。しかし不運にも、氏親は直後の六月に死去してしまう。宗長は翌七年三月、氏親一周忌のために帰国するが、没後すぐに帰国しなかったことで批判を浴び、今川家中《かちゅう》で冷遇された。最晩年の『宗長日記』には、ほとんど晴れの舞台を見出すことはできない。享禄《きょうろく》五年（一五三二）三月六日、駿河柴屋軒で没した。享年八十五。酬恩庵での死去という望みは、叶えられずに終わった。

宗碩・宗長に学んだ宗牧《そうぼく》は、和泉堺《いずみさかい》の出身である。大永七年、宗長に伴われて駿河に下向したことがあるが、活動の舞台は京であった。天文《てんぶん》十三年（一五四四）九月、子息宗養《そうよう》を連れて念願の東国下向を果たし、『東国紀行《とうごくきこう》』を著した。朝廷から織田信秀《おだのぶひで》に宛てた女房奉書《にょうぼうほうしょ》を託されたことは、先述の通りである。この旅で、柴屋軒への弔問や、念願の白河関《しらかわのせき》訪問を果たしている。道中、諸大名・国《くに》衆《しゅう》のもとで連歌会を開き、地方の連歌師とも交流したが、天文十四年に下野《しもつけ》佐野で客死した。

冷泉・飛鳥井両氏と和歌・蹴鞠

関東歌壇の隆盛は、十六世紀に加速する。さて、定家流の御子左家《みこひだりけ》は二条《にじょう》・京極《きょうごく》・冷泉《れいぜい》に分かれ、室町期に主流であったのは二条・京極家である。しかし両家ともに断絶し、残った冷泉家は、飛鳥井家《あすかいけ》の下風に立たされていた。戦国初期の当主冷泉為広《ためひろ》が、細川政元《ほそかわまさもと》への接近で勢力を挽回する。為広は今川氏との交流が深く、将軍との連絡役も務めたほか、文亀二年（一五〇二）に後柏原天皇《ごかしわばらてんのう》の歌道師範となり、飛鳥井家より上位に立つ。大永六年（一五二六）に没している。嫡男為和《ためかず》は、永正十四年（一五一七）から天文十七年（一五四八）まで、三十二年間に及ぶ『為和詠草《えいそう》』を残し、やはり今川氏と深く交流した。冷泉家復興はこの親子の功績であり、諸大名・国衆を門弟とし、「歌道入門誓詞《せいし》」という文書様式を形作った。

為和は、永正二年に内裏で歌壇デビューを果たした。為和の動きは中央政界と連動しており、永正四年の細川政元横死、享禄四年（一五三一）の細川高国《たかくに》敗死という外護者《げごしゃ》（パトロン）喪失が地方下向の契機である。第一の目標は、やはり駿河であったが、今川氏輝は飛鳥井雅綱《まさつな》をすでに師範としており、為和との対面すら難色を示した。しかし今川一門・家臣の取り成しもあり、冷泉為和を歌道師範に迎え直した。以後、駿河を拠点に、相模《さがみ》・甲斐・武蔵《むさし》・上総《かずさ》を往来し、今川・北条《ほうじょう》・武田といった大名や国衆、その家臣に歌道を指導する。

冷泉為和は定家流の作法を強く主張し、独自性を示した。駿河国衆葛山氏元《かずらやまうじもと》の懇望を受け、藤原定家自筆の『伊勢物語《いせものがたり》』を書写して贈ったのはその一例である。正徹の影響もみえるとされ、東日本は冷泉家受け入れに最適の地であった。近年、駿河・甲斐における歌合が冷泉家時雨亭《しぐれてい》文庫から多数発見され、駿河歌壇の隆盛と甲斐歌壇の芽生えが窺える。今川義元《いまがわよしもと》作の和歌への添削にも手心を加えていないという指摘は興味深い。天文十八年七月、駿河で六十四歳の生涯を閉じる。

飛鳥井氏も、蹴鞠《けまり》と和歌を家職とする。各国の守護に蹴鞠と和歌を伝授しており、十六世紀前半においても変わりはないが、ここでは話を蹴鞠に絞る。永正元年に越後に下向した飛鳥井雅康《まさやす》は、守護上杉房能《うえすぎふさよし》の養子龍松丸に蹴鞠伝授書『最秘抄《さいひしょう》』を与えている。甥雅俊《まさとし》も、今川氏親に『蹴鞠条々』を与えており、これが嫡男氏輝が飛鳥井家に師事した背景である。

天文七年六月、『蹴鞠条々』の一本が、雅俊の嫡男雅綱から今川氏一門堀越氏延《ほりこしうじのぶ》に与えられた。雅綱は蹴鞠免許状という文書様式を確立させ、北条氏歴代当主をはじめとする武家に免許状を与えた。その子雅教《まさのり》（雅春《まさはる》）も、伊達晴宗《だてはるむね》に『蹴鞠之条々』を伝授するなど、東日本の文化に大きな足跡を残した。

27—欠伸布袋・紅白梅図（雪村周継筆、三幅対、茨城県立歴史館所蔵）　尾形光琳の「紅白梅図屏風」に影響を与えたとされる。

武人画家の活躍

東日本を代表する水墨絵師である雪村周継《せっそんしゅうけい》は、佐竹義舜《さたけよしきよ》の叔父天鳳《てんほう》存虎《ぞんこ》もしくはその庶長子にあたるとみられる（六一頁系図参照）。初期の絵は伝統的画風に則ったものだが、その後曲線を多用するユーモラスなものへ変化した。小田原《おだわら》・三春《みはる》・会津を遍歴し、北条氏が帰依《きえ》した以天《いてん》宗清《そうせい》像などを描いた。天正《てんしょう》元年（一五七三）頃、陸奥《むつ》三春の田村氏《たむらし》のもとで没した。

絵画に秀でた大名・国衆も多い。著名なのは、父信虎・母大井氏《おおいし》・兄信玄の肖像画を残した武田信廉《たけだのぶかど》（逍遙軒信綱《しょうようけんしんこう》）であろう。信玄も仏画を残している。岩《いわ》松尚純《まつひさずみ》や結城政勝《ゆうきまさかつ》が自画像を残したほか、美濃《みの》守護土《と》岐頼芸《きよりなり》は鷹絵で知られる。

2　戦国大名と宗教

寺社の修造

戦国大名にせよ、国衆にせよ、国郡単位での支配を展開するうえでは、宗教統制が不可欠であった。特に各国の一宮修造は、その国の公権力者、すなわち国主であることをアピールすることを意味した。領内各地の中心となる寺社も、地域の「護持」、つまり安定と、住人の安寧を祈る役割を担っていた。だからその外護者となることで、大名・国衆は地域「護持」を政治的に支える立場を獲得し公権性を強めた。

東日本では、享禄五年（天文元年、一五三二）から同十三年まで、北条氏綱《ほうじょううじつな》・氏康《うじやす》が二代にわたって行った鶴岡八幡宮《つるがおかはちまんぐう》の造営が著名である。事の発端は、大永六年（一五二六）に里見義豊《さとみよしとよ》が相模玉縄城《たまなわじょう》を攻撃した際、鶴岡八幡宮にも兵火が及んだこととされる。軍記類の記述だが、同社の供僧《ぐ》相承院《そうそうしょういん》快元《かいげん》が天文三年の義豊滅亡を「当社へ馬の鼻を向けた」ことへの「神罰」と記しているから、事実を一定度反映していよう。里見勢の動きは、扇谷上杉朝興《おうぎがやつうえすぎともおき》への側面支援とみられる。

享禄五年五月、氏綱は八幡宮小別当大庭良能《おおばよしただ》を派遣し、真里谷武田恕鑑《まりやつたけだじょかん》を通じて小弓公方足利義明《おゆみくぼうあしかがよしあき》から造営への承諾を取り付けた。北条氏綱は古河公方足利晴氏《はるうじ》陣営だが、義明が先代の若宮別当（雪《ゆきの》下殿《したどの》）で、同職が空席であったためだろう。このためか、義明は真里谷武田恕鑑には協力を指示していない。翌天文二年二月、同社神主大伴時信《おおともときのぶ》を上野山内上杉憲政《やまのうちうえすぎのりまさ》のもとへ、小別当大庭良能を上総原胤貞《はらたねさだ》・安房《あわ》里見義豊のもとに派遣した。いずれも北条氏の敵対勢力であり、要請は拒絶された。ただ、山内上杉氏麾下《きか》の国衆の一部は、大伴時信の説得で協力に応じた。

これは鶴岡八幡宮が、「関東護持」という宗教的役割を担ってきたという源頼朝以来の歴史と密接に関わる。つまり同社造営には、関東の武士は奉加すべし、という建前があったのだ。しかし現実問題として、これに応じることは難しい。北条氏が主導する鶴岡八幡宮造幣への参加は、氏綱への「他国之凶徒（逆徒）」という批判撤回を意味してしまう。逆に北条氏は、同社造営を成し遂げて外護者となることで、関東における支配の正統性を獲得するどころか、奉加に参加しなかった大名・国衆を批判する立場を得ることができる。なお、天文二～三年の真里谷武田・里見両氏の内訌の結果、氏綱が支援した武田信隆《たけだのぶたか》・里見義堯《さとみよしたか》、さらには千葉昌胤《ちばまさたね》も、奉加に応じた。以後千葉氏は、北条氏との関係を強める。

氏綱は、後妻北の藤（勝光院殿《しょうこういんでん》）の実父である太閤近衛尚通《このえひさみち》に依頼し、奈良番匠《ばんしょう》（職人）・瓦師《かわらし》を派遣してもらっている。摂関家の氏寺興福寺や東大寺のお抱え職人の力を借りて、鶴岡八幡宮造営を成し遂げようとしたといえる。氏綱と近衛尚通・稙家《たねいえ》（関白）父子の交流は途絶えがちであったと指摘されており、政治色の強い要請であった。

里見氏も、安房国総社である鶴谷《つるがや》八幡宮の修造を代々担った。里見氏は同社修造時の棟札《むなふだ》で、自身が関東の「副師《ふくすい》」（副将軍）であると主張したことは、ここまでふれてきた通りである。

出羽《でわ》では、十五世紀末に大宝寺《だいほうじ》政氏《まさうじ》が土佐林《とさばやし》氏から羽黒山《はぐろさん》別当職を奪取し、その子義増《よします》は永正元年（一五〇四）に羽黒山の本山を修造している。大宝寺氏の勢力拡大の背景に、羽黒山という宗教的権威が存在したことは、見逃せないであろう。

禅僧と戦国大名

鎌倉幕府が臨済宗を庇護し、室町幕府も禅宗（特に臨済宗）を重んじたことから、戦国大名も臨済宗と特に強い関係を持つ傾向にあった。もっとも室町幕府にせよ、戦国大名にせよ、特定の宗派に過度に肩入れすることは少なく、バランスを保った。もともと中世仏教の主流たる顕密仏教（天台宗・真言宗と南都六宗）は、寺院内で学派間の論義を盛んに行い、八宗兼学（諸宗兼学）という宗派間の交流を重んじていた。いわゆる「鎌倉新仏教」は、戦国初期に勢力を大きく拡大させるが、顕密仏教への配慮を続けていた。禅宗は鎌倉期から幕府に好まれていたものの、他宗派は戦国期の新興勢力という性格が強い。戦国大名がもっとも嫌ったのは、宗派間の宗論《しゅうろん》が武力紛争に発展することであった。今川氏親が分国法『今川仮名目録《いまがわかなもくろく》』で宗論を禁止していることは、その象徴といえる。

今川氏は古くから臨済宗とのつながりが深かったが、氏親は曹洞宗との結びつきを強めた。氏親が領国化を目指した遠江《とおとうみ》において、曹洞宗が武士や民衆の間に広まっていたこととの関係が指摘される。同じ禅宗でも、公案《こうあん》（禅問答）を重視する臨済宗は有力武家に、ひたすら座禅に打ち込むことを重視する曹洞宗は一般の武士や民衆に受容される傾向があった。禅宗は早くから葬式や戒名《かいみょう》付与に取り組んでおり、遠江で浸透したのだろう。

氏親の右腕である叔父伊勢宗瑞は、臨済宗建仁寺《けんにんじ》で学問を学び、大徳寺で参禅していた。北条氏綱が建立した宗瑞の菩提寺《ぼだいじ》早雲寺《そううんじ》（神奈川県箱根町）は臨済宗寺院であり、大徳寺八世以天宗清を開山としている。ただ、宗瑞の父伊勢盛定《いせもりさだ》が備中荏原荘《びっちゅうえはらのしょう》で創建した法泉寺《ほうせんじ》（岡山県井原市）は曹洞宗寺院であり、宗瑞自身も、伊豆修善寺《いずしゅぜんじ》（静岡市伊豆市）を臨済宗から曹洞宗に改めているから、宗瑞の影響も無視できない。いずれにせよ、氏親の時代に今川領国では曹洞宗が大きく教線を延ばした。

しかし氏親は子息義元（梅岳承芳《せんがくしょうほう》）を臨済宗の善得寺《ぜんとくじ》（同富山市）に入寺させていた。結果的に義元が家督を継いだため、義元の代には臨済宗寺院建立が相次いだ。義元自身が臨済禅を学んだだけでなく、学問の師であり、兄弟子でもある太原崇孚《たいげんすうふ》に臨済寺《りんざいじ》（同静岡市）を開かせたことが大きい。太原崇孚は、義元の亡兄氏輝の菩提寺として建立された臨済寺の一室雪斎《せっさい》に住居し、軍事・外交面で義元を補佐した。義元は、臨済寺を駿河・遠江における臨済宗妙心寺派《みょうしんじは》の総本寺とし、同地の妙心寺派寺院を末寺とする本末関係を作り上げる。大名による寺院統制の進展である。

同様のことは、武田氏も進めていた。武田晴信《たけだはるのぶ》は、永禄《えいろく》元年（一五五八）十二月に出家し、徳栄軒《とくえいけん》信玄と号した。信玄が信濃一宮である諏方大社《すわたいしゃ》を崇敬し、「南無諏方南宮法性上下大明神」という旗印を用いたことはよく知られる。同時に、臨済宗（特に妙心寺派）の高僧に深く帰依した。その中心が快川紹喜《かいせんじょうき》を代表とする恵林寺《えりんじ》（山梨県甲州市）の歴代住持である。臨済宗妙心寺派は、甲斐・南信濃・美濃・飛驒《ひだ》に広く展開し、高僧は各地の主要寺院の住持を相次いで務めた。そこで注目されるのが、大名領国をまたぐ寺院間ネットワークである。戦国大名は、こうした寺院間の交流を、外交にも広く活用した。それを総本山そのものが積極活用したのが、後述する浄土真宗本願寺派《ほんがんじは》であったといえるだろう。なお信玄も、曹洞宗寺院の統括責任者として独自に「僧録《そうろく》」を任命するなど、寺院統制を図っている。

醍醐寺高僧の旅と文永寺

醍醐寺《だいごじ》の理性院厳助《りしょういんげんじょ》（松木宗信《まつきむねのぶ》の子）は天文二年（一五三三）、四十歳の時に信濃へ下向した。伊那《いな》郡神之峯《かんのみね》の国衆知久頼元《ちくよりもと》から、菩提寺文永寺《ぶんえいじ》（長野県飯田市）での法会執行を依頼されたからだ。同寺は理性院の末寺で、住持宗信《そうしん》は永正十八年（一五二一）に醍醐寺で得度している。

五月五日に醍醐寺を出立した厳助は、近江《おうみ》から美濃に入った後、井口《いのくち》・細目《ほそめ》・蛭川《ひるかわ》・田瀬《たせ》を経由して信濃木曾《きそ》郡の西方寺《さいほうじ》に至る。雨で数日足止めされたが、大仏の渡から木曾川を越え、妻籠宿《つまごじゅく》に到達した。東進して広瀬経由で清内路峠《せいないじとうげ》を越え、飯田に到着する。木曾道と呼ばれる九里に及ぶ山道で、木曾路と伊那路をつなぐ古来のバイパスである。興味深いのは、清内路峠以東が信濃であると説明を受けている点で、木曾郡（小木曾荘）は美濃国という古代以来の認識が伝存していたようである。

飯田到着後、再度大雨が降り、天竜川《てんりゅうがわ》の渡河に時間を要し、飯沼《いいぬま》に入った。途上で坂西《ばんざい》氏の居城を見物しつつ、五月二十三日に文永寺のある南原に到着し、文永寺住持の宗信に迎えられた。二十五日には文永寺・安養寺《あんようじ》衆、六月一日には知久頼元が挨拶に訪れている。

旅の最中、厳助は各地の国衆や寺院から振る舞いを受けた。連歌を詠んで過ごした日もあるが、毎日のように大酒を飲み、時に酩酊沈酔し、時に正体をなくしている。もてなしの一つが風呂で、特に寺院では必ずといってよいほど風呂の馳走を受けている。知久領到着後は、冷麺がしばしば振る舞われた。

六月十五日、文永寺において宗信に対して灌頂《かんじょう》を行い、印可《いんか》を与えた。前日に灌頂道具を虫払いし、酒を断っている。九月二十一日には文永寺本堂で十六人の僧の参加を受けて、結縁《けちえん》灌頂を行い、俗人二千七百人に仏縁を結ばせた。これらが、下向の主目的といえる。

この間の七月末、小笠原長棟《おがさわらながむね》と知久頼元・高遠諏訪《たかとおすわ》頼継《よりつぐ》の合戦を見物している。帰路についたのは十月三日で、伊那路から美濃へ抜けている。同月十四日、帰京した。

その後も、厳助と文永寺の関係は続く。理性院では正月に天皇のために宝寿無窮・国家鎮護を祈る太元帥法《たいげんのほう》が行われる。天文十二年から少なくとも永禄六年（一五六三）まで、文永寺宗信の弟子宗然《そうねん》が、厳助の伴僧を務めている。宗然は、天文十二年三月には、同年の醍醐寺年預《ねんよ》（寺務責任者）となっており、これ以前に醍醐寺で得度したとみられる。一方の宗信も、翌天文十三年、実に二十三年ぶりに醍醐寺に登山し、山上衆としての資格を認められた。この資格は、醍醐寺を離れた場合、七年以内に戻って来なければ維持できない。その規定を大幅に超過したにもかかわらず、特例措置が認められ、さらに伝法《でんぽう》灌頂も受けて阿闍梨《あじゃり》の位を許された。これは理性院において、文永寺が特に重く扱われた結果である。厳助は天文十九年五月二日にも文永寺に下向し、十七日に到着している。

しかし天文二十三年八月十五日、知久頼元は武田信玄の伊那郡侵攻に抵抗し、文永寺と安養寺は灰《かい》燼《じん》に帰した。翌年には知久氏の一門が、理性院に亡命している。後奈良天皇《ごならてんのう》・正親町天皇《おおぎまちてんのう》は、両寺再興を信玄に促すよう、厳助に命じた。文永寺が太元帥法に関わる寺であるためだ。信玄は曖昧な回答に終始したが、永禄三年頭までには、両寺の再興を認めた。

「一向宗」と戦国大名

浄土真宗本願寺派は、しばしば「一向宗」と呼ばれる。しかしこれはひたすら（一向）念仏を唱えている怪しげな者たちとでも訳すべき蔑称であり、本願寺門徒だけでなく、時衆や山伏も含んでいた。ただ本願寺派に対し、一部戦国大名が抑圧的姿勢で臨んだのは事実である。それは、本願寺門徒が法華宗と同様に、しばしば他宗派と宗論を行ったことによる。諸宗派の協調を望む大名からすれば、好ましくないのだ。

東日本においては、越中《えっちゅう》・飛騨・北美濃・北信濃・甲斐・三河《みかわ》などが本願寺派の主要拠点となっている。上杉謙信は越中情勢をめぐり「一向一揆」と対立関係にあり、松平元康《まつだいらもとやす》は本願寺派寺院と対立した（第七章参照）。逆に武田信玄は正室円光院殿《えんこういんでん》（三条公頼《さんじょうきんより》娘）の妹が本願寺顕如《けんにょ》に嫁いだこともあり、上杉謙信との対抗上本願寺と同盟を結んでいる。『甲州法度之次第《こうしゅうはっとのしだい》』には、僧侶の妻帯を禁じる条文があったが、のちに削除している。教義上妻帯を認めている浄土真宗に配慮したのだろう。代わりに、妻帯役（結婚税）を創設し、結婚した僧侶に賦課している。

武田氏の同盟国である北条氏は、本願寺派を弾圧したとされる。永禄九年（一五六六）、北条氏政《ほうじょううじまさ》は本願寺派の麻布善福寺《あざぶぜんぷくじ》（東京都港区）に対し、虎朱印状を与えた。そこには、北条氏は六十年間も「一向宗」を禁止してきたが、未だに領内で他宗との宗論を繰り広げており、裁判をしてもきりがないなどとある。たしかに約三十年ほど前、氏綱の時代に「一向宗」抑圧政策がとられた形跡がある。しかし北条領国には本願寺派寺院が存在していたし、他宗派との宗論が問題化し続けていたのであれば、禁令の実効性は怪しい。実は北条氏は、本願寺に加賀《かが》・越中「一向一揆」を動かし、上杉謙信を攻撃してほしいと求めていたが、交渉が手詰まりになっていた。そこで形骸化した大昔の禁令を引っ張りだし、外交上の駆け引きに使用したと考えられている。北条氏による六十年間の禁令は、ほとんど虚構といえる。

美濃別伝の乱

藤原姓斎藤《さいとう》氏から源姓一色《いっしき》氏に苗字を改めた美濃の一色（斎藤）義龍《よしたつ》は、源氏の通例に倣い、禅宗の菩提寺建立を考えた（第七章参照）。これが思わぬ混乱を招く。

義龍は臨済宗の高僧である崇福寺《すうふくじ》快川紹喜と親しかったが、菩提寺建立に際しては、京都妙心寺霊《れい》雲院《うんいん》に隠棲していた亀年禅愉《きねんぜんゆ》に依頼した。亀年は弟子のなかから、別伝宗亀《べつでんそうき》を推薦し、美濃へ派遣した。別伝は、稲葉山《いなばやま》城下に伝灯寺《でんとうじ》（岐阜県岐阜市）を開き、義龍に厚遇される。

当時の臨済宗においては妙心寺派が勢力を延ばしており、さらに東海《とうかい》・龍泉《りょうせん》・聖沢《しょうたく》・霊雲の四派に分かれていた。ただ美濃においては、前三派の寺院が多く、霊雲派は少数勢力であり、別伝は義龍の支援による霊雲派隆盛を図った。永禄三年（一五六〇）十二月、一色義龍は美濃における妙心寺派の本寺について、今後は別伝が住持を務める伝灯寺とするよう通達した。

従来、美濃における妙心寺派のトップは土岐成頼《ときしげより》が開基した瑞龍寺《ずいりようじ》（同前）であった。義龍および別伝の暴走に憤りを募らせた快川紹喜は、永禄四年正月に瑞龍寺で本件の評議をしたいと伝達させた。ところが大龍寺《だいりゆうじ》の龍谷《りゆうこく》が参加を拒否し、足並みが乱れる。

事態打開を図る快川紹喜は、みずから美濃を去り、尾張犬山《いぬやま》の瑞泉寺《ずいせんじ》（愛知県犬山市）に移った。これをみて、多くの僧侶が瑞泉寺に出奔した。美濃に残った僧侶から報告をうけた義龍は、事態の深刻さに慌てた。そこで先の命令は、義龍が承認する前に伝灯寺が勝手に出したものという苦しい弁明をして通達を撤回し、責任を別伝に押し付けた。

帰国した快川紹喜らは、別伝・龍谷の破門を取り決め、妙心寺に訴えたが、義龍は破門は行き過ぎだとして別伝を擁護した。怒った快川紹喜らは、再度尾張瑞泉寺に出奔する。永禄四年三月、本寺である京都妙心寺から、別伝破門の決定が快川紹喜のもとに届けられた。

これに憤った義龍は快川紹喜の非法を訴えたうえ、美濃における臨済宗寺院は霊雲派以外認めないとまで言い切った。しかし美濃国外の霊雲派主要寺院も、別伝を見放し、孤立は深まっていく。

義龍は、幕府・朝廷工作で反撃した。永禄四年四月、正親町天皇から、伝灯寺を天皇の勅願寺《ちよくがんじ》とし、朝廷においては南禅寺《なんぜんじ》と同格に扱うという綸旨《りんじ》が出された。将軍足利義輝《あしかがよしてる》も、綸旨を支持すると御内書《ごないしよ》で伝えてきた。これでは本寺妙心寺も動かざるを得ず、中央政界・臨済宗全体を巻き込む大事件へと発展していく。美濃国内でも動揺が広まる。義龍の庶兄で、美濃中部〜東部に影響力を持つ長井不甘《ながいふかん》（兼山《かねやま》・関城主《せき》）が離叛したのである。

しかし永禄四年五月十一日の一色義龍急逝で、事態はあっけない決着をみる。好機とみた織田信長が美濃に侵攻してきたうえ、家督を継いだ嫡男龍興《たつおき》は十四歳という若年であった。美濃一色（斎藤）氏からすれば、別伝宗亀擁護どころではない。別伝も失脚を悟り、美濃を脱出した。伝灯寺は放火されて全焼し、別伝に同調していた龍谷は京都で殺害された。美濃一色氏の重臣伊賀《いが》（安藤《あんどう》）守就《もりなり》・延永《のぶなが》（日根野《ひねの》）弘就《ひろなり》は、別伝・龍谷の振る舞いを悪行と認めると、妙心寺および将軍義輝に連絡した。

義龍の葬儀を快川紹喜が主導することで和解が示され、離叛していた長井不甘も甥龍興のもとに帰順した。ここに美濃の宗教紛争別伝の乱は終結したのである。

3　在地社会と戦乱・信仰

十六世紀前半の気候

近年の日本史学においては、災害が歴史に与えた影響に関心が寄せられている。プロローグでもふれたように、日本の中世は、全体的に地球が寒冷化した時期にあたっていた（近世についてはここでは捨象する）。戦国期に関しては、世界的に用いられているフェアブリッジ海水面変動曲線を手掛かりに、屋久杉や木曾檜の年輪、尾瀬泥炭層のハイマツ花粉比率などとの比較検討が行われた。東日本でいえば、『勝山記《かつやまき》』をはじめとする古記録にみられる凶作や災害の記述に注目が集まっている。十五世紀半ば（一四五〇年前後）が寒冷化（小氷期）のひとつの頂点であることは、おおむね一致をみている。問題は本書の扱う十六世紀前半で、小氷期を脱して温暖化に向かった時期という見解と、小氷期のなかにある点を重視する見解に分かれる。

『勝山記』には、天候・寒暖・凶作・豊作などの記録が豊富である。その分析では、記述内容そのものよりも記主が気候の寒暖に関心を置くようになっていく点から読み解くべきという見解が提示されている。具体的には延徳《えんとく》二年（一四九〇）から寒暖の記述がみられ、かつ初期には年末年始の暖かさの記載が多い。それに寒さの記述が混ざるようになり、十六世紀になると徐々に「暖」の記述が増えていく、というものである。このことから、フェアブリッジ海水面変動曲線同様、十六世紀後半に向けて温暖化が進んでいくという結論が導き出される。十六世紀前半は温暖化傾向という見解である。

少し留意点を指摘したい。『勝山記』は写本で末尾を補えば、永禄六年（一五六三）までの記述を持つが、記主は一人ではない。河口湖周辺の日蓮宗（法華宗身延《みのぶ》派）の寺僧による記録を、戦国期のうちに再編した年代記である。特に延徳元年（実際は延徳二年の記事）から三年間の記事は、常在寺《じょうざいじ》の住持日国《にっこく》の記録（『日国記』）などを元に編纂されたことが明らかにされた。つまり、原記主交代による変化の可能性もある。また富士山麓に位置する河口湖一帯は標高が高く、甲府盆地と比べても温度差が大きい。もう少し手掛かりがほしい。

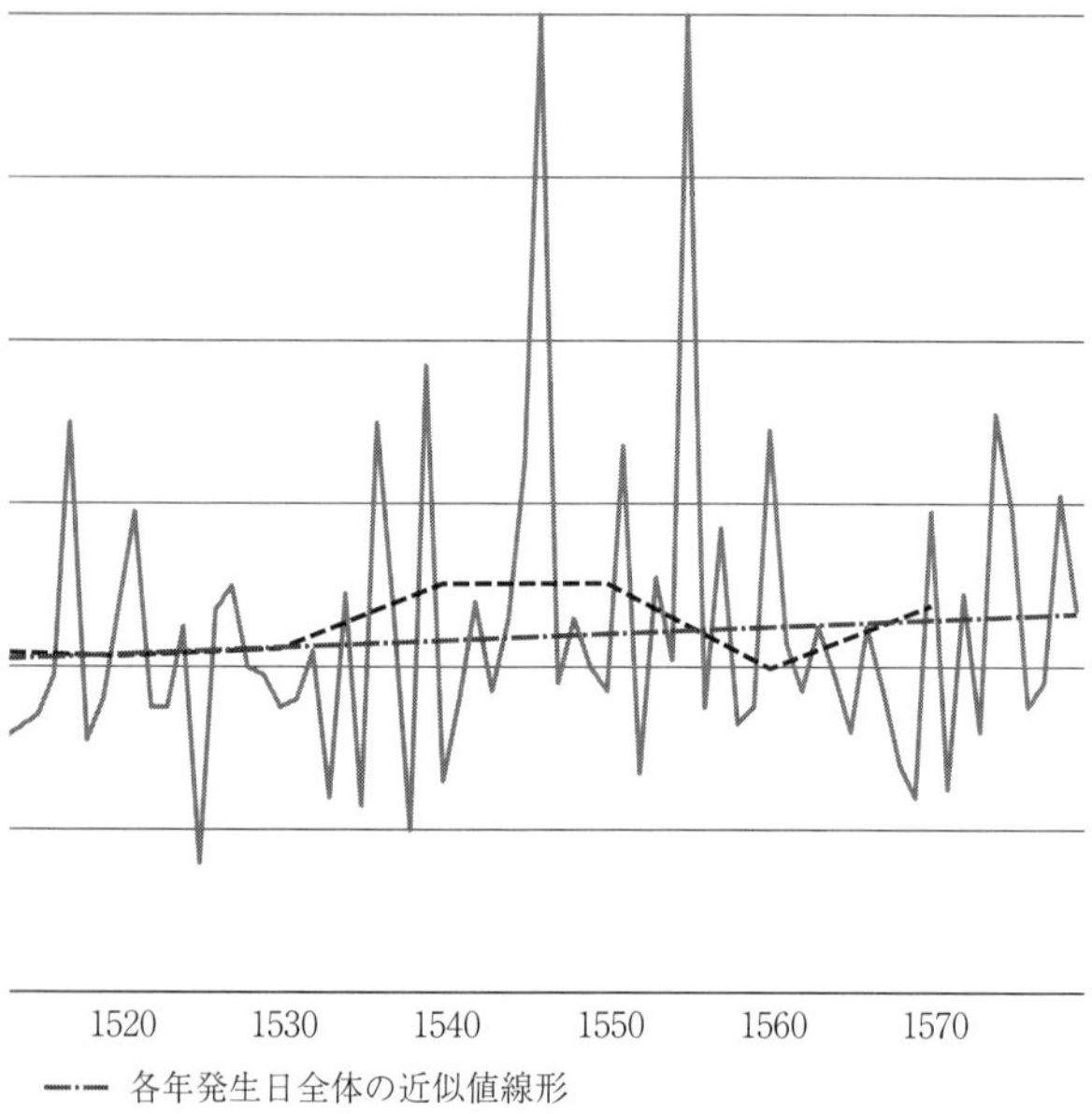

そこで、諏訪湖の氷結と御神渡《おみわたり》が現在のグレゴリオ暦で何日にあたるのかを網羅した研究に注目したい。信濃の諏訪湖は冬に氷結し、氷点下一〇度まで気温が下がった日が続くと、一〇センチにも及ぶ湖面の氷が大きな音とともに盛り上がる。諏方大社が氷結と御神渡の日時を幕府に報告し、現在でも観測が続いた結果、十五世紀後半からの記録が残されている。

図28は、氷結時期と最初の御神渡（一の御神渡）発生日が十二月一日から何日目にあたるかをグラフ化したものである。十二月一日であれば1、以後一月一日（32）、二月一日（63）、三月一日（91）と続く。早く御神渡が起き

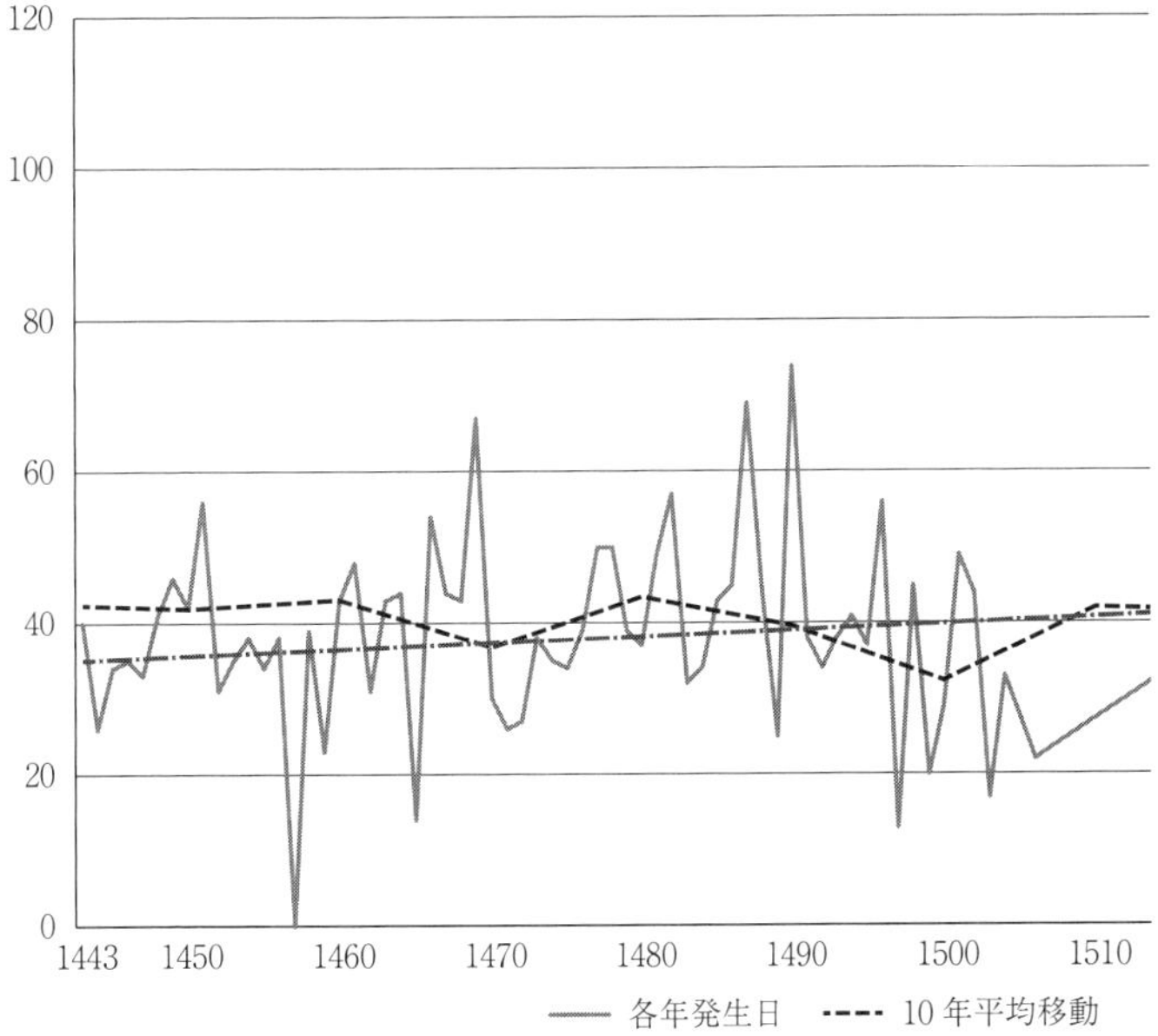

28—諏訪湖の御神渡発生日グラフ（12 月 1 日起点）

るほど、寒気の到来が早かったことになる。なお暖冬で御神渡が起きなかった場合は（明海《あけのうみ》）、三月三十日にあたる120とした。したがって、たとえば一四五〇年の数字は、一四五〇年末から五一年初頭の話となる。対象は、記録の残されている一四四三年から、一五七九年までとした。

記録を欠く年は、次に記録が現れる年までを便宜的に線でつないでいる。具体的には、一四五七・一五〇五・〇七～一四年が該当する。そこで十年ごとの平均値を示した線と（十年平均移動線）、全体の近似値線を加えた。十年平均移動線は、合計値を記録の残っている年数で除算しているから、より実態に近い形となったはずである。

一五一〇年前後の記録を欠く点は残念だが、近似値線をみても緩やかな上昇を読み取ることができるだろう。明海が一五四六・五五年に発生しているから、一五六〇年までで区切れば、上昇傾向は強まるはずだ。十六世紀前半は、やはり温暖化傾向にあったとみてよい。ただし『勝山記』の記述と比較すると、暖冬・厳冬の年が必ずしも一致しない。

次に、より生活に密着した気候変動を確認したい。『勝山記』には、不作の原因として大雨・台風・雪による冷害・長雨・日照り(干魃《かんばつ》)などが記される。ただ東国では一般に日照りは豊作を招くから、主要因は冷害と推定されている。

河口湖周辺の在地社会

『勝山記』では河口湖周辺の民衆の状況が随所に記されている。暮らしぶりは「富貴」「廿分」「半分」「三分一」「ツマル(詰)」などと評価され、大まかな傾向を読み取れる。飢饉・災害情報や作柄、穀物を中心とした物価、銭の流通量(撰銭《えりぜに》の発生や銭不足)も書かれており、東日本の在地社会を知るうえではうってつけの史料である。

河口湖周辺の日蓮宗寺院、特に常在寺の僧侶の記録を再編した年代記だから、記述が正しい年に挿入されているとは限らず、すでに混乱箇所が複数指摘されている。標高の高さにも注意が必要である。しかし物価変動の記述を追うと、合戦や降雪などによる郡外との通路途絶の影響を読み取れる。

まず物価をみてみたい。『勝山記』では、一升での売買価格か、百文での売買量のいずれかで記される。百文計算となっているのは、銭九六枚ないし九七枚に縄を通し、それを百文とみなして取引に用いたためである（緡銭《さしぜに》）。問題は、都留《つる》郡で流通していた「郡内枡《ぐんないます》」が、新京枡《しんきょうます》（約一・八リットル）の二・五倍にあたる点である。一般に中世の米価は一石（一〇〇升）≒一貫文（一〇〇〇文）とされるが、枡の大きさは統一されていない。

また『勝山記』で物価が記されるのは、基本的に高騰ないし暴落時であることに注意を要する。延徳三年（一四九一）の大飢饉時の状況は、『日国記』の記述が詳しい。粳米《うるち》（普通の米）九十文、餅米百十文、大麦四十文、小麦・大豆七十文、小豆《あずき》八十五文、大角豆《ささげ》百二十文と高騰している。明らかに甲斐国外から購入しているのが塩で、「代始め」の時期は一駄《だ》四貫文であり、その後一駄三貫六百文に下落したものの、食べられる人は少なかったとある。堀越《ほりごえ》公方《くぼう》足利政知《あしかがまさとも》死去直後の記述だから、「代始め」とは庶長子足利茶々丸《ちゃちゃまる》のクーデターを指すのだろう。伊豆の混乱で、塩の価格が高騰したようである。

永正十六年（一五一九）は日本中が大飢饉に襲われ、大量の餓死者を出す状況で、春から夏は、米は一升百文、粟《あわ》は八十文、大豆は七十文、籾は六十五文で、ほかは一粒も売買できなかったとある。しかし秋は豊作で「国中富貴」となり、粟は百文で四升、大豆は四升、小豆は三升となったという。秋の米価の記載を欠くが、粟・大豆については豊作後は一升＝二十五文と大幅に下落している。つまり米一升で百文は、河口湖周辺では高額と認識されていることになる。

米が「売買良し」とある年は百文で二升（一升＝五十文）、安いと記される年は百文で二升五斗から三升、極端な年は四升・五升となっている。米一升が四十文以下であれば安いと記される。注意したいのは、天文十二年（一五四三）正月の米価である。百文で「今升《（枡）》」四升も買えたという。どの穀物をみても、このあたりから下落幅が極端になっており、「今升」が大型の郡内枡普及を意味するのかもしれない。なお飢饉が酷い時には、蕨《わらび》を掘って食いつないでいた。元関白九条政基《くじょうまさもと》が、文亀四年（一五〇四）に家領和泉日根荘《いずみひねのしょう》で百姓から聞いた話と一致する（『政基公旅引付《たびひきつけ》』）。

村落と土豪

戦国期の村落内には、土豪と呼ばれる有力者が成長していた。土豪は村落の指導者という立場を持つ一方で、大名・国衆の在村被官として活動することもあるなど、多面的な顔を持つ。いわば村落の中と外をつなぐ存在であり、村との関わり方もさまざまであった。ここでは土豪と村落の関係を、『勝山記』からみていきたい。『勝山記』の原記主は、河口湖南岸の常在寺の僧侶であることは幾度か述べた。この一帯は大原荘《おおはらのしょう》（山梨県富士河口湖町）に含まれ、大石・木立《こだち》・船津《ふなつ》・長浜・大嵐《おおあらし》・勝山・成沢《なるさわ》の七郷からなる。常在寺は、七郷のうち木立に所在し、南に勝山、河口湖沿いの南東に船津が位置する。同地においては、文明七年（一四七五）から小林正喜《しょうき》が土豪としてみえだす。その後尾張守《おわりのかみ》家と和泉守家に大別されるが、同族であるかはわからない。土豪は、地縁的集団が同苗字を称することがしばしばみられるからだ。

船津を拠点としていた小林尾張守家の屋敷は、河口湖沿岸の高台に遺構が残り、大きさは半町程度

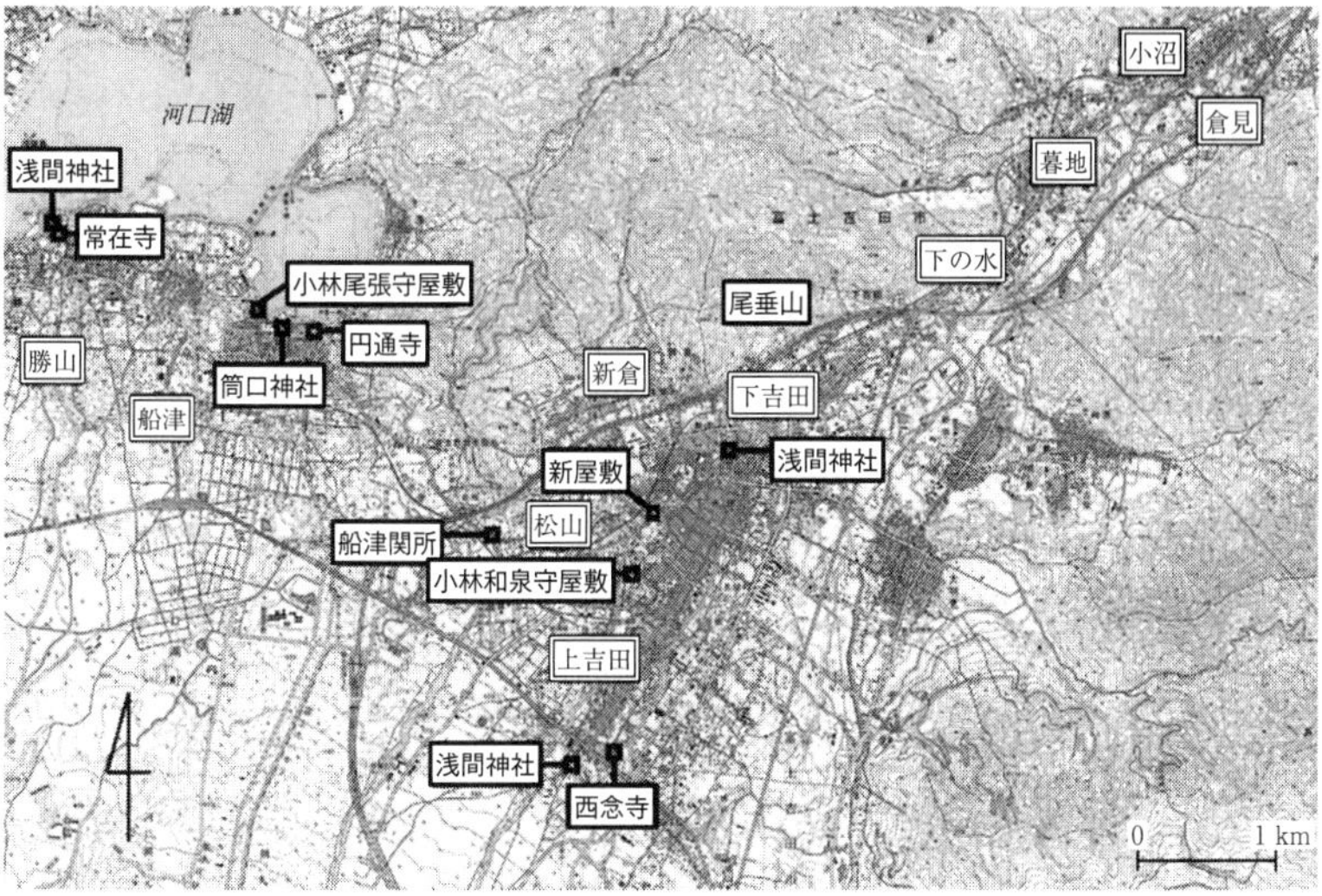

29―土豪小林氏関係地図（小佐野浅子「甲斐国都留郡小林氏の系譜と本拠」〈『日本歴史』748、2010年〉より転載）

である。東に位置する円通寺《えんつうじ》の開基と伝わり、地域の寺院の外護者であった。

　戦国期尾張守家の初代である小林道光《どうこう》は、正喜の子か孫とみられる。文亀四年（一五〇四）に船津筒口を開き、井水を引いた。筒口は尾張守屋敷と円通寺の中間に位置し、湧き水の出る場所であったが、堰き止められていた。ここを解放すると、山中湖を水源とし、小山田《おやまだ》領を北上・東進して相模へ注ぐ桂川《かつらがわ》（相模川）に湖水が流れる。筒口解放の結果、河口湖は干上がったとあるが、この年は三月まで降雪がなく、雪解け水が不足していた。つまり尾張守家は船津郷内の用水を管理する立場にあり、水不足に対処したことになる。次いで永正八年（一五一一）、小林道光は富士山二合目に位置する冨士御室浅間神社本宮《ふじおむろせんげんじんじゃもとみや》

（山室《やまむろ》）修復のため、諸国へ勧進《かんじん》の旅に出ている。同社は富士登山において重要な位置にある。船津を含めた富士山北麓地域の信仰の外護者となるだけでなく、富士登山道者《どうしゃ》の減少を防ぐ意味でも大きな意味があった。船津郷住人の生活安定、「村の成立《なりたち》」と呼ばれる再生産構造維持を目的とした行為である。

永正十三年、南西の穴山《あなやま》領から甲斐に侵攻した今川勢は、戦局を打開するために軍勢の一部を東進させた。十二月二十六日に西湖《さいこ》南岸を襲った今川勢が、河口湖南岸まで攻め寄せたため、小林道光の嫡男宗賀斎《そうがさい》が同二十九日に出陣している。地下人《じげにん》（ここでは百姓層）は河口湖内の鵜の島に退避しているから、船津を中心とした大原郷住人を守るための動きである。このため今川勢はさらに東進して吉田《よしだ》（同富士吉田市）に城を築いた。翌永正十四年正月一日、小林道光自身が吉田を攻撃し、十二日夜に今川勢を撤兵させ、和睦締結に成功している。この間、『勝山記』には小山田氏の動向は一切記載がない。そのため、小林尾張守家の迅速な対応のみが目立つが、小山田信有（涼苑）が援軍として出陣しなかったとは考えにくい。実際、小山田氏は翌永正十五年に今川氏親と和睦している。当然、小山田領国侵攻という認識はあったはずで、木立の常在寺からは小山田勢の動きが見えづらかったのだろう。いずれにせよ船津一帯の防衛は第一義的には土豪小林氏の役割であり、小山田氏への援軍要請もそのなかに含まれていたと考えられる。

小林宗賀斎（二代尾張守）は、小山田氏の筆頭家老となり、武田氏との交渉を担当する取次として、直接武田信玄から命を受ける立場ともなった。しかしながら、大永三年（一五二三）までに船津を含む大原七郷の代官に任じられたのは、同じ船津の土豪小林和泉守である。和泉守家の船津郷内での土豪としての勢力や、小山田家中での席次は、尾張守家の後塵を拝している。小山田氏は、敢えて和泉守家を大原郷全体の代官に抜擢した形といえる。

土豪の活動の広がり

両小林氏家は、独自に大原荘に隣接する吉田宿への進出を図った。天文五年（一五三六）、和泉守家は上吉田宿の北端である松山に屋敷を築き、同八年には新宿を開いた。弘治《こうじ》二年（一五五六）には、小林宗賀斎が下吉田周辺で獲得した私領の垣内《かいと》（畠地）を水田化している。これを信虎時代の戦災および天災からの復興支援とする見解がある。たしかに尾張守家は、下吉田に屋敷を作っているが、その位置は宿外れの南端で松山に近い。下吉田付近で得た所領も、北端の下の水と暮地《くれち》、そして吉田宿以北の小沼《おぬま》であった。つまり上下吉田宿住人にとって、両小林氏は部外者であったといえる。

興味深いのは、小山田氏の対応である。下吉田衆は和泉守家の寄子《よりこ》・被官となっており、尾張守家が寄子としたのは、和泉守家が進出した上吉田衆である。小林尾張守の立場は「探題《たんだい》」とあるから、上吉田の代官であったのだろう。逆に和泉守は下吉田の代官とみられ、進出先と切り離されている。『勝山記』はこうした「探題」と地下人の関係を「歎きもあり、喜びも御座候」と記し、特に非分が多かったのは両小林氏と述べる。実際弘治二年、両小林氏は寄子としていた上下吉田衆から訴訟を起こされ、最終的に小山田信有《おやまだのぶあり》（桃隠）の裁許で被官・寄親寄子関係を解消された。

トラブルの要因は、富士山の雪解け水による桂川氾濫を防ぐための川除普請《かわよけふしん》にあったようだ。小山田氏は、天文十九年・弘治三年・永禄二年（一五五九）と三度にわたって小林宗賀斎（尾張守家）を奉行に任じ、下吉田の尾垂山《おたれやま》から木材を伐採して川除普請を行えと命じた。ところが、そのたびに同地の代官である小林房実《ふささね》（和泉守家）が妨害し、かえって下吉田衆の反発を買っている。この時期の尾垂山は、下吉田の郷鎮守《ごうちんじゅ》（地域の中心神社）である小室浅間社《おむろせんげんしゃ》の宮林となっており、小山田氏は同社から材木伐採の許可を取り付けたが、代官小林房実は同意しなかった。天文十九年には、堰をつくるための道具を和泉守家が下吉田衆から奪い取り、小山田氏の命で返還するという事件まで起きている。一部が未返還のままであったが、小山田氏は家老小林房実に配慮し、目をつぶった。しかし永禄二年になり、あしかけ十年が経過したとして、残りの返還を命じている。

『御成敗式目』に不法占拠でも二十年問題なく経過すれば領有権を認めるという著名な条文「知行《ちぎょう》年紀法《ねんきほう》」がある。これは執権北条氏が武家社会・在地社会の慣習を法文化したもので、所領以外でも十年または二十年での所有権移転という考えが広く根付いていた。おそらく下吉田衆からの指摘がきっかけであったのだろう。小山田氏はこれ以上先延ばしすると領有権が移転してしまうと返還を命じ、小林房実も同意せざるを得なかったと思われる。この後、尾垂山は小山田氏直轄の山林となったようで、小林尾張守家が管理権を与えられた。土豪としての私的な進出先と、代官任命地を分けたほうが安全であると考えた小山田氏の政治的配慮が、かえって軋轢《あつれき》を生んだのだろう。

つまり土豪の動向には、①「村の成立」のための活動、②私的な動き、②武家被官としての動きが混ざっている。ただこれらが、最終的には①に収斂《しゅうれん》するところに、土豪層の特質がある。弘治三年十一月、武田信玄は北条氏政に嫁いだ息女黄梅院殿《おうばいいんでん》の安産祈願のため、翌年六月から船津の関所の鎖を抜き開放すると、勝山の冨士御室浅間神社（里宮《さとみや》。二合目の本宮とともに、小佐野能秀《おさのよしひで》が神主として管理）に約束した。船津の関所は、船津と吉田宿の西端松山の境に位置する。当時の富士山の山開きは六月一日であり、関銭の支払いを減らすことは富士山参詣道者の増加、すなわち、冨士御室浅間神社の隆盛につながるからだ。しかし永禄七年、川口・船津両関所の関銭徴収再開を聞いて驚いた信玄は、右筆《ゆうひつ》の出仕を待ちきれず、自筆書状で小山田信有（桃隠）を叱責した。

関所の設置というと、大名権力によると思われがちだが、地域の関所は村落が設置し、管理するものであった。つまり船津の関所を管理していたのは、船津の土豪である小林尾張守家と思われる。船津にとって、富士山参詣道者が落とす関銭は、貴重な収入減であったからだ。この時小林宗賀斎は、小山田氏の家老という立場ではなく、船津郷の土豪として、船津郷の「成立」のために動いたと評価できるだろう。

足軽と乱取り

中世村落の男子は、元服時に刀指しの祝いというものを行い、刀と脇指を身に帯びることを許される。これは町場の人々も同様である。帯刀の有無が、村落共同体の正規構成員、つまり自由民か、下人《げにん》などの隷属階級かの視覚的な区別となった。もっとも常に帯刀していたら農作業などに支障をきたすから、普段は脇指のみを身につけ、村からの外出時に刀と脇指を帯びた。だから隣村との堺相論《さかいそうろん》や用水相論・山論《さんろん》が起こると、容易に武力紛争に発展した。中世が自《じ》力救済《りききゅうさい》社会、つまり武力で揉め事を解決する社会であったことはよく知られるが、村落住人も同様であったといえる。これが、村落住人の一部が、大名や国衆の被官となって、戦争に参加していく背景である。

彼ら在村被官の呼称は大名によって異なるが、甲斐武田氏では軍役衆《ぐんやくしゅう》と呼ばれる。軍事奉公、つまり軍役を果たす代わりに、年貢以外の諸役の免税特権を得ていた。なおよく誤解されるが、軍役衆となるのは村落上層部であり、本人が田畠を耕す立場にはない。したがって戦国大名の軍隊が農繁期に出陣できないというのは事実ではない。実際、武田勢の出陣は農繁期・農閑期を問わず行われている。また軍役衆は部分的免税特権の見返りに軍事奉公を果たす存在だから、大名は百姓を非戦闘員と認識し、厳密に区別していた。ただ、戦争は兵だけではできない。荷物持ちなどの助力がいる。こうした非戦闘員徴発が陣夫役《じんぷやく》であり、村を通じて百姓に賦課された。ただし、遠方への出陣が増えると、負担が大きい。そこで近隣で陣夫を雇うための代銭納が認められていく。

こうした在村被官が、戦国大名の軍隊の最下層を構成する。一般に彼らが足軽と呼ばれるが、実際の用例をみると足軽の意味は多様である。①騎乗しない歩兵を指す場合もあれば、②ゲリラ戦を得意とする強襲部隊を指すこともあり、③忍びを指す場合もある。①が一般に知られた用例に近いもので、いわゆる雑兵である。一方で武田信虎は「上意の足軽」という急襲部隊を組織し、叛乱鎮圧で活躍した。これは②の用例である。皮肉なことに、信虎追放時に信玄が国境封鎖に急行させたのも彼らであった。また北条氏では、相模中郡郡代を世襲した大藤氏《だいとうし》が「諸足軽衆」指揮官の筆頭であり、これも武田氏の「上意の足軽」と同じもの（②）だろう。

もちろん①の用例も多く、その場合は在村被官となる。彼らは、しばしば出陣先で「乱取《らんど》り（乱妨《らんぼう》取《ど》り）」を行った。乱取りとは、敵地と認定した場所で許された、人や物の略奪行為を指す。武田方の軍記物『甲陽軍鑑《こうようぐんかん》』は、足軽が乱取りに夢中になってしまい、戦争に支障をきたす姿を描く。乱取りの被害者になりやすいのが、女性や子供であることは言うまでもない。天文五年（一五三六）、相模の青根《あおね》郷に侵攻した小山田勢が、足弱《あしよわ》（老人・女・子供）を百人ほど生け捕っているのは、その典型といえる。

天文十六年、佐久《さく》郡志賀城《しがじょう》攻めを行った武田信玄は、敵の援軍である山内上杉勢を撃破し、名のある者十四〜五人、雑兵三千人ほどを討ち取った（小田井原《おたいはら》合戦）。さらにその首を志賀城の周りに並べ、戦意喪失を狙う心理戦を展開する。志賀城は飲み水も尽き、援軍壊滅の五日後に落城した。信玄は城主笠原清繁《かさはらきよしげ》の後室を、小山田信有（契山）に与えた。彼女は信有の別邸があった都留郡駒橋に連れられて側室となり、悲嘆に暮れた生涯を送ったという。城主夫人ですらこの有り様である。志賀城では乱取りが行われ、生け捕られた男女は甲斐に連れさらわれた。信玄は乱取り被害者を取りまとめて名簿を作成したようで、親類縁者は名乗り出よと呼びかけた。そのうえで、二貫・三貫・五貫・十貫文（約二十万〜百万円）という身代金を要求している。中世の成人男子の値段は二貫文くらいとされるが、乱取りが多発した戦国時代には暴落していた。下人として売り飛ばされることへの不安と同情心をついて、高額な身代金を提示したといえる。天文十七年九月、村上義清《むらかみよしきよ》に奪われた佐久郡前山城《まえやまじょう》を奪還した際も、多くの男女が乱取りされ、それを手柄として武田勢は甲斐に凱旋した。乱取りとは村落出身者を中心としつつも、大名みずからが関与するものでもあった。

　戦国時代の戦争では、城下の焼き討ちや収穫直前の稲を刈り取って自軍の兵糧とする刈田《かりた》、そして乱取りといった行為が広く行われた。他国への侵攻は、国内の村落を潤すことにつながるのだ。逆に攻め込まれた側は略奪の被害に晒された。だからこそ、大名には強大な軍事力による保護、つまり「軍事的安全保障体制」の構築が求められたのである。その意味で、戦国時代の村落は、一方的な被害者ではない。加害者にもなりうる存在であった。

　したがって村落にとって一番困る事態は、大名領国の国境、つまり境目に位置し、戦争が繰り返されることであった。これを解決する知恵が、「半手《はんて》」「半納《はんのう》」である。隣接両大名に、年貢を半分ずつ納入するという条件で、一種の中立・緩衝地帯と認めてもらうのである。『北条氏所領役帳《ほうじょうししょりょうやくちょう》』の津久《つく》井《い》内藤氏《ないとうし》の知行地をみると、「敵知行半所務」といった注記が五ヶ村に付されている。末尾をみると、もっとも甲斐に近い奥三保《おくさんぼう》（相模湖周辺）十七ヶ村四百五貫八百四十文のうち、八ヶ村百四貫文は「小山田所務分」とある。武田信虎と北条氏綱が戦争を繰り広げていた時期、北条氏が郡内小山田領に侵攻する一方、武田氏は小山田勢を主力として津久井内藤領への侵攻を行った。休戦が成立した際、一部が内藤・小山田間の「半手」地と定められたわけである。具体的時期は小山田勢が相模湖周辺を確保した後、それより南の道志川《どうしがわ》沿いの青根村を攻撃した天文五年が提示されている。

熊野三山・出羽三山信仰

日本における原初的信仰は、突き詰めれば自然に対する敬意や畏怖、「アニミズム」であろう。山岳信仰は、その系譜をもっとも素直にひくものといえる。伝播者である修験《しゆげん》（山伏）は、諸国を漂泊する存在で、のちに土着化したとされることが多いが、実際には醍醐寺や東寺《とうじ》、高野山《こうやさん》・根来寺《ねごろじ》・粉河寺《こかわでら》といった有力寺院を拠点として活動を行っていた。彼らは各寺院の最下層を構成する存在であり、百姓身分出身の者が多い。戦国時代、修験が「一向宗」と蔑まれることがあった背景には、このような実態があるのだろう。そうした修験は、寺院外部との連絡役であり、地方の寺社に居住する先達《せんだつ》（在地山伏）を通じて、ネットワークを拡大した。

山岳信仰の中心は、紀伊《きい》の熊野《くまの》三山《さんざん》（本宮・新宮・那智大社《なちたいしや》）で、聖護院門跡《しようごいんもんぜき》を棟梁《とうりよう》（本山）に仰ぐ本山派と、中世段階では自治を維持した当山派（近世になると醍醐寺三宝院《さんぽういん》門跡を棟梁と仰ぐ）に分かれる。ただ本山派も、組織として確立するのは、戦国時代のことである。

十四世紀後半に再興された聖護院門跡は、「熊野三山検校職《けんぎょうしき》」を相伝していく。しかし若王子《にゃくおうじ》神社と乗々院《じょうじょういん》を「熊野三山奉行」として実務を委任し、検校職に付随する荘園に関心をもったに過ぎなかった。若王子と乗々院は、熊野三山で宿坊を経営する御師《おし》を通じて、地方の修験である熊野先達に各地の有力者を檀那とさせ、参詣に誘った。しかし室町期の段階では、個別の家・一族の檀那化に留まる。ただ関東では、鎌倉公方のもと、月輪院《がちりんいん》（神奈川県鎌倉市）が関東の修験を統括し、各国に「国年行事」という修験の統括寺院を置いていた。

ところが永正七年（一五一〇）、三歳で聖護院門跡に補任《ぶにん》された道増《どうぞう》は、同十二年までの五年間、熊野三山検校職を喪失した。当然、熊野三山領は聖護院の手を離れ、検校職回復後も荘園知行は困難を極めた。関東における月輪院の修験統括も、足利成氏《あしかがしげうじ》の古河移座によって崩壊する。

永正十四年、聖護院道増は、諸国の先達・修験に「山伏中并熊野先達役」という新たな役銭を賦課することを通達した。下野では貞瀧坊《じょうりゅうぼう》（栃木県足利市）、信濃では大井《おおい》法華《ほっけ》堂《どう》（長野県佐久市）に乗々院を通じて賦課しており、国単位での先達組織化を示す。これは戦国大名・国衆といった領域権力の形成と密接に関わり、甲斐では院家《いんげ》の勝仙院《しょうせんいん》（京都府京都市、現住心院）が武田氏と結んで教線を延ばした。聖護院道増は、有力な熊野先達を「年行事」に補任して国郡単位で全住人を檀那化する権利を与え、それを大名・国衆に追認させていく。ここに領域的まとまりを持つ霞場《かすみば》（修験における檀那場）が成立した。

道増にとって幸運であったのは、関東最大の戦国大名に成長していった北条氏綱に、姉妹北の藤（勝光院殿、近衛氏）が嫁いだことである（享禄四年〈一五三一〉または天文元年〈一五三二〉）。道増と北条氏の思惑は一致し、北条氏に仕えていた修験玉瀧坊《ぎょくりゅうぼう》（神奈川県小田原市）が相模・伊豆・武蔵南方年行事職に任じられた。下総では、幸手《さって》不動院《ふどういん》（埼玉県幸手市）が古河公方宿老《しゅくろう》一色氏と結びつく形で台頭し、武蔵北方年行事職となっていく。年行事確立に伴い、若王子・乗々院は排除され、聖護院門跡―熊野御師―年行事―熊野先達という系統が確立する。本山派修験の成立である。

この動きに刺激されたのが、羽黒派と呼ばれる出羽三山（月山《がっさん》・湯殿山《ゆどのさん》・羽黒山）である。東北地方を主な信仰圏とする出羽三山であったが、檀那となるような富裕層は、戦国時代においては限られる。修験を通じた山岳信仰という点で、熊野三山と競合する側面を指摘できるのだ。事例として提示されているのが陸奥宇多《うだ》郡である。同郡は伊達氏《だてし》と相馬氏《そうまし》の係争地で、天文洞《うつろ》の乱後、相馬氏の勢力が伸張した。天文二十年、奥羽に下向した聖護院道増は、上之坊（福島県南相馬市、廃寺）の年行事職を安《あん》堵《ど》し、相馬領国の修験統括者として認めた。

翌天文二十一年、羽黒山は相馬領内の日光坊《にっこうぼう》（同相馬市）に、宇多郡における霞場を安堵した。出羽三山も大名・国衆と師檀関係を構築する動きをみせており、相馬氏の宇多郡進出を霞場拡大の好機と捉えたのだろう。

伊勢・高野山信仰

熊野三山と並んで、早くから全国の信仰を集めていたのが伊勢神宮である。伊勢神宮においても、早くに参詣道者の「御宿」を経営する御師《おんし》が成立していった（伊勢神宮のみ「おんし」と読む）。ただ神宮の周辺には修験も多く展開し、彼らも道者を迎えていた。これは、伊勢・熊野参詣がセット化していったことによる。伊勢御師は「御宿」において神仏習合色の強い祈禱を行っていたとみられており、熊野の修験との結びつきじたい強かった。

伊勢御師もまた、各地の戦国大名や国衆と師檀関係を結び、大名の家臣・領民を一括して檀那化する許可を得た。大名・国衆領国を檀那場化し、参詣道者の宿泊や祈禱大麻《たいま》配布の見返りに、祈禱料を集めていく。亀田大夫《だいふ》（今川）、幸福大夫（甲斐武田）、榎倉大夫→橋村大夫（北条）、龍大夫（上総武田・里見）、蔵田大夫（越後上杉）、福島大夫（斎藤）、上部大夫→堤大夫（織田）、春木大夫（徳川）、佐八《そうち》氏（那須《なす》・宇都宮・小山・結城ほか）といった具合である。師檀関係の変更は、御師の衰退や檀那場の譲渡・売却によるもので、熊野御師や高野山子院《しいん》でもみられる。なお神宮御師のなかには、幸福大夫の一門が武田信虎に仕えたように、戦国大名の被官となる者まで現れた。

高野山が各地に教線を延ばし、「日本国惣菩提所」という地位を確立していったのも、戦国時代である。山内の各子院（宿坊）が大名・国衆と師檀関係を結び、家臣・領民を一括して檀那化する許可を得た。つまり檀那場形成は、戦国期に広くみられた布教のあり方といえる。東日本を概観すると、養智院《ようちいん》（鎌倉公方）、高室院《たかむろいん》・慈眼院《じげんいん》（北条）、成慶院《じょうけいいん》（甲斐武田・穴山・高遠諏方）、引導院《いんどういん》（甲斐武田・小山田）、金剛頂院《こんごうちょう》（信濃諏方・三河奥平《おくだいら》）、蓮華定院《れんげじょう》（真田《さなだ》・依田《よだ》など信濃国衆）、上蔵院《じょうぞう》（木曽）、清浄心院《しょうじょうしん》（越後上杉・佐竹・結城《ゆうき》・下野・上野国衆）、西門院《さいもん》（上総武田・里見）、万智院《まんち》（里見）、平等院《びょうどう》（三河野田《のだ》菅沼《すがぬま》・牧野《まきの》・戸田《とだ》）、金光院《こんこう》（安東《あんどう》・小野寺《おのでら》）、観音院《かんのん》（伊達・最上《もがみ》）、遍照光院《へんじょうこう》（南部《なんぶ》・信濃仁科《にしな》）といった師檀関係を確認できる。もっとも、戦国大名領国は変動するし、近世における大名家の転封も経ているから、実際の檀那の分布はより複雑である。

　高野山の場合、子院同士の檀那場争いに関する史料がより多く残されている。たとえば里見氏の上総領国化に際し、安房を檀那場としていた万智院は、上総檀那場化を試みた。しかし上総を檀那場としていた西門院が金剛峯寺《こんごうぶじ》惣分沙汰所《そうぶんさたしょ》に訴訟を起こし、その阻止に成功している。甲斐武田氏では成慶院と引導院が、北条氏では高室院と慈眼院が、それぞれ師檀関係の一本化を目指して争った。ただ「日本国惣菩提所」と呼ばれるようになる高野山信仰の広まりの結果、どの子院を通じて祈禱を依頼するのかという点が、信仰上大きな要素となっていった。このため、大名は慎重な対応を取ることが多い。

　近世になると、熊野の代わりに、高野山参詣が伊勢参詣とセット化していく。修験の伊勢神宮周辺での「御宿」経営が、近世に姿を消すのと軌を一にする。逆に戦国期段階でも、伊勢御師幸福大夫が、武田氏の高野山における菩提所成慶院に供養を依頼している。もともと修験の活動拠点には、醍醐寺・高野山・東寺といった真言宗寺院が少なくない。高野山子院が派遣した高野聖《こうやひじり》も、各地域の取次寺院を通じて村落住人との関係を深めた。これは熊野先達と同じあり方といえる。近世高室院の廻壇帳の分析によると、高野聖が取次寺院としたのは、法華宗（日蓮宗）・浄土真宗本願寺派以外で、特に密教系修験が多いという。熊野と伊勢・高野山信仰は共存しており、連携して教線を展開したと思われる。

富士山信仰

富士山信仰も十六世紀から本格化していく。富士山への登拝路は、北口の吉田・河口・船津（北室浅間神社）、東口の須走《すばしり》・裾野（須走浅間神社・岡宮浅間神社）、南口の富士大宮・村山（大宮浅間神社、駿府浅間神社）が主要路である。戦国期の登拝は、北口が中心とされるが、三口ともに参詣道者を案内する富士山御師《おし》が経営する宿坊が多数存在した。各御師が、それぞれ檀那を抱えている点も同様であった。

永禄四年（一五六一）、小山田信有（桃隠）は、上吉田の御師刑部隼人佐《ぎょうぶはやとのすけ》（小猿屋《こざるや》、刑部伊予《いよ》家）の要請を受け、来年の富士参詣道者二百人の郡内関所の通過、より具体的には関銭の支払い免除を認めている。小猿屋（刑部伊予家）の檀那として確認できるのは下総結城氏と房総の正木時茂《まさきときしげ》である。結城政勝は重臣多賀谷朝重《たがやともしげ》に領国内における小猿屋の活動への妨害禁止を周知するよう命じている。正木時茂は小猿屋を「富士之御司（師）房州宿」と呼んでおり、安房一国が小猿屋の檀那場であったようだ。河口御師の猿屋宝性（宮下讃岐《さぬき》家）は、信濃の仁科盛政《にしなもりまさ》から領中での勧進を認められており、信濃安曇《あずみ》郡に檀那場を形成した可能性が指摘されている。富士山御師も、檀那場を形成する方向にあった。

戦国期の富士山登拝は、相当の危険を伴ったことが指摘されている。近世初期の日記類からは、噴火に伴う硫化ガスで中毒死した遺体が各所で確認されたことが読み取れる。登拝そのものが命懸けであり、案内役である御師は不可欠であった。御師は登拝用の装束と金剛杖の配布料として二百四十四文の役銭を参詣道者から徴収している。

同時に富士参詣道者による関銭収入は、小山田氏をはじめ各地の土豪の主要な財源であった。永禄二年、小山田氏は富士山北麓の御師に対し、『甲州法度之次第』をベースとして、低品質貨幣を賽銭として受け取ることを禁じ、破った御師は改易するという法度を通達した。監視のために、主要地点に奉行を配置するという念の入れようである。ただこれは、御師経営の安定と、浅間神社外護のためとみたほうがよい。富士山御師の財政破綻は、道者減少を招きかねない。関銭収入を重視した小山田氏にとって、無視できない問題であった。

なお近世成立の『吉田御師由緒覚帳』によると、一部の御師は小山田氏の透破《すっぱ》、つまり忍びを兼ねていたという。怪しげな話だが、各地を廻る御師のもたらす情報は重要であっただろう。

七　進展する地域統合と大名領国の再編

1　織田氏の分裂と斎藤道三の敗死

武田・今川氏と斎藤道三

天文《てんぶん》十九年（一五五〇）に尾張《おわり》に侵攻した今川義元《いまがわよしもと》は、後奈良天皇《ごならてんのう》と将軍足利義輝《あしかがよしてる》の調停を受け入れ、同年末に織田信秀《おだのぶひで》・信長父子と和睦した。義元は信秀の要求を容れ、三河刈谷城《みかわかりやじょう》を水野清近《みずのきよちか》に返還するとともに、尾張鳴海《なるみ》城主山口教継《やまぐちのりつぐ》に境目安定のため、和睦を後押しするよう命じた。天文二十年末、青野松平忠吉《あおのまつだいらただよし》の謀叛に大給《おぎゅう》松平親乗《ちかのり》が同調するなど、三河情勢が不安定になっていた。義元が和睦調停を受け入れたのはこのためである。もっとも義輝の和睦調停は、土岐頼芸《ときよりなり》の美濃《みの》復帰を目的とするが、勝幡《しょばた》織田氏の家督は信長に移っていたうえ信秀は病身で、岳父斎藤道三《さいとうどうさん》の意向に背く話に従う可能性は薄かった。道三は、頼芸の嫡男小次郎（頼次《よりつぐ》カ）の安全を保証したものの、頼芸帰国は認めなかったからである。天文二十一年三月に信秀が死去すると、翌四月には信長は山口教継を攻撃し、今川氏との和睦を破棄した。

さて斎藤道三は、美濃一国を掌握したわけではない。東美濃恵那《えな》郡から土岐郡にかけて展開した遠《と》山《やま》一族は、幕府直属の奉公衆であり、美濃守護土岐氏にも、道三にも従っていなかった。遠山氏は、美濃攻めを繰り返していた織田信秀と姻戚関係を結び、道三を牽制していた。しかし天文十七年に斎藤・織田間で同盟が成立し、織田氏の支援は期待できなくなってしまう。そうした状況下の天文二十三年、武田《たけだ》晴信《はるのぶ》（信玄）が信濃《しなの》下伊那《しもいな》郡の下条信氏《しもじょうのぶうじ》を服属させた。領国維持に危機感を抱いた木曽《きそ》義《よし》康《やす》も服属を表明し、晴信は南信濃を制圧する。

これが東美濃に波及した。翌天文二十四年正月までに、恵那郡の国衆岩村《くにしゅういわむら》遠山景前《かげさき》・景任《かげとう》父子と苗《なえ》木《ぎ》遠山直廉《なおかど》（景前の三男）は、武田氏に服属を申し出て、援軍の駐留を仰いだ。派遣された重臣のひとりは、下伊那郡司として美濃国境の軍政を担当した秋山虎繁《あきやまとらしげ》である。普段は信濃大島城《おおじまじょう》に在城する立場だが、遠山領に入っていたらしい。同年八月、遠山氏の動きに怒った道三は、娘婿織田信長に支援を依頼したうえで、苗木遠山領に侵攻した。武田晴信も急ぎ援軍を派遣するが、長尾景虎《ながおかげとら》（上杉謙信）と川中島《かわなかじま》で対陣中であり（第二次川中島合戦）、美濃での戦争拡大は望ましくない。和睦を申し出るが、道三は拒絶し、交戦状態に陥った。

ただしこれは、単に道三が美濃統一の好機と考えたためではないようだ。事の発端は、天文二十年に三河の大給松平親乗が今川義元と対立したことにある。三河加茂《かも》郡足助《あすけ》の国衆鱸兵庫助《すずきひょうごのすけ》は、親乗の異父弟であり、近隣の広瀬《ひろせ》三宅《みやけ》氏《し》とともに今川氏に抵抗を続けていた。天文二十四年九月、岩村遠山景前は三河に侵攻し、鱸兵庫助を支援した。今川義元は逆に東美濃に軍勢を派遣し、明智《あけち》遠山氏を攻撃させた。つまり岩村・苗木の両遠山氏は武田氏に服属したものの、惣領家たる岩村遠山氏は、姻戚関係にある織田信長の支援要請に応じて、武田氏の同盟国今川氏と戦い、それに応じなかった苗木遠山氏は斎藤・織田連合軍の攻撃を受けたことになる。武田氏は、遠山一族をうまく統制できなかったのだ。

以上の状況は、国境を越えた国衆の動向が、戦国大名の戦争・外交に大きな影響を及ぼしていたことを示す。第二次川中島合戦は、閏十月に今川義元の調停で和睦している。今川氏の調停開始は七月だから、早期に和睦を締結させて、東美濃統制に乗り出してもらいたかったのだろう。しかし晴信は和睦に乗り気ではなく、舅義元の意向を重視する嫡男義信《よしのぶ》との関係が険悪化していく。

長良川の戦いと道三敗死

天文十九年（一五五〇）に下剋上を果たした斎藤道三だが、主君追放は国の内外から批判を招いた。そもそも道三が美濃を掌握できたのは、船田《ふなだ》合戦《かっせん》以来の土岐・斎藤氏の内紛で、美濃政界が空洞化した結果である。その後の内乱を、軍事的指導者として解決したことで、土岐氏一門・家臣・美濃国衆は道三に従った。つまり道三に求められていたのは、美濃の安定である。逆に美濃守護土岐頼芸が、何か失政を起こした徴証はない。道三には、頼芸を追放して土岐氏に取って代わる大義名分が存在しないのだ。すでに美濃の実権を掌握していたのだから、お飾りとして奉っておけばよかったのである。

しかも頼芸は、妹婿の六角定頼《ろっかくさだより》を頼った。六角氏は頼芸を擁立して美濃に侵攻し、周辺諸大名との外交関係は、一気に悪化した。同盟国浅井《あざい》久政《ひさまさ》が六角氏に服属していたことも仇となった。事実上、娘を嫁がせた織田氏のみが味方という状況になってしまうが、天文二十一年に織田信秀が死去し、尾張も内乱に突入する。娘婿織田信長は、勢力の再建で手一杯であった。道三が濃尾国境の正徳寺《しょうとくじ》で、

30―後斎藤・一色氏略系図

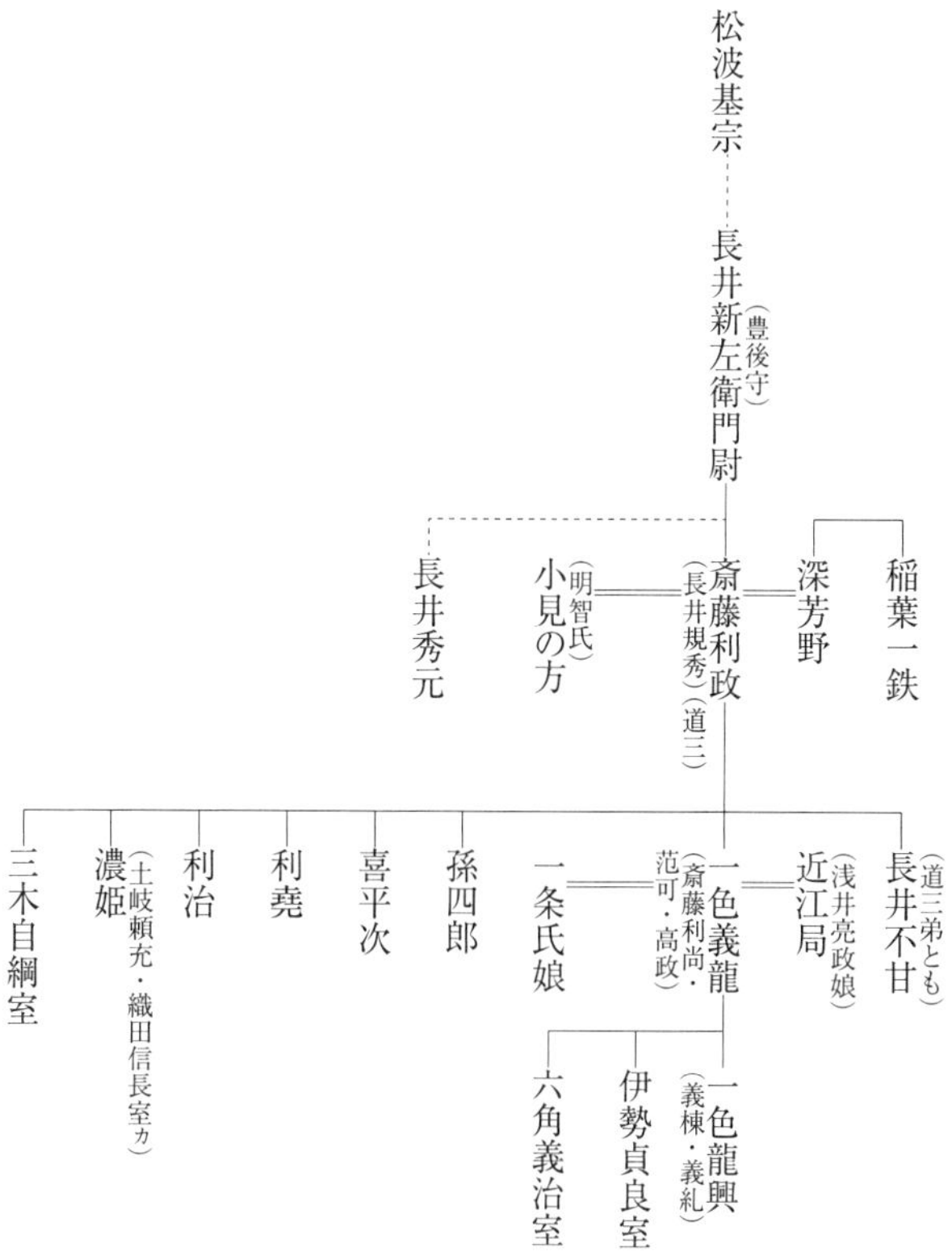
松波基宗
長井新左衛門尉（豊後守）
稲葉一鉄
深芳野
斎藤利政（長井規秀）（道三）
小見の方（明智氏）
長井秀元
長井不甘（道三弟とも）
近江局（浅井亮政娘）
一色義龍（斎藤利尚・范可・高政）
一条氏娘
孫四郎
喜平次
利堯
利治
濃姫（土岐頼充・織田信長室カ）
三木自綱室
一色龍興（義棟・義紀）
伊勢貞良室
六角義治室

直接信長と面会してその力量を見定めたのは、単なる同盟関係の再確認だけではない。道三も切迫していたのだ。天文二十三年、道三は左近大夫《さこんのだいぶ》から山城守《やましろのかみ》に改称し、それを機に家督を嫡男利尚《としひさ》（義龍《よしたつ》）に譲ったようだ。道三が実権を掌握しながら、利尚に政務見習いをさせる形である。

その利尚が病気と称して稲葉山城《いなばやまじょう》に引きこもったのは、天文二十四年十月のことである。庶兄長井《ながい》不甘《ふかん》と結んでのクーデター計画の始まりだが、理由が判然としない。土岐頼芸落胤説が著名だが、利尚は道三を実父と認識していた。内政面での失政も、太田牛一《おおたぎゅういち》が『大《たい》かうさまくんきのうち』で記した残忍な犯科人の処刑程度に過ぎない。またこの話自体、関白秀次切腹を因果応報譚で説明し、秀吉を正当化するための創作とみられる。遠山領侵攻と武田氏との開戦直後という時期を考えれば、外交上の失策が原因としたほうが理解しやすい。道三は、土岐頼芸追放の結果、六角氏侵攻を招くなど、孤立状況にあった。信長支援のため、今川氏との関係も悪化した。そのうえ、今度は武田氏も敵に回すという。あまりに強気な外交姿勢が、美濃一国の危機を招くと受け止められたのではないか。

改元して弘治《こうじ》元年（一五五五）十一月、利尚は遺言を伝えたいと不甘を通じて招いた弟二人（孫四郎・喜平次）を、重臣日根野弘就《ひねのひろなり》とともに殺害し、謀叛の動きを明らかにした。城下井口の屋敷に入っていた道三は、急ぎ大桑城《おおがじょう》に居を移す。翌十二月、利尚は寺院に危害を加えないと保障した禁制《きんぜい》で「范可《はんか》」という号を記した。『信長公記《しんちょうこうき》』によれば、これは中国の古典に基づくもので、父を殺したことが逆に「孝」になった人の名であるという。つまり、実父道三討伐を正当化する名乗りといえる。

ただし、范可なる人物の由来は、未だ確認されていない。

翌弘治二年四月、両軍は長良川《ながらがわ》の川端で決戦し、兵力に劣る道三は敗死した。娘婿信長の援軍到着前の決着である。これにより、織田・斎藤同盟は崩壊し、両国は再度敵対する。

一色改苗字と義龍の死

美濃の実権を掌握した利尚は、苗字を斎藤から一色《いっしき》に、実名《じつみょう》を高政《たかまさ》に改めた。その後十三代将軍足利義輝より、通字「義」字偏諱《へんき》を受けて、義龍に改名したのである。したがって彼が斎藤義龍と称したことはなく、正しくは一色義龍であった。

義龍が一色に苗字を改めたのは、幕府における家格で土岐氏よりも一色氏（四職家）のほうが格上だからとみられている。土岐・斎藤両氏を超越する家格で、美濃支配を進めようとしたといえ、義龍なりの下剋上であった。義龍の改苗字は徹底しており、重臣層も一色氏家老の苗字に改めさせた。安《あん》藤守就《どうもりなり》は伊賀《いが》守就、桑原直元《くわばらなおもと》は氏家《うじいえ》直元（三河守護代家）、竹越尚光《たけごしなおみつ》は成吉《なりよし》尚光、日根野弘就は延永《のぶなが》弘就（丹後《たんご》守護代家）、稲葉良通《いなばよしみち》（一鉄《いってつ》）は新治《にんばり》良通といった具合である。このうち新治（稲葉）良通は、義龍の生母深芳野の兄と伝わり、一門待遇で内政には関与しなかったようだ。義龍は、他の四人に日《ひ》比野《びの》清実《きよざね》・長井《ながい》衛安《もりやす》の二名を加えた六人の宿老《しゅくろう》合議制を確立し、本格的な内政に着手する。

外交面では、永禄《えいろく》三年（一五六〇）に六角義治《ろっかくよしはる》との同盟と姻戚関係構築に動くが、隠居の六角承禎《じょうてい》（義賢《よしかた》）の強い反発を生んだ。承禎が道三とその父の略歴を記したのはこの時である。次いで義龍は、宗教統制において大きな失策を起こした。それが第六章で述べた別伝《べつでん》の乱である。義龍が禅宗の菩提《ぼだい》寺《じ》建立のために招聘した別伝宗亀《そうき》が自派の勢力を延ばそうと暴走し、快川紹喜《かいせんじょうき》以下臨済宗の高僧を敵に回したばかりか、中濃兼山城《かねやまじょう》・関城《せきじょう》を抑える庶兄長井不甘の離叛まで招く。事態は、永禄四年五月十一日の義龍急逝で、急転する。織田勢侵攻を前に、外護者《げごしゃ》を失った別伝は国外に逃れ、快川紹喜は義龍の葬儀を主導することで、義龍の嫡男龍興《たつおき》に和解の意を示した。十四歳の龍興は家臣に支えられて織田勢を撃退し、伯父長井不甘も帰順したものの、以後、家中《かちゅう》統制に苦しむこととなる。

織田信勝の挙兵

天文二十一年（一五五二）三月の織田信秀死去は、大きな波乱をもたらした。居城末盛城《すえもりじょう》を次男信勝《のぶかつ》が継承したからである。信勝は信秀死去以前の天文二十年九月から文書発給を開始しており、信長に家督を譲ったはずの信秀の態度は、揺れていたらしい。信秀の葬儀に際し、信長が髷を茶筅に結い、袴も履かずに現れたうえ、抹香を位牌に投げつけて立ち去ったことは著名である。この葬儀は、信長・信勝兄弟が共同喪主として執り行った可能性が高いうえ、柴田《しばた》勝家《かついえ》をはじめとする重臣層は信勝に従って参列しており、信長は葬儀後に彼らを信勝付き家老と認めた。肝心の信長の供は、林秀貞《はやしひでさだ》・平手《ひらて》政秀《まさひで》以下四家老に過ぎない。信勝は、自身こそ信秀の後継者という自負心を強めていく。

信秀が築いた尾張織田氏の一族一揆は、その死去により完全に崩壊した。信長は勝幡織田氏当主であったが、織田一族をまとめきれなかった。もっとも動揺したのが、主家清須《きよす》織田《おだ》氏《し》である。天文二十年頃の織田達勝《みちかつ》死去を受け、家督を継いだ甥の勝秀《かつひで》が、今川氏と結んだらしい。信秀の死後、半年も経たない同年八月には信長と対立した。主家との和睦交渉を、信長の次席家老平手政秀が担当したが、拒絶されてしまう。天文二十二年閏正月十三日の平手政秀切腹は、交渉失敗で思い詰めた結果という説が出ている。信長と政秀の嫡男平手勝秀の不和も影響していよう。

斎藤道三が、濃尾国境の正徳寺で信長と対面したのは、この直後の天文二十二年四月のことである。信秀死去を踏まえ、同盟関係を再確認する意味もあった。道三が信長を高く評価したという『信長公記』の記述は、信長への全面支援表明を示唆する。

天文二十二年七月、織田勝秀の家宰《かさい》坂井《さかい》大膳《だいぜん》が、守護斯波《しば》義統《よしむね》を殺害するという暴挙に出た。先述のように、勝秀が今川義元と結ぼうとして、斯波義統と対立したという説が一番理解しやすい。義統の嫡男義銀《よしかね》は、たまたま狩りに出ていて無事であった。信長は斯波義銀を保護したうえで、清須城を攻撃した。主力の一角は、信勝の筆頭家老柴田勝家と叔父の織田信光《のぶみつ》であり、勝幡織田氏の危機に一族が団結したことがわかる。

翌天文二十三年正月、今川勢が三河岡崎城《おかざきじょう》に入り、尾張侵攻の構えをみせた。信長は、清須織田氏の動向を懸念し、舅斎藤道三に支援を要請した。その際、本拠那古野城《なごやじょう》の守りを斎藤勢に託して、迎撃に出た。他国の軍勢に本拠を預けるという振る舞いに、筆頭家老林秀貞・美作守《みまさかのかみ》兄弟が反発し、与力《よりき》前田《まえだ》与十郎《よじゅうろう》の在所である下之一色城《しものいっしきじょう》に出奔したが、信長は特に問題視していない。水野《みずの》信元《のぶもと》の居城緒川《おがわ》（愛知県東浦町）に入り、村木砦（同前）で今川勢を撃退している。

しかしこれと前後して、実弟信勝との関係が悪化した。所領問題が原因という。天文二十二年十月から翌二十三年十一月の間に、信勝は通称を勘十郎から弾正忠《だんじょうのじょう》に、実名を達成《みちなり》に改めた。弾正忠は勝幡織田氏当主が名乗る官途名である。達成という実名も、清須織田氏（達定《みちさだ》―達成―勝秀）からの偏諱を窺わせる。織田信勝は、清須織田氏と提携し、自分こそが信秀の正統な後継者であると宣言するに至った。

信長も、勝幡織田氏嫡男が名乗る仮名三郎《けみょう》から、上総介《かずさのすけ》に通称を改め、信勝との対立姿勢を示した。そのうえで天文二十三年四月、叔父織田信光（守山《もりやま》城主）の支援を得て、主家織田勝秀を滅ぼした。信長は清須に本拠を移し、斯波義銀を奉戴して政治的正統性を主張する。それまでの本拠那古野城を譲られた織田信光は、十一月に突如落命した。信長は筆頭家老林秀貞を那古野城代に任じたが、これが裏目に出る。弘治二年（一五五六）、林秀貞は弟美作守とともに、信勝の筆頭家老柴田勝家と内談し、信勝擁立を企てるようになるからだ。この動きは、同年四月に信長の舅斎藤道三が嫡男義龍に敗死したことを背景とする。信長は最大の後ろ盾を失ったばかりか、義龍は織田信勝を支援する動きをみせた。上四郡守護代の岩倉《いわくら》織田氏も、信勝と結んでいる。それに、林秀貞兄弟が加わったのだ。

弘治二年八月二十四日、信長・信勝勢は稲生《いのう》（同名古屋市）で衝突した。ただ信勝自身が出陣していたかは定かではなく、信勝方は柴田勝家率いる約千人と、林美作守の約七百人からなる。対する信長は、手勢七百にも満たなかったが、みずから林美作守を討ち取り大勝した。末盛城に籠城した織田信勝・柴田勝家は、信長・信勝兄弟の生母土田御前《つちだごぜん》の口添えもあり、清須城に墨染めの衣を着て出頭した。降伏の作法に則ったもので（おそらく剃髪していただろう）、信長はただちに赦免している。信勝は、弾正忠達成という不遜な名乗りを捨て、武蔵守信成《むさしのかみのぶなり》に改名した。那古野城に籠城した林秀貞も、まもなく赦免された。

しかし信勝は、その後も一色義龍や岩倉織田氏と連絡を取り合っていた。永禄元年（一五六〇）三月、信勝は龍泉寺城《りゅうせんじじょう》（同前）を築城し、信長の直轄領押領を試みた。信勝は強気を維持したが、津々木蔵人《つづきくらんど》という若衆を寵愛し、優れた武士を津々木の与力にしたことが仇となった。不満を抱いた筆頭家老柴田勝家が、信勝に謀叛の動きありと信長に訴え出たのである。信長は清須城で病臥したと触れ回り、柴田勝家と、いきさつを知らない土田御前は、信勝に病気見舞いを勧めた。十一月二日、信長は見舞いの席で信勝を殺害し、勝幡織田氏の内訌に終止符を打った。なお生後間もない信澄《のぶずみ》（信重《のぶしげ》）を始め、信勝の遺児は赦免している。

これと前後するが、信長は永禄元年七月に、浮野《うきの》（同一宮市）で岩倉織田勢を打ち破った。その後、海西郡荷之上《かいさいにのうえ》（同弥富市）の服部左京進《はっとりさきょうのしん》の手引きで今川氏に内通したとして、斯波義銀を国外に追放した。永禄二年二月に上洛し、将軍義輝に拝謁しているのは、守護追放の弁明が目的だろう。三月、信長は岩倉城（同岩倉市）を攻撃し、数ヶ月の攻防戦の末、岩倉織田氏を没落させた。織田氏の統合は目前といえる。残るのは、斎藤・武田氏の支援を受ける犬山《いぬやま》織田広良《ひろなが》（広高カ）と、今川氏の制圧下にある尾張南部であった。なお、武田晴信とは永禄元年に贈答が確認され、信長は武田家臣秋山虎繁に書状を送っている。美濃・尾張情勢深入りを避けたい晴信と、武田氏の尾張介入を排除したい信長の思惑が、一致したのだろう。もっとも武田氏は、犬山織田氏支援を継続しており、その家老和田定利《わださだとし》との交渉を担ったのも秋山虎繁であった。少し後のことになるが、遠山兄弟への使者は、秋山万可斎《ばんかさい》が担当している。万可斎は元尾張牢人小牧《こまき》新兵衛で、武田氏から秋山苗字を与えられて改名した。秋山苗字が選ばれたのは、遠山氏の指南を秋山虎繁が務めていたためだろう。これは、虎繁が下伊那郡司として大島城から美濃に援軍を出せる立場にいたためと考えられる。同盟国今川氏と織田氏の間では一時的に和平が結ばれるが、信長との間には一定の距離が必要であった。

2　桶狭間合戦の衝撃

今川義元の隠居と三河平定

駿河《するが》では、弘治二年（一五五六）末に今川義元が隠居し、家督を嫡男氏真《うじざね》に譲り渡した。もちろん楽隠居ではなく、氏真に駿河・遠江《とおとうみ》の政務を任せ、義元は三河・尾張経略に専念するという役割分担が成立していく。弘治元年閏十月十日の太原崇孚《たいげんすうふ》死去が関係しているかもしれない。三河経略は、太原崇孚が朝比奈泰能《あさひなやすよし》ら宿老中と協議しながら進めていたためである。義元は、みずから三河平定に乗り出したのだ。

31—稲生合戦（弘治2年〈1556〉8月）頃の情勢図

今川氏の三河経略はいまだ途上であった。青野松平氏・大給松平氏・足助鱸氏・広瀬三宅氏だけでなく、天文末期から弘治年間初頭にかけ、設楽《したら》郡の山家三方衆《やまがさんぽうしゅう》も親今川派と反今川派に分かれて抗争を始めた。弘治元年に西条吉良義安《さいじょうきらよしやす》と田峯菅沼定継《だみねすがぬまさだつぐ》が、翌二年には奥平定能《おくだいらさだよし》が今川氏から離叛する。三月には、信長みずから西三河に侵攻した（野寺原《のでらはら》合戦、愛知県安城市）。しかしその直後、斎藤道三が嫡男利尚に敗死し、織田氏は信長・信勝兄弟の内訌状態に陥った。弘治二年末までに、義元は離叛した国衆を悉く帰属させた。このうち西条吉良氏については義安自身は赦免したものの、西尾領は今川氏の直轄領としたようだ。

また尾張最南端の知多《ちた》郡は、この頃過半が今川領国に組み込まれていた。鳴海城の山口教継だけでなく、常滑《とこなめ》水野守尚《もりひさ》も、惣領家の緒川水野氏や有力分家の刈谷水野氏とは別行動を取り、今川氏に服属したのである。その結果、弘治元年に敢行されたのが、今川勢による伊勢《いせ》・志摩《しま》攻撃である（『年代和歌抄』ほか）。北畠具教《きたばたけとものり》の迎撃で敗退するが、今川氏の勢力浸透を示す。

弘治三年四月、織田信長は尾張守護斯波義銀を供奉《ぐぶ》して三河上野原に出向き、今川方の西条吉良義安と会見した。尾張・三河の形式上のトップ会談といえ、織田・今川両氏の和睦が成立する。以後、永禄二年（一五五九）前半まではいちおう国境が安定した。また永禄元年十一月までに、信長は武田晴信とも和睦した。

ところが、弘治四年（永禄元年）正月に三河設楽郡で今川方への叛乱が勃発し、二月に寺部《てらべ》鱸氏、三月に田峯菅沼氏が相次いで挙兵した。五月、岩村遠山景任が三河北東部の武節城《ぶせつじょう》（愛知県豊田市）経由で名倉《なぐら》の船戸橋《ふなとばし》（同設楽町）に進軍し、根古屋《ねごや》に籠城する菅沼勢を支援した。奥平定勝《さだかつ》の迎撃で撤兵するが、遠山一族はまだ武田氏の完全な統制下にはなかったわけだ。義元は同年中に三河の叛乱を鎮圧したが、その情勢は安定とはほど遠い。前年八月の朝比奈泰能死去も影響していたのだろう。

桶狭間の戦い

したがって永禄二年（一五五九）段階の義元の課題は、三河および尾張南部の支配を固めることにあった。信長はその逆で、今川氏の占領下にある尾張南部の奪回を図る。信長が永禄元年末に、尾張北東部の雲興寺《うんこうじ》に禁制を出しているのは、戦場になることを危惧し、同寺が信長に要求した結果だろう。桶狭間《おけはざま》合戦は、こうした攻防の帰結といえる。

すでにこの時点で、今川義元の勢力は、尾張知多郡の一部ばかりか、愛知郡南部の笠寺《かさでら》（星崎）にまで浸透していた。水軍を率いる海西郡の服部左京進も今川方である。対する信長は、今川方の最前線である鳴海城・大高城《おおだかじょう》周辺に五つの付城《つけじろ》を築いた。丹下《たんげ》・善照寺《ぜんしょうじ》・中島砦《なかしまとりで》で鳴海城を、鷲津《わしづ》・丸根《まるね》砦《とりで》で大高城（以上、愛知県名古屋市）を包囲し、両城間および沓掛城《くつかけじょう》との連絡を封じた。これ以前に、山口教継父子は駿府《すんぷ》で殺害されたと『信長公記』首巻にあるが、義元敗死の遠因、因果応報譚として強調される描写であり、真偽は不明である。事実であれば、山口教継が調停を命じられた織田氏との和睦破綻の責任を取らされたのだろう。山口父子の居城鳴海城には、宿老岡部《おかべ》元信《もとのぶ》以下の今川氏重臣が入城していた。

つまり永禄三年の義元出馬は、今川領尾張南部という「境目」防衛が主目的なのだ。同時に、尾張知多郡から三河碧海《あおみ》郡に勢力を展開する国衆水野氏の動静も問題となる。三河の刈谷水野清近は反今川姿勢を崩しておらず、尾張南部確保の障害となっていた。併行して義元は、田峯菅沼氏に三河北東部の武節城を攻略させている。同城は菅沼氏の持城だが、弘治二年（一五五六）に同盟国武田氏の従属国衆下条信氏が攻撃しており、今川氏に敵対していたようだ。いずれにせよ、三河一国を固める動きといえる。義元は、包囲された鳴海・大高城救援と、三河の完全な領国化を目指したのである。

桶狭間山に布陣した義元は、近隣岡崎の国衆である松平元康《まつだいらもとやす》に、大高城への兵糧補給を命じた。敵陣突破が必要なため、『三河物語』は元康の苦難と記すが、当時の慣例では逆に先陣を任されないほうが不名誉である。元康は兵糧補給と付城攻略に成功し、義元の命を受けて大高城で休息した。

桶狭間合戦の詳細は専著に譲る。近年指摘されているように、信長が正面から急襲した先がたまたま義元の本陣であり、かつ季節外れの雹が西風にのって大量に降ってきたことが勝因である。今川方はまともに前も見えず、迎撃どころではなくなった。信長は、前面に展開している今川勢を、疲弊した松平勢と勘違いしたうえ、本陣の場所も把握していなかった。幸運としかいいようがない。

義元本陣の馬廻《うままわり》は反撃しつつ撤退したが、その度に数を減らした。義元自身、太刀を振るったものの力尽き、討ち取られた。永禄三年五月十九日のことである。今川勢が総崩れとなるなか、鳴海城の岡部元信は籠城を続け、今川氏真の許可を受けたうえで、義元の首級と引き替えに開城した。さらに、織田方の刈谷水野清近を忍びに殺害させて帰国している。

松平元康の自立と「一向一揆」

桶狭間合戦に際し、松平元康は大高城で休息を命じられていたため、無事であった。しかしすぐに城を放棄し、敗走したとみられる。問題は、そのまま岡崎城に入った点である。従来、これは今川氏の配置した城代が逃げ出したため「捨て城ならば拾おう」と入城したとされてきた(『三河物語』)。しかし今川氏による家臣派遣は、境目の国衆である松平氏保護のためであり、かつ元康は駿府出仕の身であった。つまり、緊急事態として岡崎城に入ることはできても、そのまま在城し続けるわけにはいかない。

したがって、これは今川氏真の命を受け、三河・尾張国境を固めるために岡崎在城を認められたとみるべきである。そもそも元康の正室築山殿《つきやまどの》は、今川一門関口氏広《せきぐちうじひろ》の娘である。氏広の兄瀬名貞綱《せなさだつな》は義元の姉婿だから、元康は今川一門と処遇されていた。彼が松平氏の代表的存在となっていく背景を考えるうえでも、今川氏の厚遇と支援を無視できない。その後、元康は石ヶ瀬川《いしがせがわ》を挟んで、織田方の水野信元と戦っており、西三河における求心力を高めた。

ところが肝心の今川氏真は、本格的な三河出兵を行える状況にはなかった。永禄三年(一五六〇)八月に長尾景虎が北条《ほうじょう》領国に侵攻したためである。氏真は北条・武田氏と三国同盟を結んでおり、そちらへの援軍派遣を優先することとなった。

松平元康は、今川氏のもとでは領国維持は困難と考えたのだろう。永禄四年二月、叔父水野信元の仲介で、織田信長と同盟した。そして四月十一日、今川方の牛久保城《うしくぼじよう》を攻撃したのである。氏真はこれをもって、元康謀叛と認識している。同年中には、祖父・父が偏諱を頂戴した東条吉良氏《とうじようきらし》の当主義昭《よしあき》を服属させ、三河を二分する戦争が勃発した。

しかし松平氏宿老の酒井忠尚《さかいただなお》は、元康の反今川外交に危うさを感じていたらしい。永禄六年六月までに、元康に叛旗を翻した。元康は居城上野城《うえのじよう》を攻撃する一方で、七月に実名を家康に改めた。今川義元から拝領した「元」の字を捨て、独立の意思を強調したのである。

十月には東条吉良義昭が離叛し、今川氏に帰属する者が相次いだ。攻防の長期化は兵糧不足を招き、家康は寺院に兵糧米借用を求めた。しかしそこで本願寺派《ほんがんじは》寺院とトラブルを起こしてしまう。その結果、翌永禄七年正月に勃発したのが三河「一向一揆《いっこういっき》」である。松平家臣には本《ほん》願寺派門徒が多く、本多正信《ほんだまさのぶ》など「一向一揆」に味方する者が現れた。

この時の松平家臣の動向を『三河物語』は美化し、「一向一揆」に参加した者も、家康が姿を見せると刃を向けなかったなどと記すが、事実とは思えない。近世成立の史料は「一向一揆」が起きた結果、本願寺門徒である酒井忠尚が離叛したと因果関係を逆に記す。東照大権現として神格化された家康と、三河武士の忠義を讃えるための虚構といえる。

家康は永禄七年中に「一向一揆」を鎮圧し、その後「一向宗」禁制を布くことになる。三河平定も前進し、家康は国衆から戦国大名へと成長を遂げていく。

3　並び立つ関東管領

上野横瀬氏の下剋上

文明《ぶんめい》元年（一四六九）に国衆化を遂げた新田岩松《にったいわまつし》氏においては、早くから家宰横瀬氏《よこせし》の台頭が問題となっていた。明応《めいおう》四年（一四九五）、岩松明純《あきずみ》・尚純《ひさずみ》父子は、家宰横瀬氏を滅ぼそうと佐野《さの》泰綱《やすつな》や山内上杉顕定《やまのうちうえすぎあきさだ》に金山城《かなやまじょう》（群馬県太田市）を攻撃させ、自身も挙兵した。滅亡の危機に瀕した横瀬国繁《くにしげ》・成繁《なりしげ》父子は、古河公方足利政氏《こがくぼうあしかがまさうじ》に調停を働きかけ、同年十二年、尚純の佐野隠居と、生後六ヶ月の嫡男夜叉王丸（昌純《まさずみ》）の家督継承が定められた。「屋裏《おくり》の錯乱」と呼ばれる内訌の勝利により、岩松氏の実権は家宰横瀬氏が完全に掌握した。隠居させられた尚純は連歌を愛好し、『新撰菟玖波集《しんせんつくばしゅう》』にも撰出されている。文亀《ぶんき》元年（一五〇一）、昌純は七歳で家督を継承するが、横瀬氏の名目的主君に過ぎなかった。享禄《きょうろく》年間（一五二八～三二）に岩松昌純は成繁の孫横瀬泰繁《やすしげ》に殺害され、家督を継いだ弟氏純《うじずみ》も自害したと伝わる。実権奪還を目指したのだろうが、形ばかりの「呑嶺御屋形《どんれいおやかた》」（呑嶺は金山城内にある新田氏の居所）からの脱出は叶わなかった。

岩松氏に代わり国衆となった横瀬氏は、第三次永正《えいしょう》の乱では足利高基《たかもと》―上杉憲房《のりふさ》陣営に属した。以後、横瀬氏は山内上杉氏に従属しつつ、その家宰足利長尾氏《ながおし》との関係を深めていく。天文四年（一五三五）、横瀬泰繁は将軍足利義晴《よしはる》から毛氈鞍覆《もうせんくらおおい》・白傘袋《しろかさぶくろ》使用を許された。この栄典は、守護か将軍直臣のうち御供衆《おともしゆう》に与えられるものだから、横瀬氏は岩松氏から独立した将軍直臣と公認されたことになる。天文十四年に家督を継いだ横瀬成繁（曽祖父と同名）は北条・上杉（長尾）両氏の間を揺れ動きつつ、領国拡大に成功し、上野《こうずけ》最大の国衆となる。永禄七（一五六四）～八年に正式に御供衆に列せられ、苗字を由良《ゆら》に改めた。由良は新田氏の鎌倉期の拠点であり、主家岩松氏同様、新田氏の流れを汲む家であると主張したのである。

長尾景虎の関東管領就任

永禄二年（一五五九）四月、景虎は二度目の上洛を果たした。名目は将軍足利義輝の帰京祝いだが、本当の目的は、上杉憲政《うえすぎのりまさ》の処遇問題である。六月二十六日、義輝は裏書御免《うらがきごめん》・塗輿《ぬりごし》御免の特権を景虎に与え、信濃衆《しなのしゆう》を指揮下に置くこと、上杉憲政の進退を一任することを認めた。また上洛中、景虎は近衛稙家《このえたねいえ》・前嗣《さきつぐ》（前久《さきひさ》）父子と親しく交流した。近衛氏は義輝生母の実家であり、前嗣は現任の関白である。前嗣は景虎のことが余程気に入ったらしく、景虎に越後《えちご》下向を極秘裏に懇願した。翌永禄三年正月に正親町天皇《おおぎまちてんのう》即位礼を控えているにもかかわらず、現職関白の離京計画を知った義輝は、景虎を厳しく詰問している。結局景虎が八月に帰国したのに対し、前嗣は即位礼に参列してから永禄三年九月に越後へ下った。

永禄三年五月、北条氏康《ほうじょううじやす》は里見氏の本拠久留里《くるり》城に付城を作り、攻勢を強めた。窮地に陥った里見氏の宿老正木時茂《まさきときしげ》は、上杉憲政の家宰足利長尾当長《ながおまさなが》（景長《かげなが》）を通じて景虎に関東侵攻を要請する。これ以前に佐竹義昭《さたけよしあき》も関東出兵を強く要請していた。上杉憲政の説得を受け入れた景虎は、ついに本格

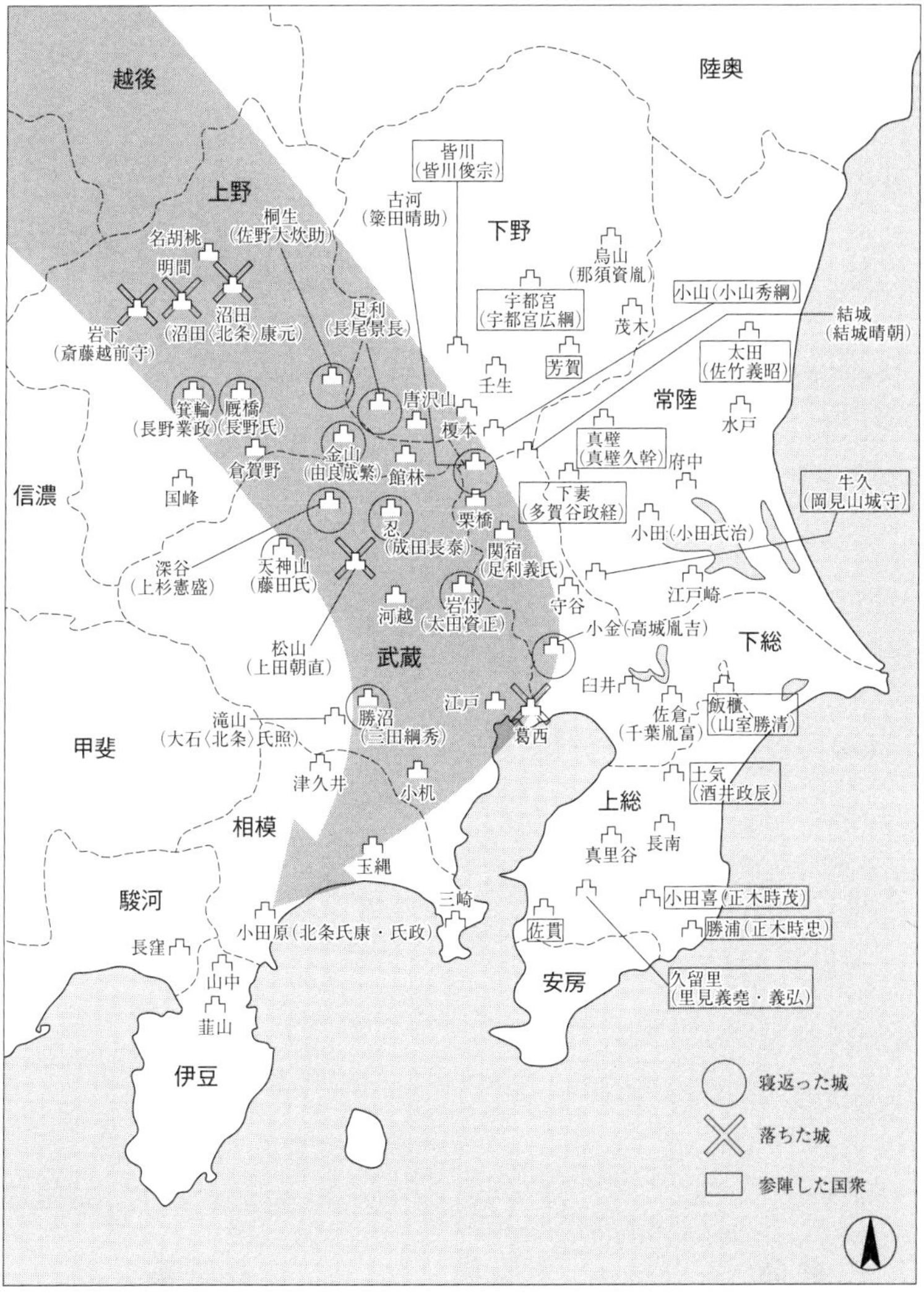

32—上杉謙信第２次越山地図（池享『動乱の東国史７　東国の戦国争乱と織豊権力』〈吉川弘文館、2012年〉より転載・加筆）

的な関東侵攻（越山）を開始する。景虎は八月に留守中の仕置きを定め、同月末に上野に侵攻した。

九月五日、景虎は沼田城《ぬまたじょう》攻撃を開始し、北条氏から入嗣した沼田康元《やすもと》を撤退に追い込み、同城を直轄化した。景虎が続けて吾妻《あがつま》郡岩下城《いわしたじょう》・碓氷《うすい》郡明間城《あきまじょう》を攻略したところ、その勢いをみた上野・武蔵国衆は次々と北条氏から離叛し、景虎に服属した。もともと山内・扇谷《おうぎがやつ》両上杉氏の旧臣であったことも大きい。氏康は久留里城包囲を解き、河越城《かわごえじょう》、次いで松山城《まつやまじょう》に入り、みずから防衛の指揮を執ろうと試みるが断念する。河越・江戸両城の守りを固めたうえで、十二月に小田原《おだわら》へ帰城した。武蔵国衆藤田氏《ふじたし》に入嗣していた氏康の五男氏邦《うじくに》も、藤田一門の不穏な動静を受け小田原に戻った。

長尾景虎は、帰順した厩橋長野氏《まやばしながのし》に謀叛の動きがあるとして、同氏を滅ぼして厩橋領を直轄化し、同城（群馬県前橋市）で越年した。永禄四年春、景虎は自身のもとに参陣した諸氏の名と幕紋を記した「関東幕注文」を作成させる。上野・武蔵を中心に相模《さがみ》・伊豆《いず》・甲斐《かい》を除く関東七ヶ国から少なくとも二百五十五氏が参陣しており（欠落部分あり）、古河公方の家宰簗田《やなだ》晴助《はるすけ》も景虎に従っている。佐竹義昭はこの段階では動かず、里見《さとみ》義堯《よしたか》・義弘《よしひろ》父子は義豊《よしとよ》の遺児か孫とみられる里見実房《さねふさ》に正木時茂・時忠《ときただ》を付けて派遣した。

北条氏康は遠く伊達《だて》晴宗《はるむね》にまで支援を仰いだ。古河公方足利義氏《あしかがよしうじ》も、佐竹義昭に白河結城《しらかわゆうき》晴綱《はるつな》との和睦と出陣を命じ、蘆名《あしな》盛氏《もりうじ》・那須《なす》資胤《すけたね》にも仲介を指示した。しかしそもそも義昭が最初に景虎出馬を要請したのであり、和睦調停に応じるわけはない。義氏から出陣を命じられた小山《おやま》秀綱《ひでつな》は景虎に従い、那須資胤も積極的に参戦はしなかった。蘆名盛氏は大宝寺義増《だいほうじよします》とともに、援軍を越後に派遣した。景虎は、この援軍を春日山城《かすがやまじょう》防備に充てている。古河公方の命令は、それを奉戴している北条氏が順境にあれば、関東の大名・国衆の動向を後押しする効果をもったが、北条氏の軍事力の裏付けなくしては、機能しなくなっていた。

長尾方の太田資正《おおたすけまさ》が二月中に武蔵松山城を落城させた結果、三月以降になると景虎のもとに参陣したり、家臣を代参させる大名・国衆が増えていく。北条氏は下総葛西城《しもうさかさいじょう》も里見氏に攻略され、結城氏・千葉氏《ちばし》といった下総の大名・国衆との連携も困難になった。北条氏康・氏政《うじまさ》父子は小田原籠城を選択し、その領国は相模・伊豆と武蔵南部にまで縮小した。景虎は三月中旬までに小田原城を包囲しており、北条氏の要請を受けた武田・今川両氏の援軍が、相模・武蔵へ進軍している。しかし景虎は小田原城下焼き討ちという示威行動に留め、閏三月三日に鎌倉へ入った。小山秀綱・宇都宮広綱《うつのみやひろつな》・小田《お だ》氏治《うじはる》が先導した。

閏三月、「武家の都」鎌倉において、景虎は上杉憲政の養子になる形で山内上杉氏の名跡と関東管領《かんとうかんれい》職を継承し、「山内殿」となった。この時、上杉憲政の偏諱を受け、上杉政虎《うえすぎまさとら》と名を改めている。政虎はこの年末に足利義輝からの偏諱で輝虎《てるとら》と名を改め、元亀《げんき》元年（一五七〇）に出家して不識庵《ふしきあん》謙信と号する。改名が煩雑なため、以後便宜的に上杉謙信と記す。

謙信は四月に鶴岡八幡宮《つるがおかはちまんぐう》で関東管領継承式を行い、正式な関東管領は自分であるとアピールした。

ここに、上杉・北条両氏が関東管領として並び立ち、謙信は北条氏を伊勢、北条氏は上杉氏を長尾と呼ぶことで、相手の関東管領就任を否定しあった。謙信の次の課題は、自身が奉戴する古河公方の人選である。第五代古河公方足利義氏は、北条氏に推戴されており、許容できない。謙信は閏三月十六日に新たな公方は簗田晴助と協議すると約束しており、晴助の意向を受け入れた。義氏の長兄で、四代足利晴氏《あしかがはるうじ》から廃嫡されてしまっていた足利藤氏《ふじうじ》（母は簗田氏）を擁立したのである。

謙信は、五月には上野厩橋城に帰還し、六月に越後に戻った。以後、厩橋城が上杉氏の上野支配の拠点となる。謙信の第二次越山はこうして幕を閉じた。

第四次川中島合戦

謙信の帰国は、在陣が長期化したことで、越後衆の間に厭戦気分が広まったためとされることが多いが、最大の要因は武田氏の動きだろう。永禄元年（一五五八）十二月に出家して徳栄軒《とくえいけん》信玄と号していた武田晴信（以下、信玄）は、北条氏康・氏政支援に動いていた。本願寺顕如《けんにょ》に越中《えっちゅう》「一向一揆」を動かして越後を攻撃するよう求め、永禄四年三月には、相模・武蔵に向けて軍勢を進めていた。しかし永禄三年十一月に、親類衆勝沼今井信良《かつぬまいまいのぶよし》の謀叛が発覚するなど、謙信越山の影響は大きかった。そこで永禄四年五月、甲府に引き返したうえで北信濃に侵攻し、間接的支援に切り替える。閏三月に足利義輝が謙信に小笠原長時《おがさわらながとき》の信濃復帰支援を命じたことで、旧臣に動きがあったのかもしれない。

謙信が帰国を急いだ背景には、武田氏の北信濃出陣があったといえる。八月十四日、謙信は北信濃に出馬し、川中島で武田勢と対峙した。ここに、第四次川中島合戦が始まる。両軍は八幡原《はちまんばら》で衝突するが、合戦の具体的経過はよくわからない。ただ、軍記類が伝える朝方の濃霧は、発生してもおかしくない気候であるという。この戦いで、武田方は信玄の実弟武田信繁《たけだのぶしげ》をはじめ、両角《もろずみ》（室住）虎光《とらみつ》・山本菅助《やまもとかんすけ》ら多くの重臣を失った。一方、上杉側は重臣層の戦死者を確認できないが、謙信がみずから太刀を振るって戦ったと近衛前嗣に伝えているから、相当の乱戦であったことは間違いないだろう。また謙信が感状《かんじょう》を発給しているのに対し、信玄の感状や第四次合戦の戦功を踏まえた知行宛行状《ちぎょうあてがいじょう》が一通も確認できないのは、武田方に敗戦という認識があったためとみられる。

しかしこの合戦までに、信玄は川中島支配の拠点として、海津城《かいづじょう》（長野県長野市）を築いていた。謙信は海津城を攻略するか、新たな拠点を構築しなければ、合戦が優勢でも川中島一帯の維持はできない。上杉勢撤兵により、武田氏は川中島死守に成功した。北信濃情勢は、武田氏優位で推移していく。

北条・武田氏の反撃

上杉謙信の第二次越山撤兵後の永禄四年（一五六一）六月、北条氏の反撃が始まる。これにより、謙信に服属した武蔵を中心とする国衆は、次々と北条氏に帰属していった。まるでオセロゲームのような展開だが、国衆はあくまで自身の領国維持のために従属する大名を選択する存在だから、謙信が遠く越後に帰国してしまった以上、当然の帰結であった。氏康が懸念していたのは関宿《せきやど》で籠城を続ける古河公方足利義氏で、七月十五日に下総国衆高城胤《たかぎたね》吉《よし》の居城小金城《こがねじょう》、次いで里見氏から奪取した上総佐貫城《かずささぬきじょう》に義氏を退避させた。この結果、逆に簗田晴助が本拠関宿を回復する。北条氏は九月までに三田《みた》綱定《つなさだ》を滅ぼし、翌年三田氏の勝沼領を大石《おおいし》（北条）氏照《うじてる》（氏康三男）の由井《ゆい》領に併合させた。藤田家中の離叛者についても討伐が続き、藤田氏邦は天《てん》神山城《じんやまじょう》に復帰している。

古河城に入っていた近衛前嗣は、頻繁に謙信に関東の戦況を書き送っていた。十月五日、前嗣は北条氏に松山城が包囲されたとの急報を書き送る。松山城は北武蔵の拠点であるうえ、太田資正が扇谷上杉憲勝《うえすぎのりかつ》（朝定《ともさだ》の弟カ）を配置していたとされ、危機感を募らせた前嗣は越山を催促した。十一月、謙信は三度目の越山を行い、上野に出陣した。ところが、十一月には武田信玄も西上野に進出し、甘楽《かんら》郡国峰城《くにみねじょう》を逐われていた小幡憲重《おばたのりしげ》を帰城させるとともに、吾妻郡・碓氷郡など西上野制圧を進める。北条・武田両氏は互いに援軍を出し合い、連携して上杉方国衆を圧迫していたといえる。最終的に北条氏は武蔵を奪還し、上野は上杉・武田・北条三氏が相争う状況となる。

永禄五年、謙信は下野唐沢山城《しもつけからさわやま》の佐野昌綱《さのまさつな》を攻撃するが攻めきれず、上杉憲政と近衛前嗣を連れて越後に撤退した。ただし古河城に残った「古河公方」足利藤氏は北条氏の攻勢に堪えきれず、実弟藤《ふじ》政《まさ》らとともに里見領へ亡命する。なお意外にも、謙信が藤氏兄弟の保護に気を遣った形跡はない。擁立経緯からして、関心は薄かったようである。宇都宮・小山・小田といった下野・常陸《ひたち》の国衆も北条氏と和睦したが、佐竹義昭は敵対姿勢を取り続けた。以後、謙信の越山は繰り返されるが、上野厩橋・沼田以外に地盤を築くことはできなかった。

越中大乱から謙信出馬へ

永正十七年（一五二〇）、長尾為景《ながおためかげ》の侵攻で当主慶宗《よしむね》を失った越中の神保氏《じんぼし》は、遺児長職《ながもと》のもと再興の機会を窺っていた。天文十二年（一五四三）、長尾為景死去を好機と捉えた神保長職が挙兵し、椎名氏《しいなし》が支配を委ねられていた新川郡《にいかわ》に侵攻した。新川郡中部弓荘城《ゆみのしょうじょう》の土肥氏《どいし》らも呼応し、長職は神通川《じんづうがわ》東岸から交通の要所を選んで富山城《とやまじょう》（富山県富山市）を築き、本拠とした。神保氏と椎名氏（長尾方）の争いは、翌年能登畠山義総《のとはたけやまよしふさ》の調停で終息する。

越中の情勢は、東部を松倉城《まつくらじょう》の椎名康胤《やすたね》（長尾氏麾下《きか》）、中部を富山城の神保長職、西部を瑞泉寺《ずいせんじ》・勝興寺《しょうこうじ》が中核となる越中「一向一揆」と三分されていく。永禄二年（一五五九）夏頃、椎名・神保間の対立が激化し、謙信の調停で和睦が成立した。しかし神保長職は武田信玄と結び、和睦を無視する動きに出た。永禄三年三月、謙信は初めてみずから越中に出馬し、富山城・増山城《ますやまじょう》を攻略して神保長職を没落させた。これが、越山直前の状況である。しかし神保長職は同年中に復権を遂げ、武田信玄の要請に応じて、越中「一向一揆」と結んで上杉領東越中に侵攻し、椎名康胤を攻撃した。

永禄五年七月、謙信は椎名康胤救援のため、二度目の越中侵攻を行う。帰国後の九月五日、神通川合戦（同富山市）で椎名康胤が敗北したため、ただちに再出馬している。五福山城《ごふくやまじょう》に追い詰められた神保長職は、能登畠山義綱《よしつな》に中人《ちゅうにん》となるよう依頼し、謙信と和睦した。永禄初頭までの越中情勢は、上杉・武田両氏の対立に結びついて展開したといえるだろう。

4　東関東・東北の情勢

下野の情勢

下野北東部の那須氏《なすし》において、天文二十年（一五五一）に那須高資《たかすけ》が家宰千本資俊《せんぼんすけとし》に殺害され、異母弟資胤が家督を継いだことはすでに述べた。背後にいたのは、上那須衆と宇都宮広綱の家臣芳賀高定《はがたかさだ》である。その際、資胤の生母が上那須衆大田原資清《おおたわらすけきよ》の姉妹であったこと、上那須衆蘆野氏《あしのし》の娘を妻室に迎えていることは注目される。弘治元年（一五五五）、那須資胤は古河公方足利義氏に使者を送り、那須氏家督の座を公認された。問題は、あわせて兄高資を殺害した千本資俊の赦免を願い出て、許されていることである。資胤は上那須衆に擁立されただけではなく、積極的に異母兄殺害に加担した可能性を残す。当時の古河公方足利義氏は、北条氏康の傀儡《かいらい》といえる存在だが、公方の権威が失われたわけではない。だからこそ、北条氏が奉じる意味がある。那須資胤としても、宇都宮氏との関係を考慮すれば、北条氏康に接近する意味は大きい。

宇都宮氏では、天文十八年の尚綱《ひさつな》戦死後の内乱が続いていた。遺児広綱を保護した芳賀高定は、那須高資・芳賀高照《たかてる》を相次いで謀殺し、宇都宮城（栃木県宇都宮市）を占拠している壬生綱雄《みぶつなたけ》を孤立させた。弘治三年、高定は北条氏康に支援を求め、広綱帰還に向けて動き出す。古河公方義氏を奉じる北条氏康は、義氏を支える「関東管領」として那須資胤に壬生綱雄と手切するよう勧告し、資胤はただちにそれを受け入れた。同年十一月、那須資胤と佐竹義昭の間で同盟が成立しているのは、壬生包囲網構築の一環でもあるのだろう。十二月、宇都宮広綱は、足利義氏・北条氏康・那須資胤・佐竹義昭・江戸《えど》忠通《ただみち》の加勢を得て、宇都宮城に帰還した。敗北した壬生綱雄は、叔父徳雪斎《とくせつさい》周長《しゅうちょう》に預けていた鹿沼城《かぬまじょう》に遁れたが、永禄五年（一五六二）に周長に殺害された。宇都宮広綱は家中を再掌握するとともに、本拠下野河内《かわち》郡を中心に、塩谷《しおや》・芳賀・都賀《つが》郡、常陸笠間《かさま》郡に及ぶ領国を固め、下野の最大勢力に復した。

一方、那須領国は、再び混乱に向かう。資胤の代に、上那須衆は那須氏に服属したと評価できるが、上那須衆内部のパワーバランスに変化が生じていた。大田原資清が長男大関高増《おおぜきたかます》に続き、次男資孝《すけたか》を福原《ふくはら》氏に養子入りさせ、上那須衆最大の勢力にのし上がっていたからだ。永禄三年正月に資清が病死し、三男綱清《つなきよ》が大田原氏の家督を継ぐが、資清死去の影響は大きかった。二月から三月、那須勢は佐竹氏を支援して陸奥《むつ》小田倉《おだくら》（福島県福島市）で蘆名・白河結城両氏と戦った。その苦戦の原因をめぐり、那須資胤と大関高増兄弟が決裂してしまうのだ。大関高増はかつて敵対していた佐竹義昭と結び、関東出陣を開始した上杉謙信に従った。謙信越山に際し、那須資胤は北条方に残ったが、それは上那須衆との対立が原因であったといえる。この時、大関高増は佐竹義昭の次男資綱《すけつな》（義尚《よしひさ》）を改めて那須氏当主に据えようと画策したという。ただ統合された那須氏の枠内で上那須衆が動いている点は、高資・資胤期に生じた変化といえる。

常陸佐竹氏の躍進

天文十四年（一五四五）の佐竹義篤《さたけよしあつ》死去により、従属国衆江戸氏が佐竹氏を離叛し、対立抗争が繰り広げられるようになる。家督を継いだ佐竹義昭は、こうした事態への対応を求められた。これは義篤期に、佐竹氏が部垂城《へたれじょう》のあった久慈川《くじがわ》中流域から、水戸《みと》城《じょう》の北を流れる那珂川《なかがわ》中流域に勢力を延ばしたこととの関係が指摘される。特に抗争が激しかったのは那珂川流域だが、天文二十年六月頃、江戸忠通は佐竹氏に帰参した。また那須氏の内訌への介入や宇都宮広綱の復帰支援など、下野への影響力は増していた。二度にわたる那須氏への養子入り失敗は、その一例である。

佐竹義昭の視線は、やはり陸奥に向いていた。義昭は陸奥依上保《よりかみほ》の掌握を確実なものとしつつ、北進して白河結城領である高野《たかの》郡＝南郷《なんごう》制圧へと動き出す。義昭は、南郷南部の東館を拠点に、永禄元年（一五五八）までに南郷中部の羽黒山城《はぐろやまじょう》（福島県会津美里町）、同三年に北部の寺山城《てらやまじょう》（同棚倉町）を攻撃した。おりしも長尾景虎の本格的越山の最中であり、古河公方足利義氏と北条氏康が和睦調停に乗り出し、蘆名盛氏・那須資胤に仲介を命じるが、義昭は頑として調停に応じなかった。寺山城は陥落し、白河晴綱は南郷北端の赤館城《あかだてじょう》維持で精一杯となった。

義昭は岩城《いわき》領・石川《いしかわ》領への影響力も強める。岩城氏一門船尾《ふなお》隆直《たかなお》（岩城親隆《たかちか》の従兄弟）は、周辺庶子との関係悪化によって、本拠船尾の維持も困難な状況にあった。天文二十二年、船尾隆直は佐竹義昭に接近し、事態の打開を図る。その子昭直《あきなお》は佐竹義昭から偏諱を受けたばかりか、太田城《おおたじょう》（茨城県常陸太田市）に出仕している。しかしそれでも情勢は改善せず、弘治三年（一五五七）、佐竹義昭は北条氏康の依頼を受け、船尾隆直の本領帰還を岩城氏に認めさせた。船尾氏は佐竹・岩城両属の国衆となることで、生き残りを図った形となる。佐竹義昭は岩城重隆《しげたか》の娘を正室に迎えていたが、逆に義昭の娘が親隆に嫁ぐこととなり、佐竹・岩城氏の力関係は逆転しつつあった。

北条か上杉か

常陸南部では、天文十七年（一五四八）の小田政治《おだまさはる》死去が大きな影響を及ぼしていた。家督を継いだ氏治はまだ十八歳であり、小田政治に従っていた多賀谷朝経《たがやともつね》・政《まさ》経《つね》父子が、結城政勝《ゆうきまさかつ》に帰参したのである。多賀谷氏はもともと結城氏の従属国衆であるうえ、庶流家が結城氏家宰を出す家柄であったから、小田氏服属はあくまで情勢をみてのものであった。さらに小田領国の北に位置する真壁久幹《まかべひさもと》も、結城氏と結んで小田氏と手切した。小田氏治は佐竹義昭・宇都宮広綱に援軍を要請し、結城政勝は北条氏康に支援を仰いだ。弘治二年（一五五六）四月、小田氏治は北条勢の支援を受けた結城氏に海老島《えびがしま》合戦で敗北し、本拠小田城を放棄して宿老菅谷政貞《すげのやまささだ》の土浦城《つちうらじょう》（茨城県土浦市）に敗走した。

ただし結城氏の勝利は、あくまで北条氏の援軍あってこそのものである。北条勢撤退後の同年八月、小田氏治は結城勢を破って居城小田城に復帰した。氏治はこの頃、江戸忠通の娘を正室に迎え、佐竹氏との関係強化に努めている。同時に佐竹義昭も、北条氏との間に不協和音を感じたようだ。佐竹義昭が、上杉謙信に本格的な越山（第二次越山）を要請した背景には、北条氏の軍事力を背景とする結城氏との関係悪化があったといえる。しかし先述したように、上杉謙信に味方した関東諸氏も、その帰国により北条氏と和睦する。佐竹氏や里見氏は上杉謙信に出馬を仰ぎ、多くの国衆が謙信に従ったが、それはあくまで直接・間接を問わず北条氏の圧力から遁れる手段に過ぎない。

永禄四年（一五六一）、真壁久幹は佐竹義昭に次男善九郎への偏諱を求め、佐竹氏通字「義」字を与えられて義幹《よしもと》と名乗った。前年の謙信越山時には、真壁久幹は足利義氏支援に動いていたから、上杉勢撤退の影響を痛感したのだろう。下野国衆茂木《もてぎ》氏《し》も佐竹義昭に服し、佐竹氏は勢力拡大を着々と進めた。永禄五年に義昭は隠居を表明し、形式上家督を義重《よししげ》に譲った。

北条氏康も、佐竹氏の影響力拡大を見て取ったのだろう。氏康は小田氏治との関係を修復し、宇都宮・結城・小山・大掾《だいじょう》・那須各氏との和睦も成立させた。そのうえで、蘆名盛氏・白河結城晴綱に佐竹攻めを持ちかけたが、実現していない。

しかし小田氏治と大掾貞国《さだくに》の関係は結局悪化し、義昭は常陸府中に入って大掾貞国を支援したうえで、養子として子息昌幹《まさもと》を送り込んだ。これは大掾家中の反発を買い、同八年の義昭死去後に昌幹は追放されるが、小田氏との対抗上、佐竹氏との関係は維持した。謙信撤兵後も、佐竹氏は独力で常陸中部に勢力を延ばし、小田氏治を圧迫していく。

上杉謙信の第二次越山時、結城《ゆうき》晴朝《はるとも》（政勝の養子で、小山高朝《おやまたかとも》の子）と千葉《ちば》胤富《たねとみ》は一貫して北条方の立場を崩さなかった。結城氏は宇都宮・小田氏、千葉氏は里見氏との抗争を優先させたためで、彼らと同じ旗の下に集う選択をしなかったのである。このため、結城晴朝は実兄小山秀綱と袂を分かつことになる。一方、里見氏との抗争を有利に進めるため、千葉氏は北条氏の他国衆（従属国衆）となっていく。家宰である臼井《うすい》原氏《はらし》、原氏に服属していた小金高城氏・土気《とけ》酒井氏《さかいし》・東金《とうがね》酒井氏も北条氏の他国衆に編成され、千葉領国は事実上解体された。謙信の第二次越山時、小金高城氏が一時的に謙信に服属し、東金酒井氏が里見氏に服属する道を選んだのも、千葉氏・原氏というまとまりの解体が影響していよう。両酒井氏は、相互に帰属の入れ替えを繰り返しており、抗争の深刻化が窺える。

なお里見氏は真里谷《まりやつ》武田領を制圧するなど、第二次越山後の勢力拡大は著しいものがあった。この状態は、永禄七年の第二次国府台《こうのだい》合戦における北条氏大勝まで継続する。

伊達・蘆名同盟と佐竹氏

父稙宗《たねむね》との天文洞《うつろ》の乱に勝利した伊達晴宗は、外交に力を注いだ。弘治元年（一五五五）、従五位下左京大夫《さきょうのだいぶ》に任官し、嫡男は将軍足利義輝の偏諱を受けて輝宗《てるむね》と名乗った。永禄二年（一五五九）、晴宗は宿願であった奥州探題《おうしゅうたんだい》に補任《ぶにん》される。その際晴宗が、「奥州探題家御書札」適用を将軍御内書《ごないしょ》の形で定めてくれるよう幕府に求めているのは、伊達氏の目的が家格向上にあったことを端的に示す。一方でこの間、対外出兵は激減した。これが相馬《そうま》氏《し》につけこまれる隙を生み、田村氏《たむらし》独立を許すことにもなった。

佐竹氏は南奥進出本格化に際し、石川氏と結んだ。石川晴光《いしかわはるみつ》も、弘治元年には南郷に進出して白河晴綱と交戦し、弘治三年までに実弟綱光《つなみつ》を赤坂氏に入嗣させて勢力を延ばした。赤坂氏は元来石川一門であったが、文明年間（一四六九〜八七）に白河結城氏に与《くみ》した存在である。石川氏は南郷進出で、佐竹氏との挟撃姿勢をとった。ところが、佐竹義昭は必ずしも石川氏を重視しておらず、赤坂綱光はまもなく佐竹氏に服属する。

領国維持に危機感を強めた白河晴綱は、蘆名盛氏に嫡男隆綱《たかつな》（義親《よしちか》）との婚姻を、北条氏康には佐竹攻めを要請した。天文二十二年（一五五三）、隠居蘆名盛舜《もりきよ》の助言もあって婚約が成立するが、盛氏は幼少を理由に輿入れを先延ばしにした。弘治元年、ついに盛氏の娘が白河隆綱に嫁ぎ、白河結城氏は事実上蘆名氏に服属する形となった。蘆名氏は伊東氏《いとうし》を滅ぼしただけではなく二階堂氏《にかいどうし》にも圧力を強めており、その影響力は仙道へ拡大していった。南奥の情勢は、伊達・蘆名同盟対佐竹という対立構図へ移行していったのである。

永禄元年、蘆名盛氏は、嫡男盛興《もりおき》と伊達晴宗娘の婚約を成立させた。蘆名・伊達同盟強化を図ったものである。永禄三年になると、白河結城氏支援のため、佐竹義昭・那須資胤との抗争が激しくなってくる。なお蘆名氏は、上杉・北条・武田各氏と結んだが、特定の勢力に過度に肩入れはしていない。自立した戦国大名であったためである。ただ、蘆名領国は越後東蒲原郡《ひがしかんばら》に及んでいたため、上杉氏との関係は和戦両様の構えと評価できる。以後、伊達・蘆名氏は一時的に衝突するが、二年ほどで同盟を復活させた。

戦国大名を動かしたもの――エピローグ

古河公方の時代とその終焉

東日本における戦国大名誕生はいつだろう。本書では、担当範囲をややさかのぼり、越後《えちご》上杉房定《うえすぎふささだ》を事実上の初例と扱った。しかし十五世紀末から十六世紀第一四半期、文明《ぶんめい》年間から享禄《きようろく》年間頃までの東日本は、旧来の秩序と相互に関連性をもって動いていた。長享《ちようきよう》の乱末期、古河《こが》公方《くぼう》足利政氏《あしかがまさうじ》は山内上杉顕定《やまのうちうえすぎあきさだ》と和解し、江の島合戦・享徳《きようとく》の乱以来の対立に終止符を打つ。十五世紀後半の対立軸であった古河公方と関東管領《かんとうかんれい》の対立は収まったが、各地の戦争が終結したわけではない点に注意を要する。

続く第一次～第三次永正《えいしよう》の乱（政氏《まさうじ》対高基《たかもと》）と小弓《おゆみ》公方府の成立、享禄の内乱（高基対晴氏《はるうじ》）といった古河公方府の内訌は、関東を中心とする大名・国衆の内訌や対立とリンクして展開した。その影響は、北は南奥、西は武田氏《たけだし》や今川氏《いまがわし》まで巻き込むものであった。東海地方の戦乱も、室町幕府分裂（義稙《よしたね》対義澄《よしずみ》）との関係を指摘できる。

したがって享徳の乱終結後、各地で戦国大名が成立し、国内統一を遂げていく過程においても、古河公方が内乱の中心にいた時代は存続していた。ただしそれは古河公方の内訌に、各地の戦乱が結びつく形であり、古河公方の内訌は原因の一部ではあってもすべてではない。外交・戦争の選択権を持っていたのは、あくまで戦国大名や国衆《くにしゅう》側であった。

古河公方の時代は、天文《てんぶん》七年（一五三八）の小弓公方滅亡を機に終焉に向かう。第一次国府台《こうのだい》合戦で古河公方陣営を勝利に導いた北条氏綱《ほうじょううじつな》は新たな「関東管領」に補任《ぶにん》され（少なくとも北条氏康《うじやす》はそう主張する）、古河公方と関東管領山内上杉氏という対立構造は、北条氏が古河公方を擁立する形で復活した。しかしもはや古河公方は北条氏の関東支配正統性を担保するための「権威」に過ぎなくなっていく。その点を足利晴氏も認識しており、天文十四年の第二次河東一乱《かとういちらん》で両上杉氏に味方するが敗北してしまう。窮地に追い込まれた晴氏は、天文二十一年に長男藤氏《ふじうじ》を廃嫡し、北条氏康の妹芳春院殿《ほうしゅんいんでん》との間に生まれた義氏《よしうじ》に家督を譲り渡すことになる。以後北条氏は、東関東や南奥の国衆を動かすために足利義氏の和睦調停を活用するが、その影響力は皮肉にも北条氏の軍事力と連動するものに変質した。そのため長尾景虎《ながおかげとら》（上杉謙信）の第二次越山に際し、義氏の出陣命令は機能不全に陥った。

以後の対立構造は、「関東管領」北条氏康対「関東管領」上杉謙信というもので、北条氏を三国同盟を結ぶ武田・今川氏が支援し、謙信には関東の反北条方国衆が従った。戦国大名同士が争う時代に、明確に転換したといえる。

大名・国衆間の外交と戦争

古河公方の衰退は、各地における戦国大名領国確立と併行して進んだ。北条氏による傀儡《かいらい》化が要因なのだから、当然ともいえる。ただ戦国大名・国衆が独自判断で行動するといっても、こと国外出兵になると、何らかの大義名分が求められた。その中心が分裂した古河公方の要請から、同盟国や国衆からの援軍要請（手合《てあわせ》）に移っていったのであり、大名・国衆間の外交交渉が本格展開する背景ともなった。

ここで注意したいのは、和睦・同盟だけでなく、中人《ちゅうにん》としての和睦調停も大きな要素を占めた点である。戦国大名成立の背景のひとつは、家臣や従属国衆から紛争調停権を委ねられたことだが、それは周辺諸大名との関係においても同様であった。これは大名の中人化を意味する。ひとたび中人となった以上、和睦調停を無視されれば、面目に関わる。面目を潰された場合、報復攻撃に出なければ、周囲から侮られる。前近代社会において面目を潰される、顔を潰されることの意味は重い。自身が所属する共同体（家や村）がないがしろにされたことに直結するからだ。その状態で相手を放置することは、他家だけでなく、自家における求心力喪失にもつながりかねないから、報復に動くことが多い。一定の強制力が期待できるからこそ、室町幕府将軍や古河公方の和睦調停や、大名が敵国との和睦を望んだ際には、しばしば周辺諸大名・国衆に仲介を求めたのである。

国衆が大名に従っているのは、その「軍事的安全保障体制」を期待してのものである。永禄《えいろく》六年（一五六三）二月、謙信の第四次越山に際し、北条氏康は武蔵騎西城《むさしきさいじょう》の小田伊賀守《おだいがのかみ》、下野祇園城《しもつけぎおんじょう》の小山《おやま》秀綱《ひでつな》、唐沢山城《からさわやまじょう》の佐野昌綱《さのまさつな》に援軍を送ることができなかった。いずれも謙信に降伏し、忍城《おしじょう》の成田長泰《なりたながやす》（小田伊賀守の兄）も上杉氏に帰順した。話を聞いた蘆名盛氏《あしなもりうじ》は、「奥口（陸奥《むつ》）への支援を見せる様子もなく、頼もしからずと考えている」と氏康側近に書き送った。もちろん北条氏康の陸奥出馬が実現するわけはない。下野情勢を案じてこのように述べているのである。軍事支援の失敗は、大名にとって最大の恥辱であるとともに、「軍事的安全保障体制」崩壊の危機を示すものであった。これは、戦国大名「国家」の存続に関わる重大問題といえる。北条氏康は永禄四年に謙信に小田原城《おだわらじょう》を包囲されているから、その点も蘆名盛氏の脳裏をよぎったのであろう。ただ盛氏は、上杉謙信とも連絡を取り合っており、蘆名領国維持を考えての発言である点は考慮せねばならない。

しかし大名領国が拡大していくにつれ、境目と呼ばれる国境地帯の状況が、大名の軍事・外交に大きな影響を及ぼすようになる。大名は、国衆の保護に責任を持つ存在であるからだ。たとえば南信濃《しなの》・北遠江《とおとうみ》・北三河《みかわ》・東美濃《みの》の山間部は、国境を越えた地域的連帯を有していた。したがってこの地域の情勢変化は、武田・今川・斎藤《さいとう》・織田《おだ》といった諸大名を巻き込む形で展開していく。この動乱は、斎藤道三《どうさん》を滅亡に追い込む結果を生み、桶狭間《おけはざま》合戦においても、今川勢侵攻への不安が尾張《おわり》北東部に及んだ。戦国大名は行政単位に国・郡と領を採用したが、現地の情勢は国境を越えてつながるものであったといえる。

つまり境目地域の安定と現地国衆の保護は、戦国大名にとって大きな課題であった。解決方法のひとつは同盟締結・和睦による停戦であったが、領国拡大による境目地域の大名領国内部への組み込みが取られることもあった。戦国大名の戦争は、領国拡大のため と捉えられがちだが、政治の一手段としても行われるものであったといえる。

永禄年間への助走と統合の動き

戦国大名権力の次の転換点は、永禄年間（一五五八〜七〇）である。本書でも少し扱ったが、この時期に各地の領域権力の淘汰が進み、複数国にまたがる大名領国が確立していく。斎藤・今川といった中部東海地方の有力大名が姿を消し、関東でも里見・佐竹両氏の台頭が著しくなっていく。ただし、東関東から東北では、統合の動きは遅れた。

問題は、大名の淘汰と地域統合の背景である。その最大の要因こそ、繰り返し述べてきた戦国大名の「軍事的安全保障体制」である。国衆にせよ、一門・宿老《しゅくろう》クラスの重臣にせよ、あくまで望むのは自家の存続であることに変わりはない。つまり弱い大名に従って共倒れになっては、意味がないのだ。北条氏康が上野《こうずけ》に侵攻した際、山内上杉憲政《うえすぎのりまさ》は嫡男龍若を見捨てたことで求心力を失い、家宰《かさい》にすら入城を断られている。山内上杉氏に従っていた上野国衆の多くは、北条氏康に服属することで生き残りを図り、憲政は越後に亡命した。山内上杉氏の崩壊過程は実にあっけないが、この後も多くの大名でみられる形である。だからこそ、長尾景虎（上杉謙信）の本格的越山後、上杉旧臣はこぞって景虎のもとに馳せ参じた。北条氏康の軍事支援が間に合わないと判断したためである。謙信撤兵後は、その逆の動きが生じた。ここに、戦国大名「国家」の本質がある。傘下に加えた国衆や一門・家臣を守れなければ、その信頼を失い、崩壊する権力であった。

永禄年間には、領国が拡大しただけでなく、内政・軍制改革も進展する。後者について、北条・武田・上杉といった有力大名は、兵科別の部隊編制という新たな軍隊を創出した。戦争に勝ち続けなければ、存続できないという戦国大名「国家」の特徴が、そこに現れている。

今川氏滅亡の遠因

先述したように、永禄年間を乗り切れず、滅亡した大名のひとつが今川氏である。永禄三年（一五六〇）五月の桶狭間合戦で、三河・尾張支配を担当していた隠居義元《よしもと》が討死しただけでなく、重臣も多く失った。今川氏真《うじざね》は、厳しい舵取りを迫られる。

今川氏真にとって不運であったのは、桶狭間合戦の三ヶ月後に、長尾景虎の本格的越山が開始されたことである。氏真は、動揺する三河国衆への対処と、同盟国北条氏の危機への対処、どちらを優先するかの選択を迫られた。氏真が優先したのは、後者である。同盟国への支援を怠ることも、今川氏の「軍事的安全保障体制」への信頼を揺るがせる原因となるからだ。しかしこれは三河国衆を見放すことと同義であった。だから第七章で述べたように、松平元康は独立の道を選んだ。皮肉なことに三国同盟が、今川氏真の基盤を揺るがせたといえる。

氏真は松平氏謀叛への対応を急ぎ、武田信玄からも援軍の快諾を得た。さらに永禄六年、「三州急用」のためと伝達して、今まで棟別銭を免除してきた相手からも臨時徴収を行い、軍事費を整えた。氏真はその対象を「惣国《そうこく》」と呼んでおり、今川領国すべてが対象であった。しかし同年十二月、遠江で起きた国衆叛乱（遠州忩劇《えんしゅうそうげき》）で三河出陣どころではなくなった。さらに武田信玄は、遠江が敵の手に落ちることは南信濃防衛の危機と考え、今川氏との関係見直しを図り出す。

つまり今川氏滅亡も、国衆の動静を見誤ったことが原因といえる。そして最終的に駿河侵攻へつながる武田信玄変心の理由も、領国の安定が起点であったと評価できるのである。

新たな秩序へ

永禄十一年（一五六八）、織田信長に奉じられて上洛した足利義昭《あしかがよしあき》が十五代将軍となり、京において足利義昭・織田信長連合政権が成立する。興味深いのは、義昭陣営の武田信玄や徳川家康が、新たな守護職を獲得した形跡がない点である。武田信玄は元亀《げんき》二年（一五七二）までに駿河《するが》を制圧し、家康も永禄九年に三河を統一するが、駿河守護・三河守護に任じられた形跡はない。三河一国の戦国大名となった家康が求めたのは、正式任官と徳川改苗字の勅許である。当時は十三代将軍足利義輝《よしてる》横死後の混乱期であり、やむを得ず関白近衛前久《このえさきひさ》（前嗣《さきつぐ》）を通じて改苗字勅許と従五位下三河守任官を果たす。ところが義昭はそれを認めず、松平蔵人と扱い続けた。

義昭は、大名間の和睦調停を積極的に行ったものの、有力大名の守護補任政策にはあまり熱心ではなく、大名の側も積極的に求めなかったのだろう。これは、守護職という「飾り」がもはや不要な時代の訪れを示すものでもあった。十六世紀前半も同様で、守護補任や守護格の栄典授与は、あくまで内外に示す家格秩序の問題とみるべきである。

戦国時代も、身分制社会であることに変わりはない。そのため、いわゆる下剋上は一般にイメージされているほど、成功例は多くない。すでに美濃の実権を握っていたにもかかわらず、守護土岐頼芸《ときよりなり》追放で、周辺諸大名との外交関係を悪化させてしまった斎藤道三が好例である。だからその嫡男義龍《よしたつ》は、土岐氏よりも家格の高い一色《いっしき》改苗字を認めてもらい、娘婿織田信長は、守護斯波義銀《しばよしかね》追放時に、将軍義輝に拝謁するという手続きを踏んだのだ。

近年の学界動向として、戦国大名という言葉を避ける傾向にある。同時にみられるのが、室町幕府―守護体制は、戦国期に変質しつつも存続したという議論である（戦国期守護論）。そこでは、守護職の有無が重視される。しかし戦国時代の領域権力は、将軍や古河公方の命令に拘束される存在ではないし、誰かに任命されて大名となったわけでもない。守護・守護代あるいは守護家家宰・宿老出身の大名は多くみられるが、彼らが行使したとされる「守護公権」の内実は明確ではない。また近年の議論は、幕府に補任されなくても、地域の人々から守護と認められたならば、それは「戦国期守護」であるという主張へと発展した。これは一般的な戦国大名の説明とどこに違いがあるのであろうか。戦国大名に共通定義を欠く点はしばしば批判されるが、実は戦国期守護にも共通定義はないのである。

繰り返しになるが、将軍を尊重することと、その命令に従うことは同義ではない。これは戦国時代をどのように評価するかをめぐる、重要な問題であるだろう。筆者としては、「（現在は）将軍家天下一同御下知をもって、諸国守護職を仰せ付けらるる時（ではない）」（『かな目録追加』）という今川義元の同時代認識こそ、重視すべきと考えている。

あとがき

本書は、筆者が出す一般向け歴史書としては、九冊目の単著である。ただ、通史ものの分冊としては、初めてのものとなる。お声がけをいただいた池享・久保健一郎両氏には、篤く御礼を申し上げる。

これまでも編著内の分担執筆は何度も経験してきたから、いつものペースで書けるだろうと楽観視していた。しかしながら、共同作業である通史ものの執筆には、まったく異なる能力が求められることを痛感させられた。

筆者はスロースターターだが、書き始めれば早い。しかし今回は、どうも話の筋が見えてこない。シリーズものとはいえ、単著である以上、切り口が不可欠である。同時にそれは、シリーズ中に位置づくものでなければならない。その軸が浮かばない。通史ものは軸がなければ、無味乾燥な年表となるか、総花的になってしまう。あれもこれもと欲を出しがちなのは、筆者の悪癖でもあるし——と悩んでいたところ、どうもこれは、自身の研究ビジョンが迷走気味であるためだと気がついた。

そこで、初心に返って大名間の「外交」、および国衆論を軸に据えることとした。果たしてそれで論ができているのか、新味を打ち出せたのかは、江湖に問うほかない。

また可能な限り最新の知見を咀嚼し、反映させるようにしたが、できる限り各地の情勢への言及を目指したため、自治体史を含む先行研究の成果の集成で終わっているのではないかという不安も大きい。もっとも迷ったのは、本文中への典拠注記の挿入である。ただ大半を先行研究に拠った議論でも、細部を筆者なりの考えに改めているものが多い。かえって誤解を招くと判断し、注記挿入は避けた。

図版類は、本文の理解を補うため、系図・地図を優先した。ただひとつの図で複数の話を説明しようとする癖があり、見づらいものもあるかもしれない。カバーに今川義元像を選ぶことは、早々に決めていた。この理由についての詳述が編集部からのご要望であったが、ご一読いただければ分かると思う。敢えて贅言をする必要はなかろう。

一昨年、新たな大学に着任し、落ちついた研究環境を得た。教養課程の講義というものは、組み立てる側にも楽しみが大きい。ただコロナ禍は、どの大学にとっても試行錯誤の連続である。いかに「日常」が貴重であるか、自分が歴史の中で生きているかを痛感させられたともいえる。

私事を言うと、ここ一年以上体調不良が続き、特にコロナ禍後は、土日に寝込むことが多かった。正月を過ぎて多少は集中力が戻ったが、もう少し校閲・校正に時間を掛けるべきというのが本音である。刊行スケジュールがあるのは当然だが、きちんと細部のミスを取る努力を行ったのか、忸怩たるものがある。決して執筆に手を抜いたつもりはないが、少し仕事を見直す時期が来たのだろう。

令和三年一月四日

丸島和洋

参考文献

編著書・論文

赤坂恒明「最北に栄えた〝南朝北畠系〟の堂上公家」（神田裕理編『ここまでわかった戦国時代の天皇と公家衆たち』洋泉社、二〇一五年）
小豆畑毅『陸奥国の中世石川氏』（岩田書院、二〇一七年）
阿部能久『戦国期関東公方の研究』（思文閣出版、二〇〇六年）
荒川秀俊「五世紀に亘る諏訪湖御神渡の研究」（『地学雑誌』六三―四、一九五四年）
荒川善夫『戦国期北関東の地域権力』（岩田書院、一九九七年）
荒川善夫『戦国期東国の権力構造』（岩田書院、二〇〇二年）
荒川善夫『戦国期東国の権力と社会』（岩田書院、二〇一二年）
池享・矢田俊文編『（増補改訂版）上杉氏年表』（高志書院、二〇〇七年）
石渡洋平「戦国期上総国における国衆の成立と展開」（『駒沢史学』八六、二〇一六年）
磯貝富士男『中世の農業と気候』（吉川弘文館、二〇〇二年）
市村高男『戦国期東国の都市と権力』（思文閣出版、一九九四年）
稲本紀昭「北畠国永『年代和歌抄』を読む」（『史窓』六五、二〇〇八年）
今福　匡『上杉謙信』（星海社、二〇一八年）
江田郁夫『戦国大名宇都宮氏と家中』（岩田書院、二〇一四年）
江田郁夫・簗瀬大輔編『北関東の戦国時代』（高志書院、二〇一三年）

遠藤　巌「秋田氏」（『地方別日本の名族』一　東北編Ⅰ（新人物往来社、一九八九年）
遠藤ゆり子『戦国時代の南奥羽社会』（吉川弘文館、二〇一六年）
遠藤ゆり子編『東北の中世史4　伊達氏と戦国争乱』（吉川弘文館、二〇一六年）
大石直正・高良倉吉・高橋公明『周縁から見た中世日本』（講談社、二〇〇一年）
大石泰史編『今川氏年表』（高志書院、二〇一七年）
大石泰史編『今川氏研究の最前線』（洋泉社、二〇一七年）
大崎シンポジウム実行委員会編『奥州探題大崎氏』（二〇〇三年）
小笠原春香『戦国大名武田氏の外交と戦争』（岩田書院、二〇一九年）
小笠原春香・小川雄・小佐野浅子・長谷川幸一『戦国大名武田氏と地域社会』（岩田書院、二〇一四年）
小川剛生『武士はなぜ歌を詠むか』（角川学芸出版、二〇〇八年）
小佐野浅子「甲斐国都留郡小林氏の系譜と本拠」（『日本歴史』七四八、二〇一〇年）
垣内和孝『室町期南奥の政治秩序と抗争』（岩田書院、二〇〇六年）
垣内和孝『伊達政宗と南奥の戦国時代』（吉川弘文館、二〇一七年）
数野雅彦「甲斐国初期金山開発の様相」（『武田氏研究』五七、二〇一七年）
糟谷幸裕「今川氏の永禄六年」（『戦国史研究』六〇、二〇一〇年）
糟谷幸裕「「三州急用」から「遠州忩劇」へ」（『静岡県地域史研究』二、二〇一二年）
糟谷幸裕「戦国大名今川氏の寄親寄子制・再考」（『静岡県地域史研究』五、二〇一五年）
勝俣鎮夫『戦国法成立史論』（東京大学出版会、一九七九年）
勝俣鎮夫『戦国時代論』（岩波書店、一九九六年）
勝俣鎮夫『中世社会の基層をさぐる』（山川出版社、二〇一一年）
金子金治郎『連歌師兼載伝考（新版）』（桜楓社、一九七七年）

菅野郁雄『戦国期の奥州白川氏』（岩田書院、二〇一一年）
木下　聡『斎藤氏四代』（ミネルヴァ書房、二〇二〇年）
黒嶋　敏『中世の権力と列島』（高志書院、二〇一二年）
黒田基樹『戦国大名北条氏の領国支配』（岩田書院、一九九五年）
黒田基樹『戦国大名領国の支配構造』（岩田書院、一九九七年）
黒田基樹『戦国期東国の大名と国衆』（岩田書院、二〇〇一年）
黒田基樹『扇谷上杉氏と太田道灌』（岩田書院、二〇〇四年）
黒田基樹『百姓から見た戦国大名』（筑摩書房、二〇〇六年）
黒田基樹『戦国の房総と北条氏』（岩田書院、二〇〇八年）
黒田基樹『戦国期領域権力と地域社会』（岩田書院、二〇〇九年）
黒田基樹『古河公方と北条氏』（岩田書院、二〇一二年）
黒田基樹『戦国期山内上杉氏の研究』（岩田書院、二〇一三年）
黒田基樹『戦国大名』（平凡社、二〇一四年）
黒田基樹『（増補改訂）戦国大名と外様国衆』（戎光祥出版、二〇一五年）
黒田基樹『井伊直虎の真実』（ＫＡＤＯＫＡＷＡ、二〇一七年）
黒田基樹『戦国大名の危機管理』（ＫＡＤＯＫＡＷＡ、二〇一七年）
黒田基樹『戦国北条家一族事典』（戎光祥出版、二〇一八年）
黒田基樹『今川氏親と伊勢宗瑞』（平凡社、二〇一九年）
黒田基樹『戦国大名・伊勢宗瑞』（ＫＡＤＯＫＡＷＡ、二〇一九年）
黒田基樹『戦国期関東動乱と大名・国衆』（戎光祥出版、二〇二〇年）
黒田基樹編『北条氏年表』（高志書院、二〇一三年）

黒田基樹編『関東足利氏の歴史4　足利持氏とその時代』（戎光祥出版、二〇一六年）
黒田基樹編『関東足利氏の歴史5　足利成氏とその時代』（戎光祥出版、二〇一八年）
黒田基樹編『今川義元とその時代』（戎光祥出版、二〇一九年）
小林輝久彦「室町・戦国期の大給松平氏」（『静岡県地域史研究』八、二〇一八年）
小林清治編『中世南奥の地域権力と社会』（岩田書院、二〇〇二年）
小林清治著作集編集委員会編『小林清治著作集』1・2（岩田書院、二〇一七～一八年）
小林雄次郎「武田信虎の富士登山」（『武田氏研究』五六、二〇一七年）
崔　忠　熙「『宗祇終焉記』小考」（『筑波大学平家部会論集』四、一九九四年）
酒井茂幸「『広幢集』考」（『国立歴史民俗博物館研究報告』一三〇、二〇〇六年）
佐々木倫朗『戦国期権力佐竹氏の研究』（思文閣出版、二〇一一年）
佐藤博信『古河公方足利氏の研究』（校倉書房、一九八九年）
佐藤博信『中世東国の支配構造』（思文閣出版、一九八九年）
佐藤博信『中世東国政治史論』（塙書房、二〇〇六年）
佐藤博信編『中世東国論』上・下・三～七（岩田書院、二〇〇七～一六年）
七戸町教育委員会編『中世糠部の世界と南部氏』（高志書院、二〇〇三年）
柴　裕之『戦国・織豊期大名徳川氏の領国支配』（岩田書院、二〇一四年）
柴　裕之『徳川家康』（平凡社、二〇一七年）
柴辻俊六『戦国大名領の研究―甲斐武田氏領の展開―』（名著出版、一九八一年）
柴辻俊六編『新編武田信玄のすべて』（新人物往来社、二〇〇八年）
島津忠夫『連歌師宗祇』（岩波書店、一九九一年）
島津忠夫「北海道に渡った連歌師卜純と中世北方史」（『語文』九〇、二〇〇八年）

清水克行『喧嘩両成敗の誕生』（講談社、二〇〇六年）
清水克行『戦国大名と分国法』（岩波書店、二〇一八年）
神宮　滋「大仙市神宮寺　八幡神社棟札考」（『出羽路』一五九、二〇一九年）
新藤　透『北海道戦国史と松前氏』（洋泉社、二〇一六年）
鈴木将典『戦国大名武田氏の領国支配』（岩田書院、二〇一五年）
鈴木将典『国衆の戦国史』（星海社、二〇一七年）
鈴木　満「伝承と史実の間に―津軽安藤氏・津軽下国氏・桧山下国氏・湊氏の場合―」（『秋田県公文書館研究紀要』二三、二〇一七年）
戦国史研究会編『戦国期政治史論集』東国編・西国編（岩田書院、二〇一七年）
戦国史研究会編『戦国時代の大名と国衆』（戎光祥出版、二〇一八年）
戦国史研究会編『論集　戦国大名今川氏』（岩田書院、二〇二〇年）
戦国人名辞典編集委員会編『戦国人名辞典』（吉川弘文館、二〇〇六年）
高木久史『撰銭とビタ一文の戦国史』（平凡社、二〇一八年）
高橋　修『佐竹一族の中世』（高志書院、二〇一七年）
高橋裕文「「部垂の乱」の実態と在地動向」（『茨城大学大学院人文社会科学研究科院生論集』二、二〇一八年）
滝川恒昭「戦国前期の房総里見氏に関する考察」（『鎌倉』一一九、二〇一五年）
武田氏研究会編『武田氏年表』（高志書院、二〇一〇年）
谷口雄太『中世足利氏の血統と権威』（吉川弘文館、二〇一九年）
中世房総史研究会編『中世房総の権力と社会』（高科書店、一九九一年）
鶴崎裕雄『戦国を往く連歌師宗長』（角川書店、二〇〇〇年）

時枝務・長谷川賢二・林淳編『修験道史入門』（岩田書院、二〇一五年）
長澤伸樹『楽市楽座はあったのか』（平凡社、二〇一九年）
長塚　孝「北条氏綱の偏諱受領と名字替え」（『駒沢史学』九〇、二〇一八年）
中根正人『常陸大掾氏と中世後期の東国』（岩田書院、二〇一九年）
那須義定『中世の下野那須氏』（岩田書院、二〇一七年）
羽下徳彦『中世日本の政治と史料』（吉川弘文館、一九九五年）
平野明夫『徳川権力の形成と発展』（岩田書院、二〇〇六年）
平野明夫「松平清康再考」（『愛知県史研究』一八、二〇一四年）
平野明夫「今川義元と織田信秀」（『静岡県地域史研究』九、二〇一九年）
平山　優『戦国大名領国の基礎構造』（校倉書房、一九九九年）
平山　優『川中島の戦い』上・下（学習研究社、二〇〇二年）
平山　優「戦国期東海地方における貫高制の形成過程（上）（下）」（『武田氏研究』三七・三八、二〇〇七・〇八年）
平山　優『穴山武田氏』（戎光祥出版、二〇一一年）
平山　優『武田信虎』（戎光祥出版、二〇一九年）
平山優・丸島和洋編『戦国大名武田氏の権力と支配』（岩田書院、二〇〇八年）
福原圭一・前嶋敏編『上杉謙信』（高志書院、二〇一七年）
藤井雅子「中世醍醐寺における他寺僧の受容」（『日本女子大学紀要　文学部』六六、二〇一七年）
藤木久志『（新版）雑兵たちの戦場』（朝日新聞社、二〇〇五年）
藤本正行『信長の戦争』（講談社、二〇〇三年）
古川元也「田中穣氏旧蔵『厳助往年記』の評価と紹介」（『年報三田中世史研究』五、一九九八年）

松本一夫『小山氏の盛衰』（戎光祥出版、二〇一五年）
丸島和洋『戦国大名武田氏の権力構造』（思文閣出版、二〇一一年）
丸島和洋『郡内小山田氏』（戎光祥出版、二〇一三年）
丸島和洋『戦国大名の「外交」』（講談社、二〇一三年）
丸島和洋「高野山子院の東国への教線拡大と檀那場争い」（『国文研ニューズ』三九、二〇一五年）
丸島和洋『武田勝頼』（平凡社、二〇一七年）
水野智之「戦国・織豊期の西三河と水野氏」（『かりや』三九、二〇一八年）
峰岸純夫『中世　災害・戦乱の社会史』（吉川弘文館、二〇〇一年）
村井章介「テキスト分析からみた甲州法度の成立過程」（『武田氏研究』五四、二〇一六年）
村井章介編『中世東国武家文書の研究』（高志書院、二〇〇八年）
村岡幹夫「新出の今川氏真判物と桶狭間合戦前後の高橋郡」（『豊田市史研究』二、二〇一一年）
村岡幹夫「一五〇〇年前後の松平一族」（『豊田市史研究』三、二〇一二年）
村上弘子『高野山信仰の成立と展開』（雄山閣、二〇〇九年）
森田真一『上杉顕定』（戎光祥出版、二〇一四年）
矢田俊文編『戦国期文書論』（高志書院、二〇一九年）
山田邦明『戦国時代の東三河』（愛知大学綜合研究所、二〇一四年）
山田康弘『戦国時代の足利将軍』（吉川弘文館、二〇一一年）
山本啓介「蹴鞠伝授書から見た室町・戦国期における飛鳥井家とその周辺」（『国文学研究資料館紀要　文学研究篇』四〇、二〇一四年）
山本隆志「高野山清浄心院「越後過去名簿」（写本）」（『新潟県立歴史博物館研究紀要』九、二〇〇八年）
湯山　学『北条氏綱と戦国関東争奪戦』（戎光祥出版、二〇一六年）

横山住雄『美濃の土岐・斎藤氏（改訂版）』（濃尾歴史研究所、一九九七年）
横山住雄『武田信玄と快川和尚』（戎光祥出版、二〇一一年）
横山住雄『織田信長の尾張時代』（戎光祥出版、二〇一二年）
横山住雄『斎藤道三と義龍・龍興』（戎光祥出版、二〇一五年）
吉田賢司『室町幕府軍制の構造と展開』（吉川弘文館、二〇一〇年）

重要論文再録集

【戦国大名論集（吉川弘文館）】

有光友學編『今川氏の研究』（一九八四年）
柴辻俊六編『武田氏の研究』（一九八四年）

【シリーズ・中世関東武士の研究（戎光祥出版）】

荒川善夫編『下総結城氏』（二〇一二年）
石橋一展編『下総千葉氏』（二〇一五年）
江田郁夫編『下野宇都宮氏』（二〇一一年）
遠藤ゆり子編『戦国大名伊達氏』（二〇一九年）
大石泰史編『今川義元』（二〇一九年）
黒田基樹編『武田信長』（二〇一一年）、『扇谷上杉氏』（二〇一二年）、『伊勢宗瑞』（二〇一三年）、『関東管領上杉氏』（同）、『山内上杉氏』（二〇一四年）、『北条氏綱』（二〇一六年）、『関東上杉氏一族』（二〇一八年）、『北条氏康』（同）、『今川氏親』（二〇一九年）
滝川恒昭編『房総里見氏』（二〇一四年）
花岡康隆編『信濃小笠原氏』（二〇一六年）

松本一夫編『下野小山氏』（二〇一二年）

【論集戦国大名と国衆（岩田書院）】

木下聡編『美濃斎藤氏』（二〇一四年）
柴裕之編『尾張織田氏』（二〇一一年）、『織田氏一門』（二〇一六年）

図録・報告書

『上杉謙信と武田信玄　川中島の戦い』（新潟県立歴史博物館、二〇一七年）
『越山―上杉謙信侵攻と関東の城―』（埼玉県立嵐山史跡の博物館、二〇一八年）
『応永飛驒の乱六百年記念誌　姉小路と廣瀬』（姉小路家・廣瀬家特別事業実行委員会、二〇一一年）
『黄金の国々―甲斐の金山と越後・佐渡の金銀山―』（山梨県立博物館・新潟県立歴史博物館、二〇一二年）
『金山城と由良氏』（太田市教育委員会、一九九六年）
『黒羽の戦国武将大関高増』（黒羽芭蕉の館、二〇〇二年）
『謙信　越中出馬』（富山市郷土博物館、二〇一七年）
『佐竹氏』（茨城県立歴史館、二〇二〇年）
『寒川町史調査報告書1―高野山高室院資料（1）―』（一九九二年）
『雪村展』（渋谷区立松濤美術館、二〇〇二年）
『戦国　小笠原三代』（長野県立歴史館、二〇一九年）
『徳川家康の源流　安城松平一族』（安城市歴史博物館、二〇〇九年）
『日本の中世文書』（国立歴史民俗博物館、二〇一八年）

系図

将軍家・関東足利氏略系図

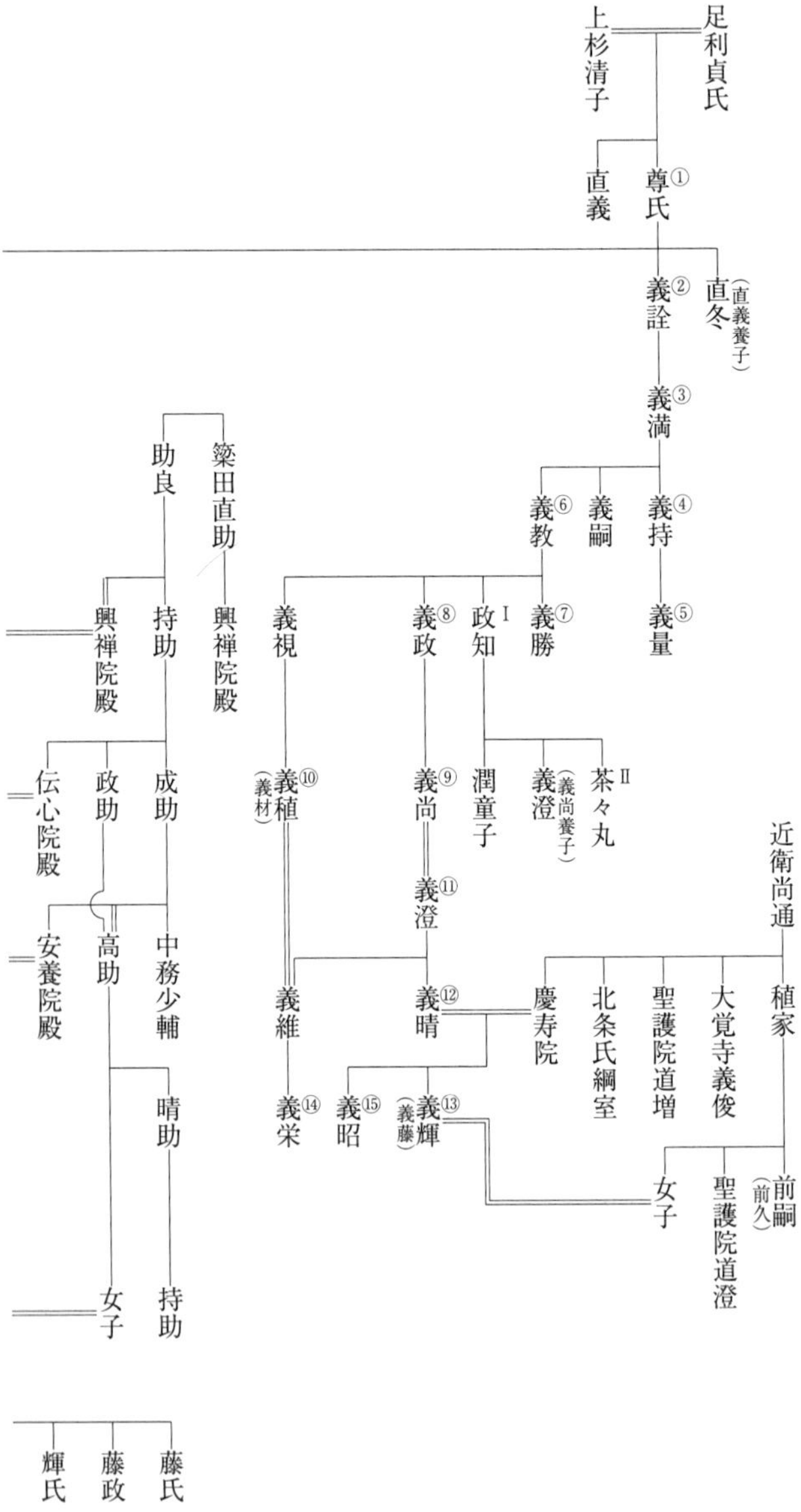

①、②…は将軍の代数。
一、二…は鎌倉公方の代数。
1、2…は古河公方の代数。
Ⅰ、Ⅱ…は堀越公方の代数。

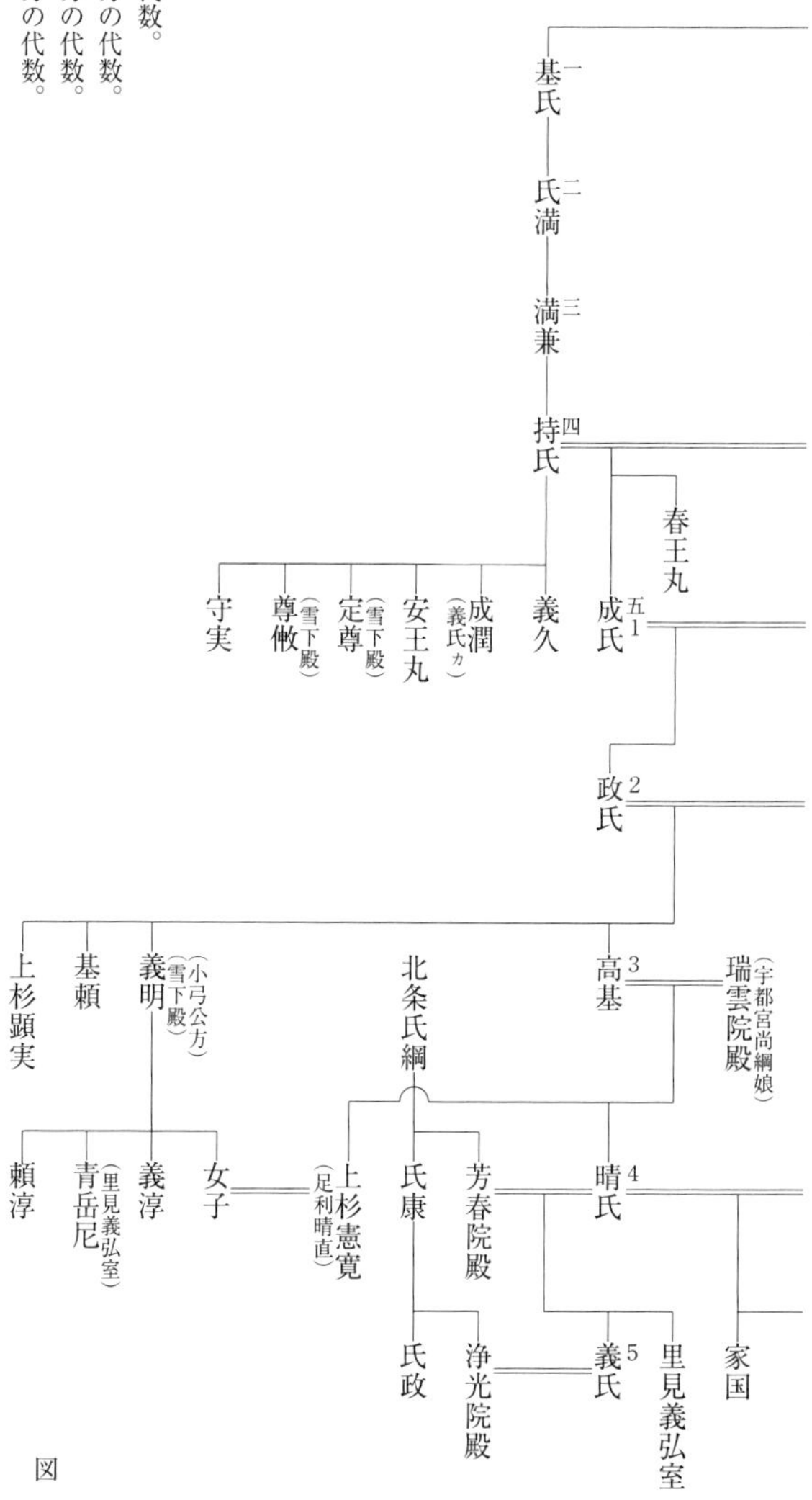

上杉氏略系図

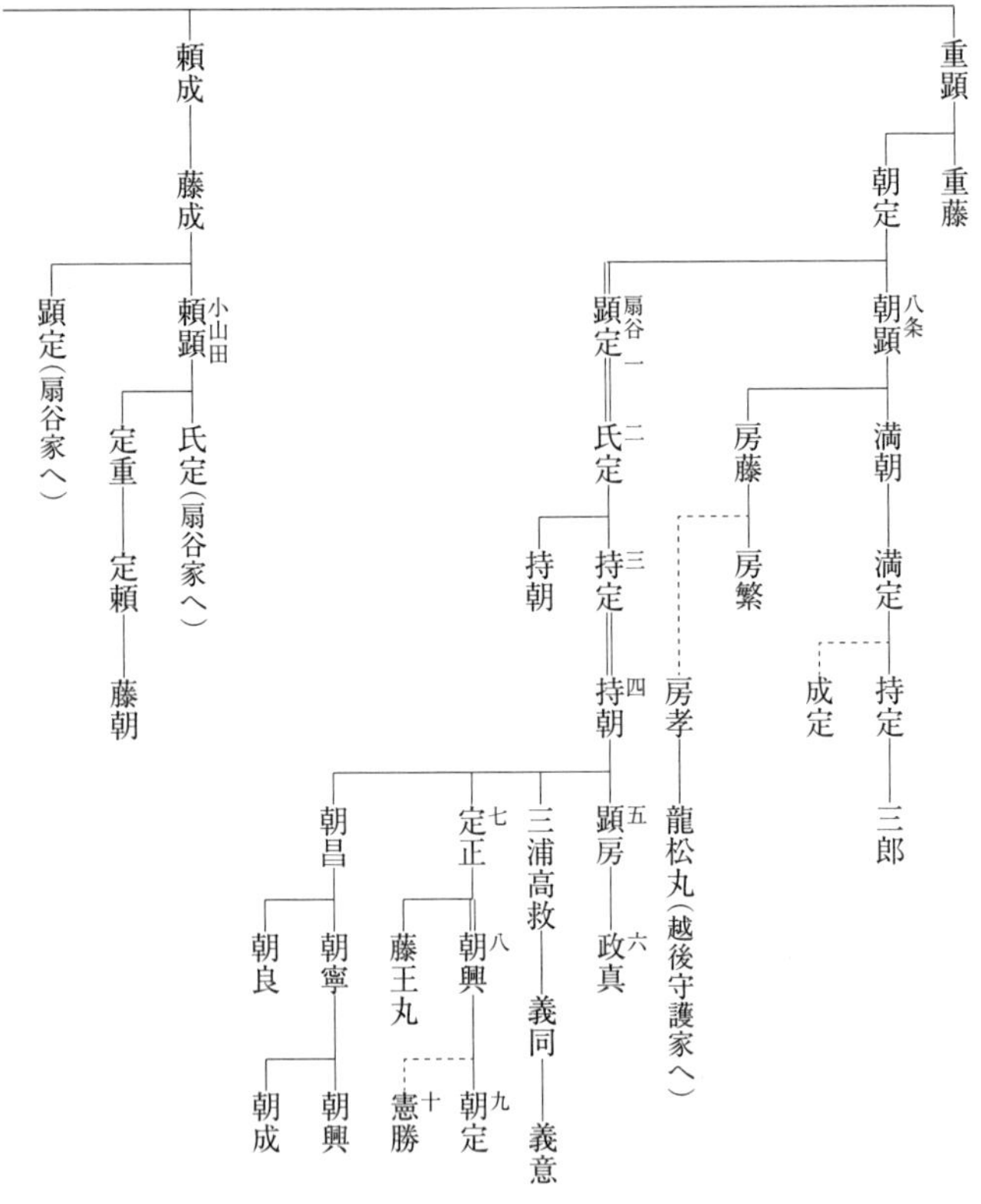

重顕
重藤
朝定
八条 朝顕
満朝
満定
持定
三郎
成定
房藤
房繁
房孝
龍松丸（越後守護家へ）
扇谷一 顕定
二 氏定
三 持定
持朝
四 持朝
五 顕房
六 政真
三浦高救
義同
義意
七 定正
八 朝興
九 朝定
藤王丸
十 憲勝
朝昌
朝寧
朝興
朝良
朝成
頼成
藤成
小山田 頼顕
氏定（扇谷家へ）
定重
定頼
藤朝
顕定（扇谷家へ）

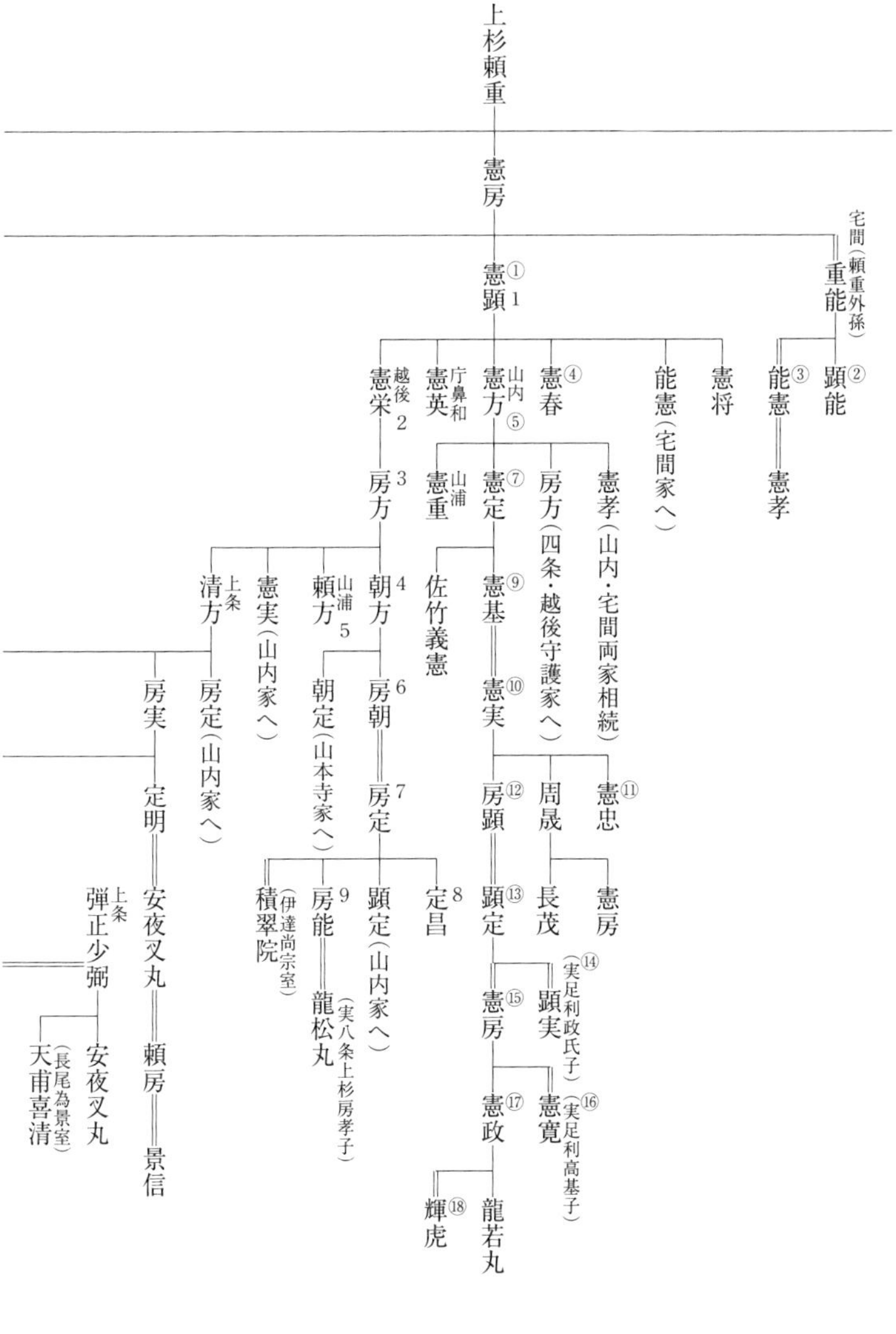
上杉頼重
憲房
宅間 重能（頼重外孫）
憲顕 ① 1
顕能 ②
能憲 ③
憲孝
憲将
能憲（宅間家へ）
憲春 ④
山内 憲方 ⑤
庁鼻和 憲英
越後 憲栄 2
憲孝（山内・宅間両家相続）
房方（四条・越後守護家へ）
憲定 ⑦
山浦 憲重
房方 3
憲基 ⑨
佐竹義憲
憲実 ⑩
憲忠 ⑪
周晟
房顕 ⑫
憲房
長茂
顕定 ⑬
顕実 ⑭（実足利政氏子）
憲房 ⑮
憲寛 ⑯（実足利高基子）
憲政 ⑰
龍若丸
輝虎 ⑱
朝方 4
山浦 頼方 5
憲実（山内家へ）
上条 清方
房朝 6
朝定（山本寺家へ）
房定 7
定昌 8
顕定（山内家へ）
房能 9
龍松丸（実八条上杉房孝子）
積翠院（伊達尚宗室）
房定（山内家へ）
房実
定明
安夜叉丸
頼房
景信
上条 弾正少弼
安夜叉丸
天甫喜清（長尾為景室）

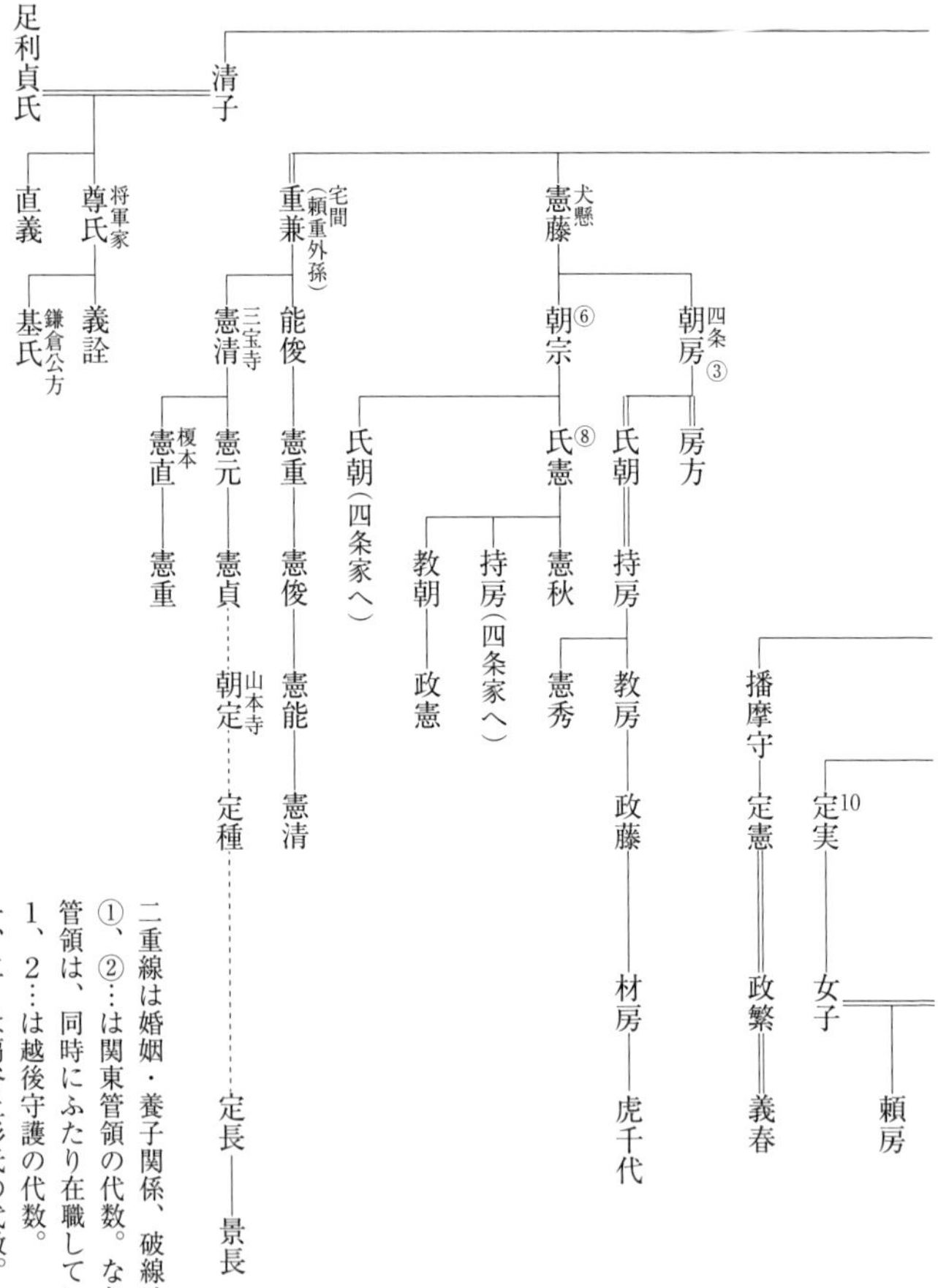

二重線は婚姻・養子関係、破線は推定を示す。
①、②…は関東管領の代数。なお、第三代関東管領は、同時にふたり在職している。
1、2…は越後守護の代数。
一、二…は扇谷上杉氏の代数。

南奥諸氏姻戚関係略系図

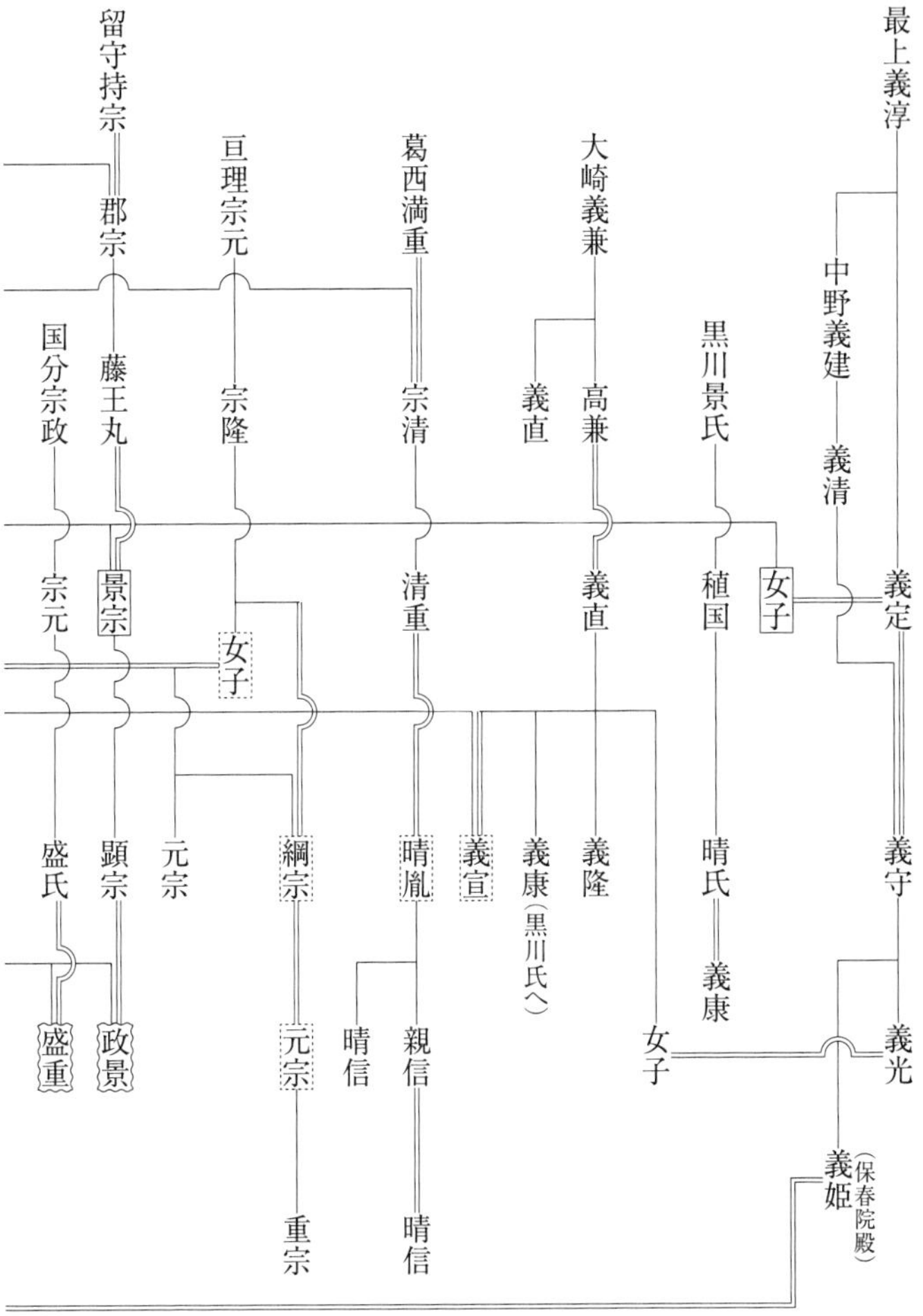

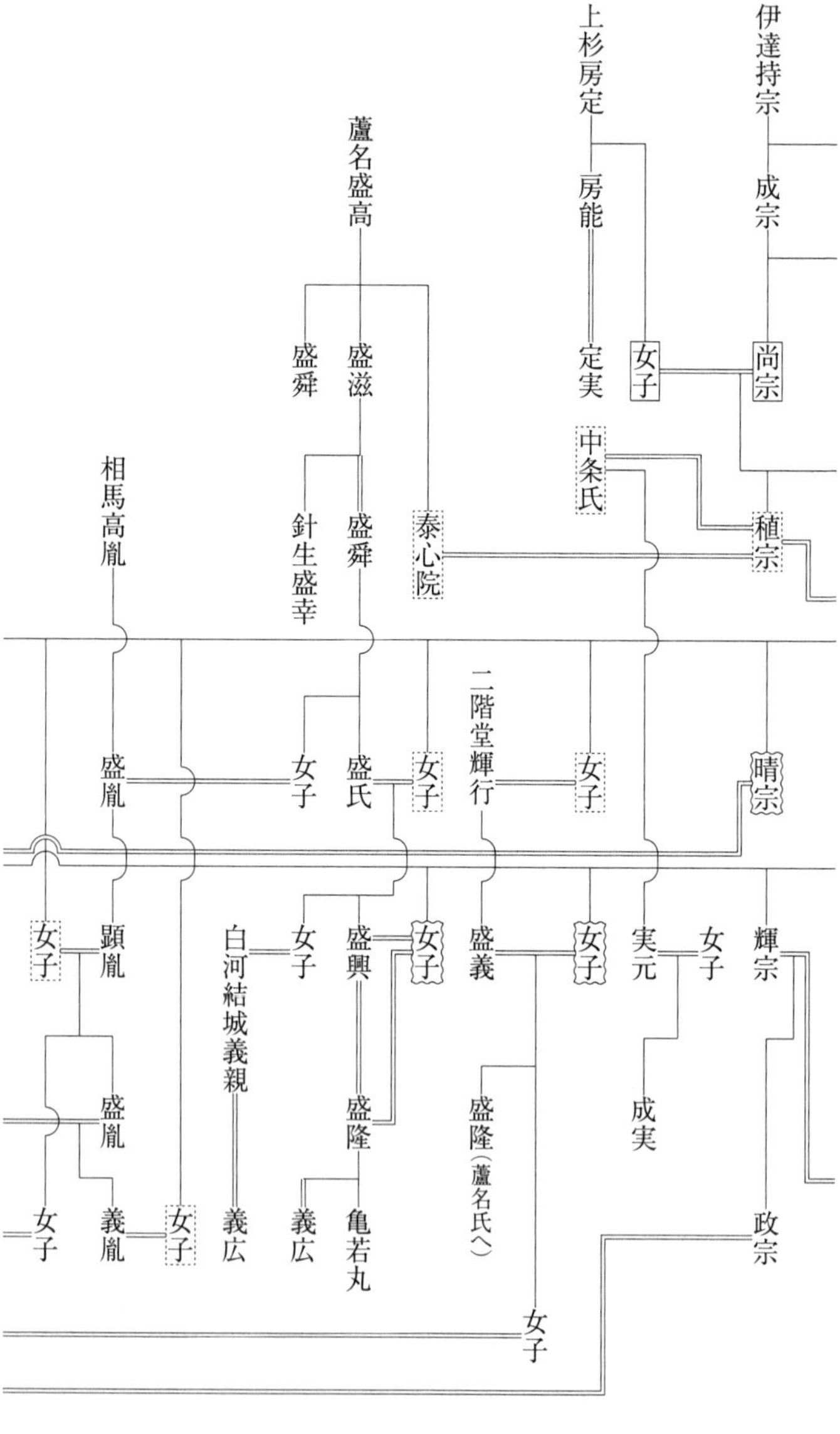
伊達持宗
成宗
尚宗
稙宗
晴宗
輝宗
政宗
上杉房定
房能
定実
女子
中条氏
女子
実元
女子
成実
二階堂輝行
女子
盛義
女子
盛隆（蘆名氏へ）
女子
蘆名盛高
盛滋
盛舜
泰心院
盛舜
針生盛幸
女子
盛氏
女子
盛興
女子
盛隆
亀若丸
義広
白河結城義親
義広
相馬高胤
盛胤
顕胤
女子
盛胤
義胤
女子
女子
女子

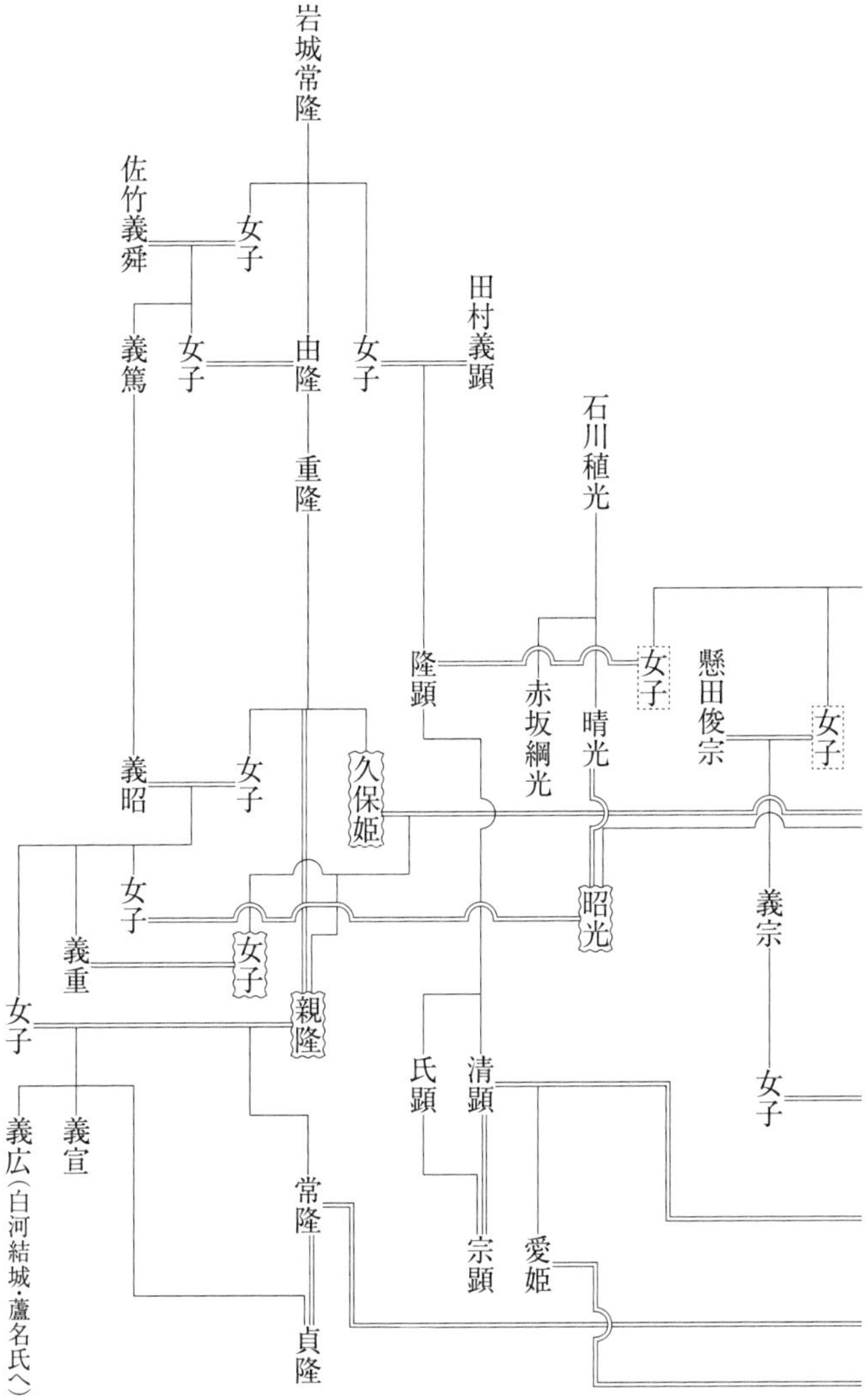

カコミは伊達氏歴代当主の妻と、他家に嫁いだか養子入りした子女（〔実線囲み〕伊達尚宗、〔点線囲み〕稙宗、〔波線囲み〕晴宗）。
ただし姻戚関係形成が、前当主・次期当主の代である場合も含まれる。

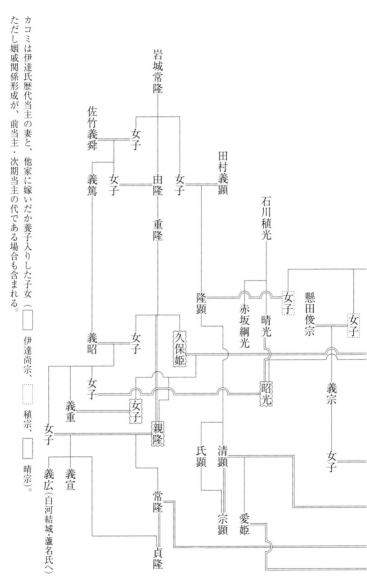

房総諸氏復元略系図

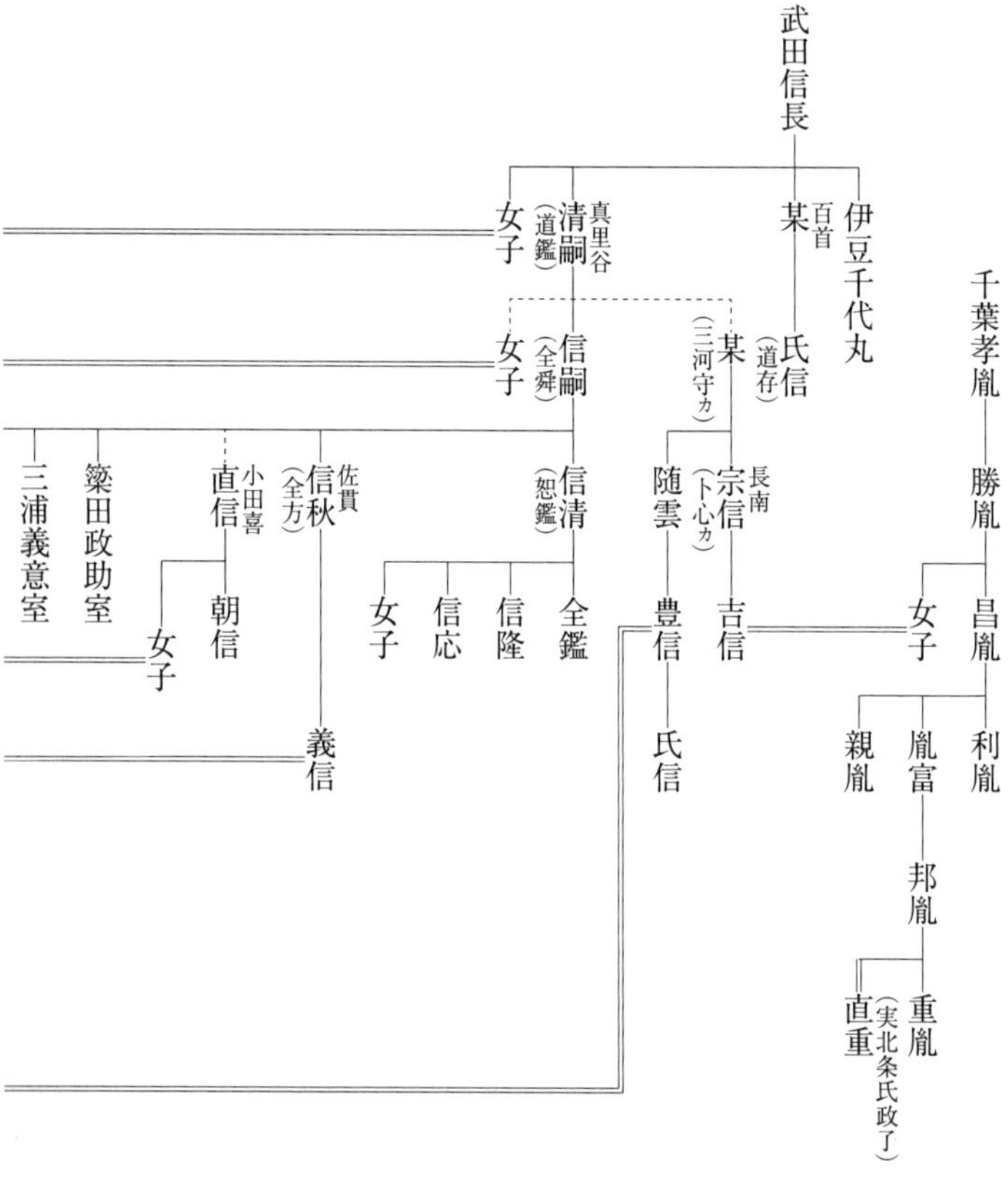
千葉孝胤
勝胤
昌胤
女子
利胤
胤富
親胤
邦胤
重胤
直重（実北条氏政了）
武田信長
伊豆千代丸
百首 某
氏信（道存）
某（三河守カ）
長南 宗信（卜心カ）
随雲
吉信
豊信
氏信
真里谷 清嗣（道鑑）
女子
信嗣（全舜）
女子
信清（恕鑑）
全鑑
信隆
信応
女子
佐貫 信秋（全方）
義信
小田喜 直信
朝信
女子
簗田政助室
三浦義意室

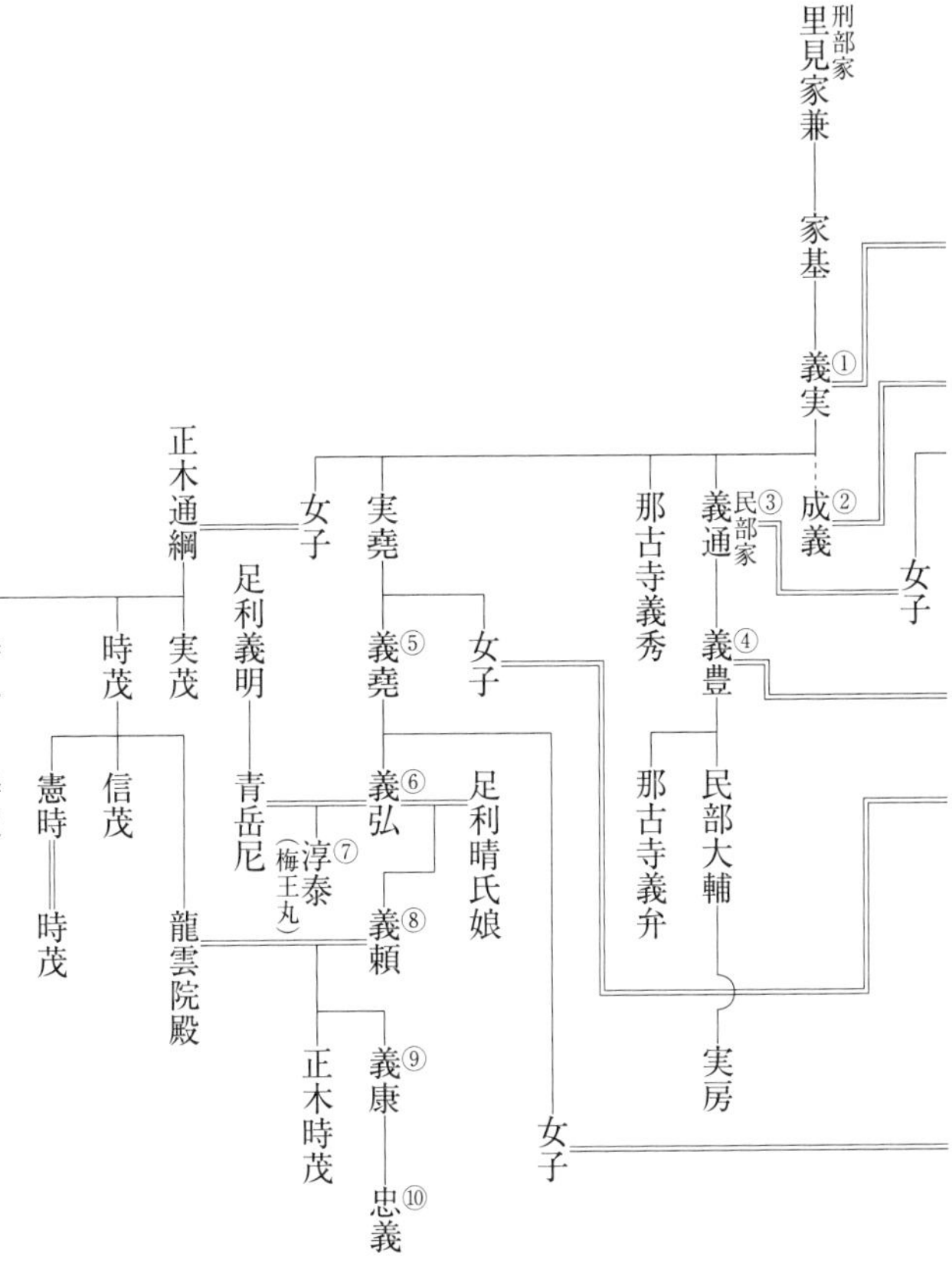

破線は推定を示す。
①、②…は里見氏の家督継承順。

武田・穴山・小山田氏略系図

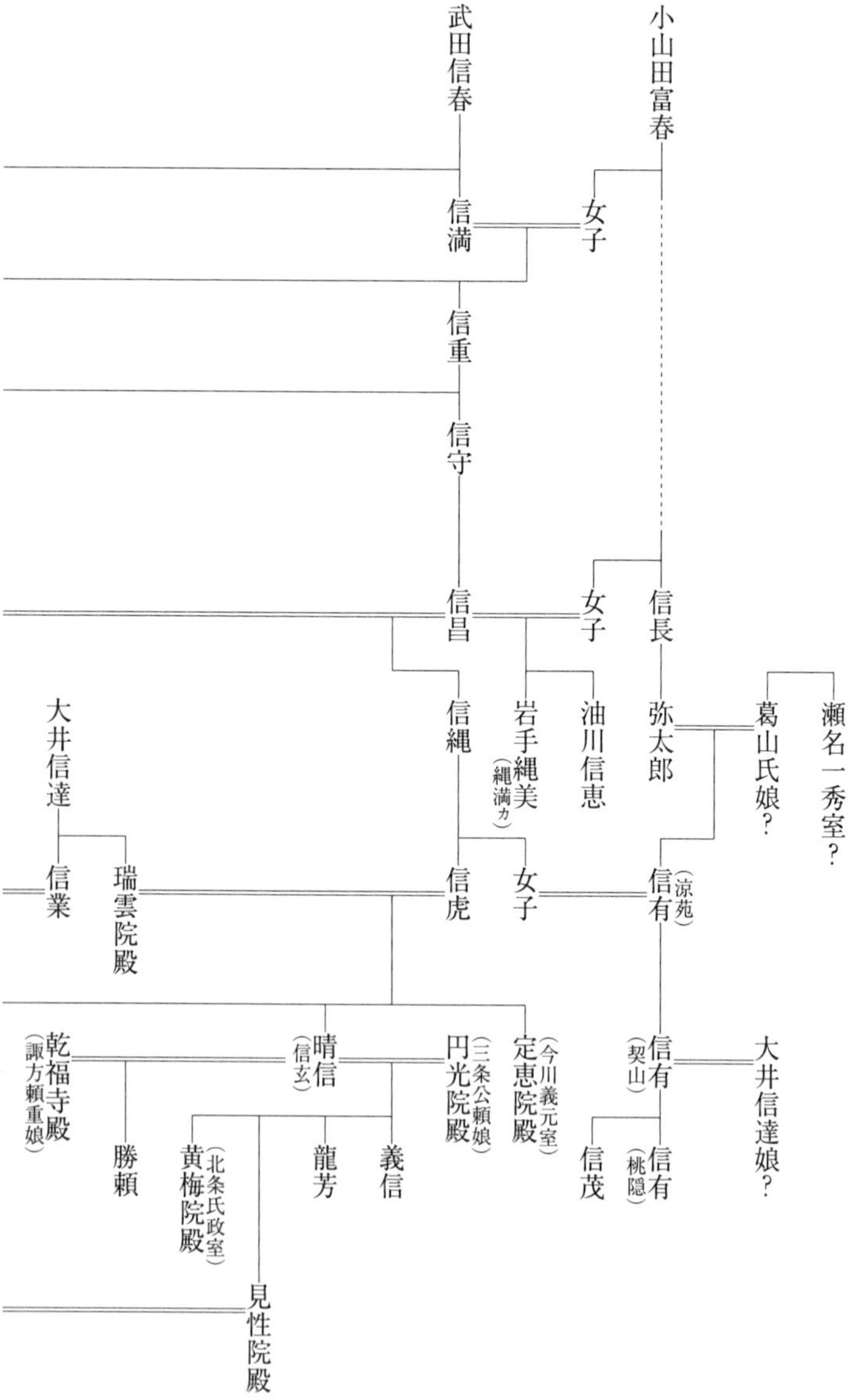

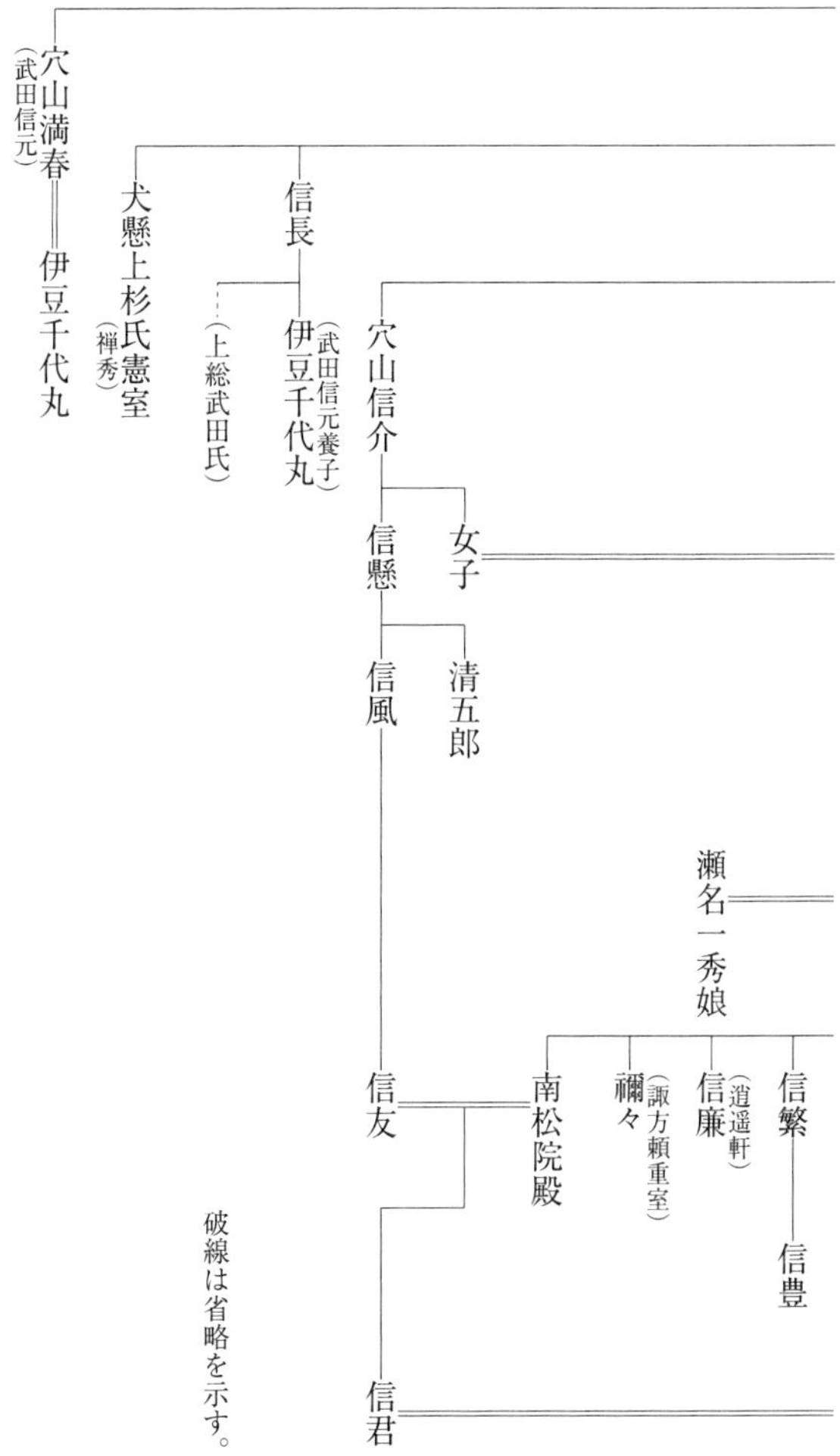
穴山満春（武田信元）
伊豆千代丸
犬懸上杉氏憲室（禅秀）
信長
（上総武田氏）
伊豆千代丸（武田信元養子）
穴山信介
女子
信懸
清五郎
信風
瀬名一秀娘
信友
南松院殿
禰々（諏方頼重室）
信廉（逍遥軒）
信繁
信豊
信君

破線は省略を示す。

今川氏略系図

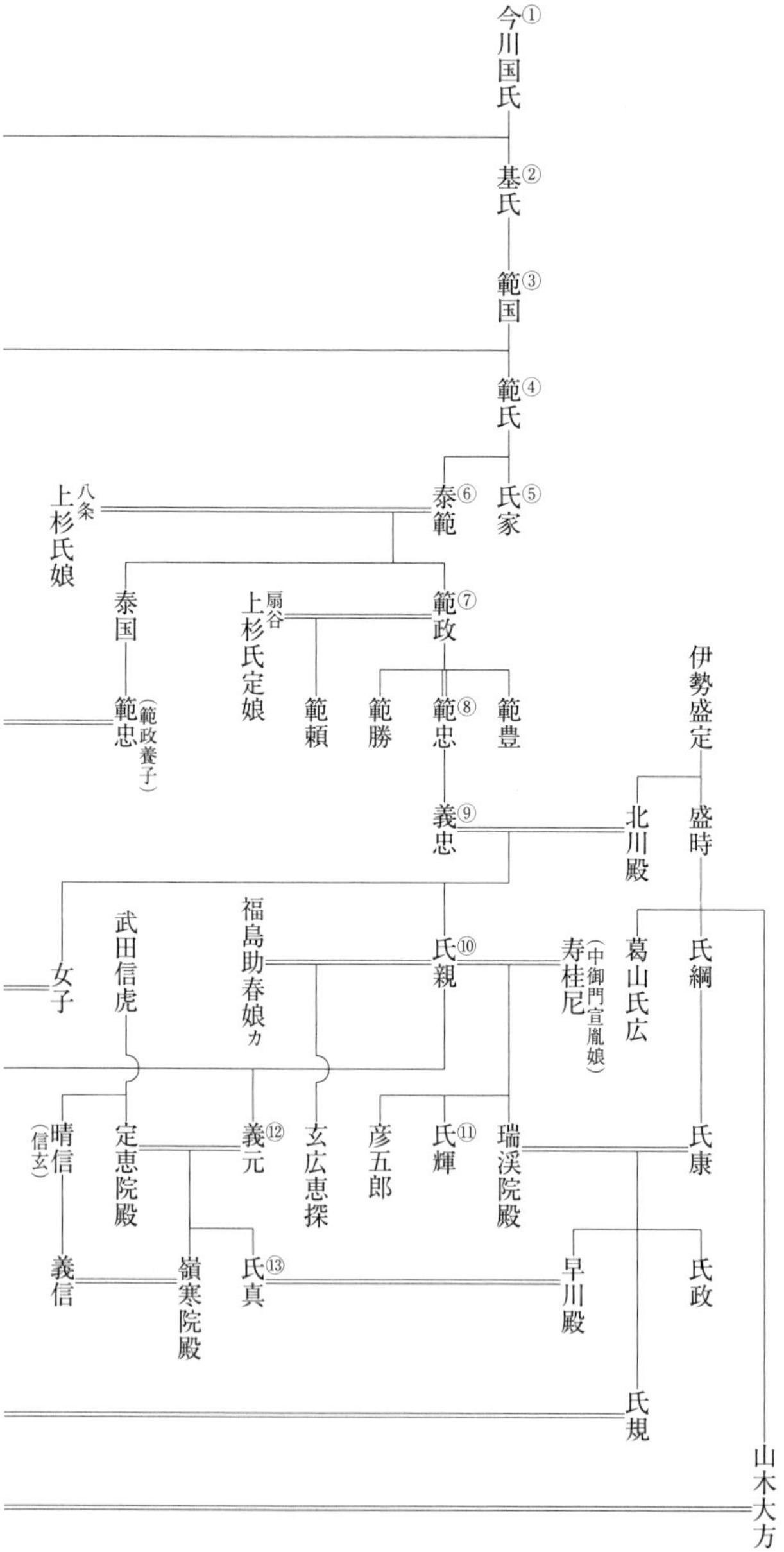
今川国氏①
基氏②
範国③
範氏④
氏家⑤
泰範⑥
八条上杉氏娘
範政⑦
扇谷上杉氏定娘
泰国
範豊
範忠⑧
範勝
範頼
範忠（範政養子）
伊勢盛定
盛時
北川殿
義忠⑨
氏綱
葛山氏広
寿桂尼（中御門宣胤娘）
氏親⑩
福島助春娘カ
武田信虎
女子
氏康
瑞渓院殿
氏輝⑪
彦五郎
玄広恵探
義元⑫
定恵院殿
晴信（信玄）
氏政
早川殿
氏真⑬
嶺寒院殿
義信
氏規
山木大方

①、②…は家督継承順。太い破線は省略、細い破線は推定を示す。

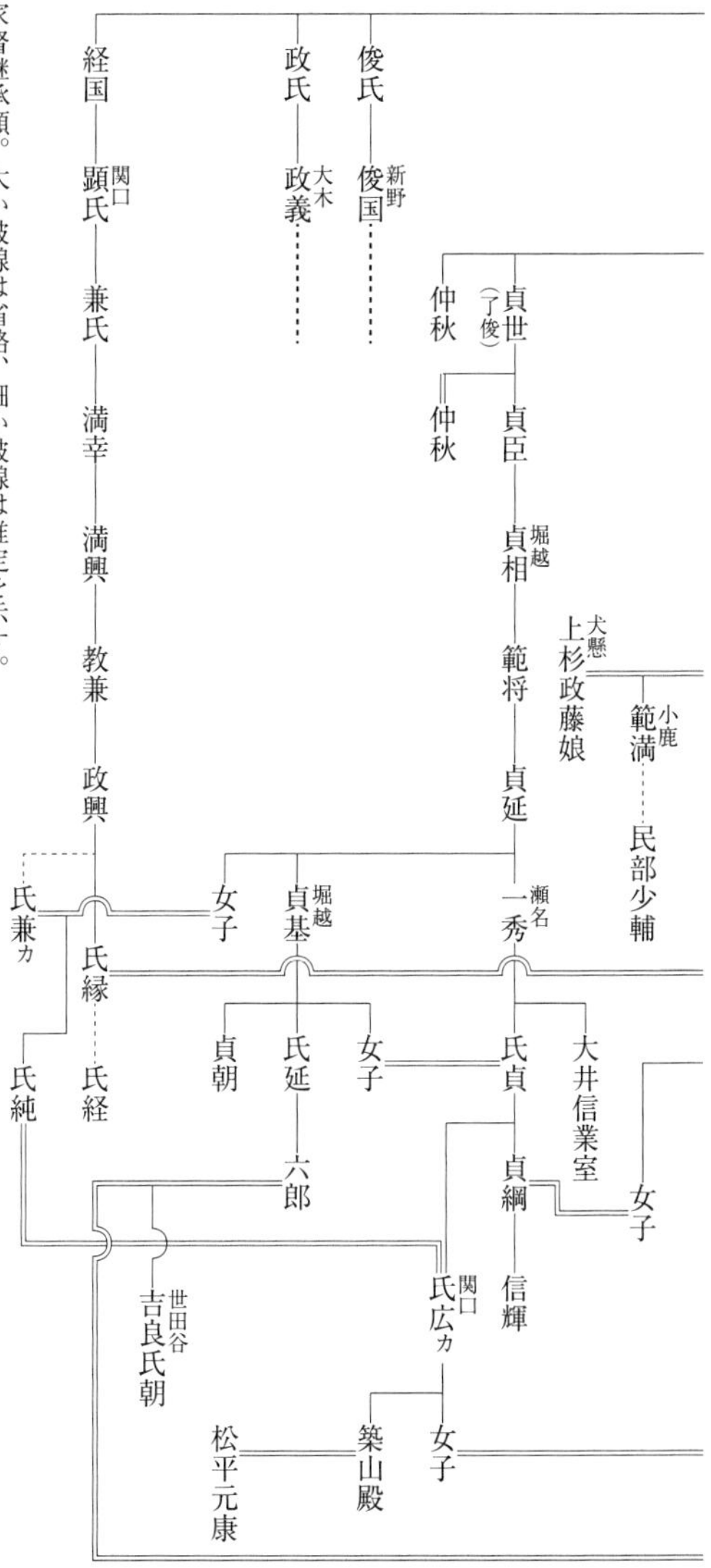

略年表

年号	西暦	事項
宝徳 二	一四五〇	四月、江の島合戦。十二月、上杉房定が越後へ下向。
享徳 三	一四五四	十二月、享徳の乱が勃発する。
文正 元	一四六六	二月、関東管領山内上杉房顕が病死し、上杉顕定（房定の子）が後を継ぐ。
文明 十四	一四八二	十一月、享徳の乱が終結する（都鄙和睦）。
長享 元	一四八七	閏十一月、山内・扇谷両上杉氏間で長享の乱が勃発する。
延徳 二	一四九〇	閏八月、佐竹義舜が山入氏に本拠太田城を追われる。
延徳 三	一四九一	四月、堀越公方足利政知が死去し、庶長子茶々丸が家督を奪取。
明応 二	一四九三	四月、京都で明応の政変。この年、伊勢宗瑞が伊豆に侵攻。
明応 三	一四九四	十月五日、扇谷上杉定正が横死。同月十七日、上杉房定が病死し、末子房能が家督を継ぐ。
明応 四	一四九五	十二月、屋裏の錯乱で横瀬氏が勝利し、岩松氏を傀儡化する。この年、下国安東氏が成立。
明応 五	一四九六	五月、船田合戦終結。十二月、持是院斎藤妙純敗死。
明応 七	一四九八	八月、足利茶々丸自害。同月二十五日、明応の大地震。その後、武田信昌・信縄が和睦。
明応 八	一四九九	この年、結城政朝が多賀谷和泉守を滅ぼし、実権を掌握する。
明応 九	一五〇〇	六月四日、相模湾地震。この余波を利用する形で、伊勢宗瑞が小田原城攻略か。
文亀 元	一五〇一	この年、遠江支配をめぐって、今川氏親と斯波義寛が抗争を開始。
文亀 二	一五〇二	六月、足利政氏父子が千葉氏討伐を開始する（篠塚陣）。七月、連歌師宗祇が死去。
永正 元	一五〇四	三月、山内上杉顕定が駿河に侵攻（梨木平合戦）。四月、飛驒国司姉小路基綱が死去。九月、

		今川氏親・伊勢宗瑞が山内上杉勢を破る（立河原合戦）。この年、佐竹の乱が終結する。
永正二	一五〇五	三月、扇谷上杉朝良が降伏・隠居し、長享の乱が終結。
永正三	一五〇六	四月、足利政氏・高基父子が対立（第一次永正の乱）。八月、今川氏親が戸田氏の要請に応じて三河侵攻を開始（永正三河大乱）。九月、越後守護代長尾能景が越中で討死（般若野の戦い）。為景が後を継ぐ。十一月、越後永正の乱が始まる。
永正四	一五〇七	二月、武田信縄が死去し、信虎が家督を継ぐ。四月、篠塚陣が終結。八月、上杉房能が自害。
永正五	一五〇八	六月、前将軍足利義稙が十一代義澄を破り京都を制圧し、翌七月、将軍職に復帰する。今川氏親は義稙陣営に鞍替えし、遠江守護職を獲得する。十月四日、武田信虎が叔父油川信恵を滅ぼす。十九日、今川勢は岩津松平氏を滅ぼすが、安城松平長忠の反撃で撤兵する（永正三河大乱の終結）。十二月、武田信虎は小山田弥太郎を敗死させ、信恵派を壊滅させる。
永正六	一五〇九	六月、足利政氏・高基父子が再度対立（第二次永正の乱）。七月、上杉顕定・憲房父子が越後へ侵攻。八月、伊勢宗瑞が扇谷上杉氏と開戦。
永正七	一五一〇	三月、遠江をめぐる今川・斯波間の戦争が再燃。この春、小山田氏が武田信虎に服属する。六月六日、猪苗代兼載が死去。同月初頭、足利高基が関宿に移座し、父政氏との武力抗争を開始（第三次永正の乱）。二十日、長森原の戦いで上杉顕定が討死する。家督は、養子顕実が継ぐ。九月、白河永正の変が勃発。小峯朝脩が白河結城政朝父子を追放する。
永正九	一五一二	四月、宇都宮錯乱が勃発。六月、上杉顕実が憲房に降伏し、憲房が山内上杉氏当主となる。十二月、足利政氏が古河城を放棄し、小山氏の祇園城に移座。高基が第三代古河公方となる。
永正十	一五一三	三月、斯波勢が遠江から撤退する。十月、長尾為景が、敵対した上杉定実の身柄を拘束する。この年、蠣崎光広が蝦夷地南部渡島半島を統一したという。
永正十一	一五一四	この年前半までに、宇都宮錯乱が終結。五月、伊達尚宗が死去し、稙宗が実権を掌握する。八月、竹林の戦いで宇都宮・結城勢が政氏方の軍勢を打ち破り、高基優位を決定づける。
永正十二	一五一五	十月、今川氏に服属した大井信業を武田信虎が攻撃し、大敗する。今川氏親の援軍が、穴山

年号	西暦	事項
		領を経て勝山城に入る。この年、アイヌのシャコウジ兄弟が蜂起する。
永正　十三	一五一六	六月、下那須資房が那須氏を統一する。七月、伊勢宗瑞が三浦道寸を滅ぼし、相模を制圧。十二月までに小山成長が隠居し、嫡男政長が実権を掌握。十二月、政長の意向で足利政氏は武蔵岩付に移座する。この年、甲斐で今川勢が孤立し、冬、斯波義達が遠江引間城に入る。
永正　十四	一五一七	三月、連歌師宗長の斡旋で武田・今川間の講和が成立する。八月、今川勢が引間城を攻略して斯波義達を尾張に送還し、政治生命を喪失させる。十月、真里谷武田恕鑑が原胤隆の居城小弓城を攻略する。十二月、美濃守護土岐氏・守護代斎藤氏間で内紛が勃発する。
永正　十五	一五一八	四月、扇谷上杉朝良が死去する。支持基盤を喪失した足利政氏は、武蔵久喜に移座し、高基と和睦する（第三次永正の乱の終結）。七月、真里谷武田恕鑑の要請で、足利義明が小弓城に入る（小弓公方の成立）。十月、伊勢宗瑞が虎朱印状使用開始（印判状の確立）。
永正　十六	一五一九	四〜六月、伊勢宗瑞が隠居し、氏綱が家督を継ぐ。六月、土岐政房が死去し、美濃は南北に二分される。八月、伊勢宗瑞が死去。十二月、武田信虎が本拠を甲府に移す。
永正　十七	一五二〇	この頃までに、安城松平氏の家督は親忠嫡男信忠から次男信定に移される。
大永　元	一五二一	十〜十一月、武田信虎が甲府付近で今川勢に大勝する。この年、三木直頼が小島姉小路氏と結んで飛騨で勢力を拡大。この頃、松平信忠の嫡男清孝は、山中城に入り分家を形成する。
大永　二	一五二二	正月、今川勢が甲斐から撤兵する。穴山氏の武田氏服属姿勢も明確となり、信虎が甲斐を統一。この年、伊達稙宗が陸奥守護職に補任される。
大永　三	一五二三	六〜九月、伊勢氏綱が苗字を北条に改める。八月頃、猿山合戦。宇都宮興綱が当主となる。
大永　四	一五二四	正月十日、山内・扇谷両上杉氏が和睦。同月十三日、北条氏綱が江戸城を奪取する。
大永　五	一五二五	二月までに、真里谷武田恕鑑が北条氏綱と断交。氏綱は小弓公方陣営を離脱する。三月、上杉憲房が死去し、養子憲寛が家督を継ぐ。

大永　六	一五二六	四月、今川氏親が『今川仮名目録』を制定するが、六月に死去する。
大永　七	一五二七	この頃までに、松平清孝は大草松平氏の娘を後妻に迎え、岡崎松平氏を形成する。
享禄　元	一五二八	八月、武田信虎が諏方郡に侵攻し、以後諏方頼満と対立する。
享禄　二	一五二九	この年、足利晴氏が宇都宮に移座し、父高基に背く（関東享禄の内乱）。山内上杉氏でも、憲寛・憲政が対立。佐竹氏で部垂の乱が勃発。蝦夷地では、アイヌのタナカサシが蜂起。
享禄　三	一五三〇	十月、上条上杉定憲が挙兵し、長尾為景との抗争を開始（越後享禄・天文の内乱）。
享禄　四	一五三一	七月、足利政氏が死去。八月までに、足利晴氏が父高基を隠居に追い込み、第四代古河公方となる。九月、上杉憲寛が講和に応じ、上杉憲政が山内上杉氏当主となる。
天文　元	一五三二	三月、連歌師宗長が死去。五月、北条氏綱が鶴岡八幡宮造営に着手。
天文　二	一五三三	四月、長井豊後守（斎藤道三の父）が死去する。五月、醍醐寺理性院厳助が信濃文永寺を目指して出立。七月、里見義豊が叔父実堯を殺害するが、八月、その子義堯に敗れる。
天文　三	一五三四	四月、里見義豊が義堯に敗死。六月、大崎氏で天文の乱が勃発。九月頃までに、長井規秀（斎藤道三）が長井景弘を殺害し、美濃の実権を掌握する。十一月、真里谷武田氏で内訌が勃発（上総錯乱）。この頃、小笠原長棟が松尾小笠原氏を追放し、小笠原氏を統一。
天文　四	一五三五	九月、武田・諏方間で同盟が成立する。十月、足利高基が死去。十二月、松平清孝が尾張守山で近臣に殺害される（守山崩れ）。この頃、結城政朝の三男高朝が小山氏を継ぐ。
天文　五	一五三六	三月、今川氏輝が急逝。四月十四日、伊達稙宗が『塵芥集』を制定。同月二十三日、上条上杉定憲が戦傷死する。同月二十七日、駿河で花蔵の乱が勃発。六月、玄広恵探が自害し、義元が今川氏の家督を継ぐ。八月、芳賀高経が宇都宮興綱を殺害し、尚綱を擁立する。
天文　六	一五三七	二月、武田信虎の娘が今川義元に嫁ぐ。北条氏綱が今川氏との同盟を破棄し、駿河東部を占領する（第一次河東一乱）。四月、扇谷上杉朝興が死去。家督を継いだ朝定は、七月に本拠河越城を北条氏に奪われ、松山城に落ち延びる。この年、松平広忠が岡崎に帰還する。
天文　七	一五三八	十月、北条氏綱が足利義明に大勝し、討死させる（第一次国府台合戦）。小弓公方府の滅亡。

年号	西暦	事項
天文　八	一五三九	この年、織田信秀が那古野城を攻略する。
天文　九	一五四〇	八月、北条氏綱の娘が足利晴氏の正室となることが定められる。この年、那須政資・高資父子間で抗争が勃発する。美濃では長井規秀が守護代斎藤氏の家督を継ぐ（利政、道三）。五月までに、佐竹義篤が義元を滅ぼし、部垂の乱が終結する。八月、長尾晴景が父為景を隠居させる。十一月、武田信虎の娘が諏方頼重に輿入れする。
天文　十	一五四一	五月、武田信虎・諏方頼重・村上義清が信濃小県郡に侵攻し、滋野一族を上野に追い落とす。六月、武田晴信が父信虎を駿河に追放する。七月、北条氏綱が死去。この年、宇都宮尚綱が家宰芳賀高経を殺害し、高定に後を継がせる。蘆名盛氏が家督を相続。
天文　十一	一五四二	四月、上杉定実が隠居を宣言。六月、伊達晴宗が父稙宗を幽閉し、天文洞の乱が勃発する。同月、武田勢が諏方領に侵攻し、七月に諏方頼重を自害させる。十二月、長尾為景が死去。
天文　十二	一五四三	この頃、南部晴政が家督を継ぐ。真里谷武田氏で内訌が再燃。越中で神保長職が挙兵し、椎名氏との抗争を再開。
天文　十三	一五四四	正月、武田・北条間で同盟交渉が開始される。九月、織田信秀と朝倉孝景が美濃に侵攻。井口の戦いで斎藤利政が大勝する。
天文　十四	一五四五	七月、今川義元が、北条領となっていた駿河東部奪還のため出陣（第二次河東一乱）。今川氏の要請で、山内・扇谷上杉両上杉氏および足利晴氏が、北条氏の拠点河越城を攻撃する。援軍としての出馬を求められた武田晴信の調停で、十月に今川・北条間で和睦が成立。
天文　十五	一五四六	四月、河越城を包囲する両上杉・足利晴氏勢を北条氏康が攻撃し、大勝利を収める（河越合戦）。上杉朝定が討死し、扇谷上杉氏は事実上滅亡する。
天文　十六	一五四七	六月、武田晴信が『甲州法度之次第』を制定。九月、織田信秀が安城城を攻略し、松平広忠を降伏させるが、翌十月、広忠は今川氏に従う。秋頃、長尾晴景・景虎兄弟が衝突か。十一

		月、土岐頼充が死去。この後まもない時期に、斎藤利政が出家し道三と号す。
天文　十七	一五四八	二月、武田晴信が村上義清に大敗（上田原合戦）。同月、小田政治が死去。三月、三河で今川勢が織田信秀を打ち破る（小豆坂合戦）。六月、天文洞の乱が終結し、伊達晴宗は本拠を出羽米沢へ移す。八月、斎藤道三が織田方の大垣城を攻撃し、清須織田氏も信秀に敵対する。本年末に織田信長が家督相続か。十二月、上杉定実の調停で、長尾景虎が家督を継承する。
天文　十八	一五四九	三月、松平広忠が急逝。七月、冷泉為和が駿河で死去。九月、宇都宮尚綱が那須高資を攻めて敗死し（五月女坂合戦）、遺児広綱は亡命する。十一月、今川勢が安城城を攻略し、人質交換で松平竹千代は駿府に出仕する。この年、織田信秀は嫡男信長の正室として、斎藤道三の娘を迎え、同盟を結ぶ。
天文　十九	一五五〇	二月、上杉定実が死去し、越後守護上杉氏が断絶する。五月、今川勢の尾張侵攻が開始され、鳴海城の山口教継が今川氏に寝返る。七月、武田晴信が小笠原長時を没落させる。十月、武田勢が村上義清に大敗（砥石崩れ）。十二月、今川・織田間で和睦が成立する。
天文　二十	一五五一	正月、那須高資が家宰千本資俊に殺害される。九月、湊安東堯季が死去。十二月、北条氏康と足利晴氏が和解。この頃、蠣崎季広がアイヌと「天文の和議」を結ぶ。
天文二十一	一五五二	三月、織田信秀が死去し、信長・信勝兄弟の不仲が表面化していく。同月、北条氏康が武蔵御嶽城を攻略。上杉憲政は嫡男龍若丸を見捨てる形となって声望を失い、五月頃、越後へ亡命する。七月、長尾景虎が第一次越山を行うが、十月に帰国。十二月、北条氏康の圧力で、足利晴氏が長男藤氏を廃嫡し、家督を梅千代王丸（義氏）に譲る。
天文二十二	一五五三	正月、『晴宗公采地下賜録』が成立。二月、長尾晴景が死去。同月、今川義元が『かな目録追加』を制定。四月、武田勢の攻勢を受け、村上義清が長尾景虎を頼る。同月、正徳寺の会見。七月、清須織田氏が斯波義統を殺害し、織田信長が清須城を攻撃する。八月、下国安東愛季が家督を継ぐ。八～九月、第一次川中島合戦。秋頃、長尾景虎が最初の上洛。
天文二十三	一五五四	四月、織田信長が清須織田氏を滅ぼす。七月、武田・今川・北条間の婚姻が成立し、甲駿相

年号	西暦	事項
		三国同盟が確立する。十月、足利晴氏が挙兵に失敗。十二月、武田氏が南信濃を平定する。
弘治　元	一五五五	正月までに、美濃遠山氏が武田晴信に服属。三月、芳賀高定が高照を謀殺し、壬生義雄を孤立させる。四月、第二次川中島合戦が始まる。八月、斎藤道三・織田信長が遠山領に侵攻。十一月、斎藤利尚（義龍）が弟を殺害し、道三は大桑城へ逃れる。閏十月、今川義元の調停で第二次川中島合戦終結。十二月、今川義元が隠居し、氏真が家督を継ぐ。この年、蘆名盛氏の娘が白河隆綱（義親）に嫁ぐ。翌年にかけ、三河で今川氏に対する国衆蜂起が相次ぐ。
弘治　二	一五五六	四月、斎藤道三が長良川の戦いで敗死。斎藤・織田同盟は崩壊する。利尚はその後、一色義龍に改名。六～八月、長尾景虎の出奔騒動。八月、稲生合戦で織田信長が弟信勝に勝利。十一月、結城政勝が『結城氏新法度』を制定。
弘治　三	一五五七	三月、第三次川中島合戦の開始。十二月、宇都宮広綱が本拠に帰還。
永禄　元	一五五八	四月、武田信繁が『信繁家訓』を嫡男長老に与える。七月、織田信長が岩倉織田氏に勝利（浮野の戦い）。十一月、織田信長が信勝を謀殺。十二月、武田晴信が出家し、信玄と号す。
永禄　二	一五五九	二月、『北条氏所領役帳』が成立。同月、織田信長が上洛。四月、長尾景虎が再上洛。十月までに、北条氏康が上野を平定。この年、伊達晴宗が奥州探題に補任される。
永禄　三	一五六〇	三月、長尾景虎が初めて越中に出馬。五月、桶狭間合戦で、今川義元が織田信長に敗死。同月、足利晴氏が死去。八月、長尾景虎が第二次越山を行い、北条領に侵攻。十二月、美濃別伝の乱。この年、三木良頼が古河姉小路氏の名跡を継ぐ。
永禄　四	一五六一	三月、長尾勢が小田原城を包囲。閏三月、景虎は鎌倉で山内上杉氏家督と関東管領職を継承し、上杉政虎に改名。この春、景虎が「関東幕注文」を作成。四月、松平元康が挙兵し、今川氏真に敵対。五月、一色義龍が死去し、別伝の乱が終結。六月、景虎が越後に帰国。九月、第四次川中島合戦。十一月、上杉勢第三次越山。この年末、上杉政虎が輝虎に改名する。

著者略歴

一九七七年、大阪府に生まれる

二〇〇五年、慶應義塾大学大学院文学研究科後期博士課程単位取得退学

現　在、東京都市大学共通教育部准教授、博士（史学）

〔主要著書〕

『戦国大名武田氏の権力構造』（思文閣出版、二〇一一年）

『戦国大名の「外交」』（講談社、二〇一三年）

『真田四代と信繁』（平凡社、二〇一五年）

『戦国大名武田氏の家臣団』（教育評論社、二〇一六年）

『武田勝頼』（平凡社、二〇一七年）

列島の戦国史5

東日本の動乱と戦国大名の発展

二〇二一年（令和三）二月一日　第一刷発行

著　者　丸《まる》島《しま》和《かず》洋《ひろ》

発行者　吉川道郎

発行所　株式会社　吉川弘文館

郵便番号一一三—〇〇三三

東京都文京区本郷七丁目二番八号

電話〇三—三八一三—九一五一〈代表〉

振替口座〇〇一〇〇—五—二四四

http://www.yoshikawa-k.co.jp/

印刷＝株式会社　三秀舎

製本＝誠製本株式会社

装幀＝河村　誠

ISBN978-4-642-06852-9